贝页
ENRICH YOUR LIFE

货币文化史 Ⅲ

文艺复兴时期假币盛行与信任危机

[美]比尔·莫勒 主编　[美]斯蒂芬·登 编
于萍 译

A CULTURAL HISTORY OF
MONEY
IN THE RENAISSANCE

Bill Maurer
Stephen Deng

文汇出版社

弗朗西斯一世时期的法国金币埃居

500雷亚尔金币("克鲁扎多"),葡萄牙塞巴斯蒂安国王(1557—1578年在位)

25达克特,特兰西瓦尼亚,1681

约阿欣泰勒,1525

德川硬币——天承判金

"八雷亚尔",波托西,1770

玛瑙贝贝壳

金币上的君主,詹姆斯一世,首枚铸币,1603—1604

铜币,明宣宗(1426—1435)

苏莱曼一世时期的金币

萨菲沙塔马斯普一世(1524—1576)时期的银币拉林

泰国银圈货币，15至17世纪

4埃克斯赛伦提金币，费迪南德和伊莎贝拉

10达克特金币，汉堡，1675

百慕大"霍格钱币"

后中世纪被切割过的银币，可能是伊丽莎白一世时期的先令

7 枚金币

被切割过的先令

伊丽莎白一世时期的六便士——铸造伪币，正面

铅制代币，六瓣花朵装饰，带有铸口

后中世纪贸易代币：布里斯托尔市方形代币

詹姆斯一世时期的法寻代币

后中世纪硬币，亨利八世时期第三种铸币格罗特

《死神与吝啬鬼》，
扬·普罗沃斯特绘

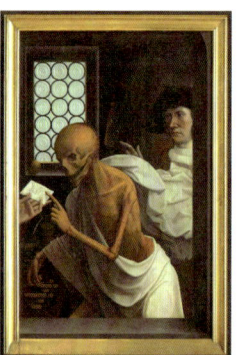

按才受托的比喻，
蚀刻版画，
卢卡斯·范·杜奇刻

恺撒的归恺撒，
马尔腾·德·沃斯绘

约翰·加尔文，
匿名

目 录 Contents

丛书序言……………………………………………………………………Ⅰ

概　述　走近文艺复兴时期的货币……………………………………1
第一章　货币及其技术：矿业、冶金、铸造及非金属货币形式 … 19
第二章　货币及其理念：正义、主权及货币作为商品的理念…… 55
第三章　货币、仪式与宗教：上帝的印记及高利贷问题………… 82
第四章　货币与日常生活：名誉、历史及对非洲东海岸的
　　　　象征意义……………………………………………………110
第五章　货币、艺术与表现形式：文本、图像及信息……………137
第六章　货币及其阐释：近代早期的两宗交易……………………174
第七章　货币与时代：铸币、主权及想象的流动性………………202

图表目录……………………………………………………………………231
注　释………………………………………………………………………235
参考文献……………………………………………………………………243
译名对照表…………………………………………………………………263
关于各章作者………………………………………………………………273

丛书序言
Series Preface

2012年,大英博物馆决定重新设计陈列硬币和奖章的68号展厅。当时,其策展人大胆摒弃了传统的钱币陈列方式,决定另辟蹊径。以往,古代欧洲的金币、银币和铜币一排排地陈列在展柜中;而在新的展厅中,不仅有硬币和纸币,而且从贝壳到手机,所有的展品都有自己的展柜,呈现了用于交易的古器物和设备的历史沿革。每个展柜都有一个主题:展厅中,一侧的展柜陈列突出了货币的制度基础和发行机构,另一侧展柜则展示了人们使用货币的多种方式——货币不仅用于交换或付款,还可用于典礼或宗教仪式、政治竞争、装饰和故事叙述。

编写这六卷《货币文化史》的目的是给读者提供一种类似的体验,邀请他们参观这些神奇的货币展柜,走近形形色色、错综复杂、色彩缤纷的货币,看到货币不可化简的多元性,聆听货币讲述的多重故事。货币也让我们得以窥见多元经济和道德世界,以及估值与评价、财富与价值体系。货币绝不仅仅是狭义的经济术语中的硬币、现金或信贷,它的含义远远超过"货币拥有四大职能:支付手段、价值尺度、流通手段、贮藏手段"这句工整的习语的定义。货币同时也是一种交流的媒介、一组工具——人们以此交换信息,不仅仅是价格信息,还有政治信仰、权威、忠诚、欲望和轻蔑。货币也是纪念过去的一种方式，它使人、制度、神灵和祖先之间建立的关系超越现在，迈向临近的、遥远的，甚至想象中的未来。

从这个意义上说，货币不可避免地被赋予了"文化"和"历史"的色彩。因而，六卷本《货币文化史》主要聚焦于货币与宗教、技术、艺术和文学、日常生活、形而上学的阐释，以及与各种时代事件的关系。前几卷的编者是钱币学家和考古学家，他们与大量钱币和金银的实体史料打交道。此外，很多数字基础设施（digital infrastructures）研究者、文学和法律史学家、科幻小说研究者、社会学家、人类学家、经济学家和艺术家也为本系列书的编撰作出了贡献。

绝大部分博物馆或私人收藏的古钱币，在被发掘出来时，考古学家都没有收集到有关其周围环境的任何数据。这使许多古代甚至近代历史成为谜团，长期以来，考古学家对此无不扼腕叹息。即使某个考古发现只在特定环境中存在，对其解释也往往模棱两可。在当代社会，货币处在诸多环境之中——电缆和无线信号、数据协议和计算机服务器、游说团体和立法者卷帙浩繁的文字材料、肥皂剧和在线社交媒体。然而，如同在阐释古代窖藏的钱币时那样，我们自身很难摆脱什么是货币、人们用货币做什么，以及如何使用货币等对货币的一些假设。

以实体收银机前一笔简单的信用卡交易为例，对于这种日常付款设备而言，有多少用户可以解释其工作原理？博物馆又该如何组织策划类似的技术性展览？除了简单的付款行为之外，我们再来看一看更加复杂的货币互动。例如，在某些中亚穆斯林移民社区中的"伊玛目·扎明"（Imam Zamin），移民们用一块布将一枚硬币包裹起来，绑在上臂，希望以此保护旅行者。又比如，2005—2009年，在韩国首尔，人们用丙酮溶解塑料交通支付卡，取下射频识别天线

（RFID）和芯片，然后创造性地缝入自己的皮夹、手链或夹克肘部的贴布内，这样就可以轻而易举地穿过（地铁）旋转栅门，人们称之为"调优"（튜닝하다 / doing tuning）。那么，未来的考古学家如何演绎推断诸如此类的行为呢？

深陷于我们自身的"硬币意识"中，我们认为货币应该是，或者其价值应蕴含于一种有形的东西，即使在网络世界中，我们与货币的互动已日益脱离物质形态；我们一直坚守金银通货主义的观念，即使我们不断见证货币的价值随着政治动荡而波动；我们认为货币是抽象的，即使我们在具体的人际关系中使用实体钱币；我们认为货币可与价值相称，商品和服务可以用同一种价值尺度衡量，即使我们用货币来界定差异——民族差异、宗教差异、代际差异、阶级差异、种族差异和性别差异。

六卷的时期断代或有武断，但地理上基本以欧洲为中心。本系列书对作者和主题的选择旨在打破这种西方主导的历史叙述，着力展现一种全球化视野，将政治、帝国和种族动态纳入研究框架。

分卷内的各章从实质和形式上体现了货币的复杂性。实质上，对货币技术和文化的跨文化、跨历史研究，揭示了货币的多样性和复杂性。形式上，虽每卷书选取的主题相同，但若通读各卷，读者会发现这些主题本身是复杂的，因为不同时代的人对同一主题的理解往往很不一致，但又常常被置于一起。如分类账簿——货币记录工具最基本的表现形式之一，本系列书可以"纵向"阅读，即通读一个历史时期的各个章节；也可以"横向"阅读，即阅读每卷书中相同主题的章节。相信读者最终会发现：货币本身就是一部文化史。

比尔·莫勒（Bill Maurer）
加州大学尔湾分校

概述
Introduction

走近文艺复兴时期的货币

斯蒂芬·登（Stephen Deng）

在文艺复兴时期或者说近代早期，¹ 即约1400—1700年，货币的概念与今天截然不同。当然，那时还没有电子货币、信用卡、比特币等，即便是纸币也尚处于萌芽时期，² 并未被广泛使用。在此期间，银行规模相对较小，普通老百姓通常不和银行打交道；银行主要是为长途贸易商人服务，而这些商人有时也被称为"商人银行家"。虽然信贷被广泛运用且极为重要，尤其对于小型的本地交易来说更是至关重要，但那会儿的大多数人提到货币时，他们想到的是铸币（coinage）。铸币通常是金质或银质的，上面印有负责发行的地方政府机构的标识（通常但并不总是"州"）。³ 有些地方政府机构也会发行一些贵金属含量较少或由贱金属（如铜）制成的小面额硬币。费尔南·布罗代尔（Fernand Braudel）① 将铜币称为"黑

---

① 费尔南·布罗代尔（1902—1985），法国历史学家。——编者注（如无特殊说明，本书注释均为编者注。）

钱"（因为铜币被使用后会迅速变黑），只有"收入微薄的人和穷人"才会使用它（1981: 458）。[4] 总体来说，这个时期的铸币主要是由黄金和白银制成的，这种"双金属"货币体系几乎在全球通行。[5]

人们认为依靠币面上刻印的标识印记便可以保证硬币（coin）的质量。但流通中的硬币质量通常不统一，原因之一是全世界的造币厂生产的最常见的货币是"锤币"（hammered coinage），这种铸币的造价相对便宜，但往往质量不高。阿图罗·吉拉尔德斯（Arturo Giráldéz）和巴里·库克（Barrie Cook）在本书的相关章节中指出，曾有人做过实验，尝试通过使用压机和铣机等机器来生产品质更加统一的铸币。但这种技术通常成本高昂且很危险，铸币工人也担心机器的普及会减少用工导致他们失去工作，因而不愿使用这些机器。但正如库克所言，除了硬币的制作方式不统一，还存在新硬币与往届政权发行的旧硬币混用的情况，甚至在某个特定时期内同时出现多个发行者，更有甚者，在没有经过政府许可的情况下，外国硬币也在其领土内流通。

因此，从某种程度上来说，铸币不统一是由于不同的（往届政权或当前合法的）发行者发行了不同的硬币。但造成铸币不统一的原因还包括违法的操纵手段。例如，有人认为把某些流通硬币边缘的金属切割下来，这些被切割的硬币仍然可以流通，而切割者可以获得一些贵金属。吉拉尔德斯曾指出，如果硬币的内在金属价值超过其面值，这种硬币甚至可能会被熔化，或因其金属含量高而退出流通。人们倾向于使用"更便宜"的硬币（即那些面值高于内在金属价值的硬币）来缴纳税款、履行法律义务。这一时期也有伪币泛滥的现象。伪币的外观看起来很像法定硬币，但其贵金属含量很少（或根本没有）。一些政府甚至会通过降低硬币中的贵金属含量而使铸币"贬值",这实际上是打着合法政府的幌子造假。[6] 因此,虽然那个时期的铸币是人们主要的价值贮藏手段和交换媒介,但这种媒介的不可靠性造成了人们对货币的不信任和不确定。如果被"贬值",被切割过的,或伪造的硬币仍然可以流通,那么货币的真正价值是什么?

价值的内在理论和外在理论

当货币主要是由质量不统一的铸币构成时,货币的真正价值就不容易被确定了。这导致产生了两种看起来相互矛盾的价值理论:内在理论和外在理论。[7] 根据货币价值的内在理论(intrinsic theory),一枚硬币的价值仅与其贵金属含量等值。币面上的印记只是发行机构对硬币中贵金属含量的保证。相反,货币价值的外在理论(extrinsic theory)认为,币面上的印记本身就赋予了这枚硬币价值。人们通常会认为,作为发行机构的代表,无论铸币所使用的基础金属的质量与数量如何,币面印记都允许硬币能够以其规定的面值流通。因为一直以来内在理论都有着悠久的历史,所以当铸币发展状态不佳,譬如因为切割、伪造或贬值等原因,使用者担心交易的另一方是否会接受该硬币时,人们就很难再接受外在理论。对于外汇而言尤其如此,如果一个国家的铸币质量总体下降,该国货币的汇率就会下跌,因为其他国家对其铸币失去了信心。不过,布莱恩·施尔因(Brian Sheerin)提到,在16世纪的法国,货币价值的外在理论发挥了重要作用。当时,查尔斯·杜莫林(Charles Dumoulin)和弗朗索瓦·霍特曼(François Hotman)等人提出了"唯名论",认为货币价值取决于政府所确定的硬币的名义面值,而非取决于硬币的内在价值。但施尔因也指出，该理论在17世纪之前处于边缘地位，因为人们普遍认为硬币应该用贵金属的含量来衡量其内在价值。

然而，理论和实践常常相互矛盾。在文艺复兴时期，大多数使用货币的人在日常交易中并不会考虑货币价值的理论来源。例如，大卫·J.贝克（David J. Baker）在本书中提到：文艺复兴时期，当地的商店发行"贸易代币"（trade tokens）或"酒肆代币"（tavern tokens），诸如酒肆等商业机构或既定街区的其他类型的机构也发行并接受零钱，它们使用的铜币或基本代币似乎不符合货币的内在价值理论，但人们仍然愿意参与这类交易。有时，伪币甚至取代"真实"的硬币，成为主要的流通媒介。即使人们知道一枚硬币没有所谓内在价值，他们仍然相信其他人会接受它，就好像这枚硬币具有价值一样。只要没有人挥手拒绝这枚硬币，那么无论其质量如何，整个体系都可以继续运行。因此，尽管当时大多数人在理论上可能仍然相信货币的内在价值，但实际上，他们的表现仿佛是硬币的"外在理论"在发挥作用一样。然而，质量不断下降的硬币只能在当地流通。国际货币市场通过国际汇率的变化来"惩罚"一个国家铸币总体质量的下降。而且，即使是当地，也无法接受质量严重损减的硬币，例如，亨利八世（Henry VIII）时期的低面值银币格罗特（groat，参阅贝克所撰写的章节）。

这两种理论争论的核心在于硬币上印记的性质。这是硬币区别于纯粹的金银商品的关键要素。问题在于，印记是基于硬币的内在金属含量保证了其具有一定价值，还是基于硬币发行机构的社会认可度赋予了其价值。施尔因在他所撰写的本书章节中解释道："想一想，货币本质上与当权者的颜面密切相关。那么，当权者的颜面在何种程度上印证了硬币的价值，又在何种程度上从一开始就确定了硬币的价值？"人们对印记的理解与发行机构的权力直接相关。例如，法定纸币中脱离金本位制度的现代美元钞票，就完全依赖于外在价值，因为印制钞票的纸张价值低于印在纸币上的指定金额价值，单凭这些纸张不能兑换一定数量的黄金。因此，这种外在价值完全取决于使用者相信另一方能以面值接受该钞票。这种信念部分源于人们相信其发行机构——美国——一直具有强大的经济实力。但财务状况欠佳的国家往往会面临通货膨胀，甚至是恶性通货膨胀，人们认为如果发行方的财务状况不佳，其发行的钞票的价值就会持续下跌。因此，钞票价值的稳定性取决于发行机构的受信任程度。而对于贵金属铸币来说，人们只要相信硬币的内在价值与其面值一致，对发行机构的信任就并非必要条件了。另一方面，如果人们认为印记可以赋予硬币价值，那么，我们会看到发行机构"无中生有"地超发、滥发各种货币。货币价值来源的模糊性，也反映了人们在这一时期普遍对政府权威信心的不明朗。

因此，发行机构的声誉会影响民众对他们所使用硬币的态度。反过来，硬币的质量，特别是其中贵金属的含量，会直接影响发行机构的声誉。任何形式的货币质量的下降，都会影响人们对"印记意味着所谓价值"的信任。发行机构的声誉以及该国的声誉，可能也会因此而遭受损害，如果发行机构故意贬低铸币的价值，即发行质量低劣的硬币，便可以从民众手中攫取更多的"铸币税"。它们从硬币的面值与生产硬币的成本——包括吉拉尔德斯所描述的支付给造币厂老板的用于生产硬币的"铸币费"——之间的差价中获取剩余价值。施尔因解释道，这种贬值可能以多种方式出现——发行机构可能会"夸大"流通硬币的价值，但流通硬币的实际价值没有任何变化；可能会减轻硬币的重量，而面值保持不变；可能会通过把贱金属与贵金属混合，降低贵金属含量，而当前面值保持不变；或者，可能会综合使用上述做法。最臭名昭著的贬值事件之一——后来被称为"货币大贬值"（Great Debasement），发生在亨利八世时期。此前，英国的"银币"（sterling）质量已稳定维持了数百年。但到了 16 世纪中叶，亨利八世为了增加收入，贬低铸币价值，这很快导致了英国硬币在国际市场上声名狼藉，这件事在国内也沦为人们茶余饭后的谈资。例如，莎士比亚《亨利四世》（Henry IV）中的霍茨波提到必须"流通"的"血腥鼻子"，就是指质量低劣的泰斯通（testoon）上红色的铜和亨利高挺突出的鼻子。[8] 亨利八世的女儿伊丽莎白一世（Elizabeth I）登基后迅速恢复了铸币的质量，但在接下来的数年中，贬值事件仍然损害着英国铸币的声誉。

肖像学和铸币的非交易用途

亨利八世时期，在贬值硬币上加印其肖像的故事指向了铸币的另一个关键元素——它的视觉特性。除了在交易过程中实现其经济任务外，发行机构把印记作为视觉表征，可以通过在铸币上加印肖像实现其政治和宗教用途。在库克所撰写的本书章节中他写道，铸币上的元素可以"反映当权者的权力、权威及自我形象"，促进宗教信仰体系的发展。[9] 此外，它可能通过反映艺术创新精神的方式给人们带来深刻的美学印象，而"珍贵硬币"（prestige coins）的发展更是将这一用途推向巅峰。这种硬币无论因其视觉特性还是因其交易属性，都备受追捧，也使硬币制造者的地位从雕刻匠人转而成为受人尊敬的艺术家。库克指出，文艺复兴时期的一个主要趋势是朝着类似于古典模式的自然主义或现实主义迈进。这为人们"提供了一种能代表个体权威的新的概念性的准则"。然而,库克还提出,硬币作为"一种非常保守的媒介",意味着其"给人带来的信任感和熟悉度必须居于新颖性和多样性之上"。因此,"不仅需要质感没问题,重量没问题,还需要在视觉上也没问题"。虽然在设计硬币时存在着一定的创新空间,但若偏离公认的准则,可能会导致人们普遍不信任这种货币工具。

有些铸币强调文字内容而忽视视觉效果,例如中国和伊斯兰的铸币。中国的硬币采用了极简设计,上面的文字只标明了统治者或者造币厂,没有包含意识形态或宗教的内容。库克认为尽管这种设计极其简单,但"显然,人们仍然认为它具有政治意义,把控铸币是合法政府的基本工作内容"。伊斯兰的铸币上倾向于通过加印(尽管并不总是如此)萨哈达(shahada)或信经(Profession of Faith)的相关文字内容来促进宗教信仰的发展,他们认为"万物非主,唯有真主;穆罕默德,是主使者"。斯蒂芬妮·云茵-琼斯(Stephanie Wynne-Jones)在本书中讨论了斯瓦希里硬币(Swahili coins),这种硬币的设计独特,并且包含了祈求真主安拉或者宣扬伊斯兰宗教信仰的阿拉伯语铭文。[10] 而欧洲和南亚的铸币传统则更多地依赖于文字和图像这两种信息传递方式的结合,其铸币上印有代表王室或皇权的图像,来显示政权的至高无上。例如,英国的硬币上描绘了统治者登上军舰的情形,以此来彰显其雄厚的海军实力。

由于硬币具有视觉特性,因而除了可以被用于商业交易,它还有其他用途。云茵-琼斯讨论了在沦为殖民地之前,斯瓦希里海岸的货币是如何被用作"价值尺度和贮藏手段,房屋地基的结构性存款,坟前的祭品,用于装饰或展示的装饰性物品,以及创建和维护历史的纪念品"的。在与家庭活动有关的遗址(如水井或庭院墙壁附近）中发现的各种硬币说明，尽管这些城镇确实在当时的国际贸易中发挥了重要作用，但这些硬币除了可以被用于商业交易，还是日常生活的一部分。在《近代早期英国文学中的货币制度与国家形态》（*Coinage and State Formation in Early Modern English Literature*, Deng, 2011）中，笔者讨论了君主在出席祈祷健康的治疗仪式（healing ceremony）时所使用的一种特定的英国硬币——天使硬币（the angel），并以此来鼓舞老鼠疮皮肤病患者的事例。国王在"触摸"臣民之后，将一枚穿孔并系有丝带的硬币挂在他们的脖子上，并告知他们不要将硬币取下。然而，这其中的一些代币似乎还是被传到了其他老鼠疮患者手中，好像国王的碰触已经融入这些"圣物"一样（Deng, 2011: 137–144）。这些例子印证了云茵-琼斯的结论，即硬币除了具有商业交易的作用，还扮演"一些日常物品的角色"，很多本地化的用途"均由硬币来实现"。

世界市场和重商主义论述

然而，除了在本国的特殊用途，作为金属代币的硬币在世界商品市场上仍占据一定的地位。正如云茵-琼斯所指出的："从广义上来讲，斯瓦希里硬币属于更广泛的伊斯兰货币世界的一部分。在伊斯兰货币世界中，第纳尔（dinar）金币和迪拉姆（dirham）银币，以及面值较低的铜币共同建构了国际价值衡量标准。"无论硬币的设计如何，硬币的生产最终都要依赖于稳定的贵金属供应。吉拉尔德斯指出了几个欧洲重要的银矿和铜矿产区：波西米亚（Bohemia）、萨克森（Saxony）、蒂罗尔（Tyrol）、匈牙利（Hungary）、阿尔萨斯（Alsace）和西里西亚（Silesia）。日本是另一个重要的白银供应国，沃德·巴雷特（Ward Barret）估计其白银产量占16世纪全世界白银供应量的30%左右（1990: 225）。随着哥伦布发现新大陆，世界与美洲建立起了联系，白银产量急剧增长，导致了所谓"价格革命"（Price Revolution），引起了严重的通货膨胀。正如吉拉尔德斯所言，此后金属生产转向黄金，其主要原因是随着美洲白银产量的持续增加，全球白银价格下跌。17世纪末到18世纪初，英国是金属生产转向黄金的主要受益国，这一转变也预示着国际黄金标准的提高，提高后的国际黄金标准一直延续至20世纪。

本国货币对世界市场的依赖程度，直接关系到各国在面对全球其他力量时，可以保存多少自己的实力，尤其是当该国刚经历过生产铸币的巨大损失时。货币应该如何在国际间流动引发了一系列相关论述，后来被统称为"重商主义"。正如布拉德利·D.莱纳（Bradley D. Ryner）在本书中所指出的，有关全球货币问题的早期著作多受亚里士多德（Aristotle）及学术思想的影响，注重强调与货币相关的道德公正理论。也就是说，相对其他国家基于其硬币中的金属含量来判定货币价值，各特定国家的货币都具有其相应的"公正价值"。因此，主权国家应维持并保护该国货币的公正价值，抵制任何企图操纵汇率的行为。杰拉德·德·马林斯（Gerard de Malynes）就是这一理论的支持者，他认为外国银行家故意把英镑的汇率保持在较低水平，以便窃取英国的硬币，这是导致17世纪20年代英国金属大量外流的原因。马林斯在他的著作《论英格兰共同财富的弊病》（*Treatise of the Canker of Englands Common Wealth*）中，把操纵汇率称为导致贸易赤字的"直接原因"，"导致了我们的财富减少和货币流出"（1601b: sig. B8v）。蓄意低估英国货币价值的行为给人们创造了一种动机，即促使人们将硬币出口到其他国家去使用。

此外，马林斯认为，黄金和白银外流加剧了国外商品的价格上涨，迫使英国消费者购买"价格高昂"的国外商品，而购买国外商品的开支上涨又进一步加剧了贸易赤字（1601b：sig. B2r，D2r）。

正如莱纳所言，17 世纪时，重商主义论述讨论的重点已经从强调君主应努力维持货币的公正价值转向探讨"与货币价值变动的原因及影响相关的经验性问题"，这一问题被认为是"复杂的国际关系的结果，取决于权衡全球各国经济实力时所做出的政治决定"。英国东印度公司董事托马斯·芒（Thomas Mun）与马林斯持相反意见，他认为汇率被操纵"不是根本原因……而只是一种次要手段"，"财富外流并非因为在货币兑换时我们的货币被低估了价值，而是因为贸易的不平衡"（1664: sig. H4v, H1r）。芒认为贸易平衡（即消除进出口之间的差异）驱动国际收支平衡，反之则不然，因为汇率只是对"几笔过度平衡或欠平衡的主要贸易和活跃贸易"的"被动"反应（1664: sig. I4r）。[11]芒还认为，如果英国人想积累更多财富，他们"必须遵守这一规则：每年卖给外国人的货物价值要高于从他们那里消费的货物价值"（1664: sig. B6r）。这表明需要降低地方政府对全球商业能力的把控；如果最终证明君主试图维持货币公正价值的努力是徒劳的，那么，就削减地方政府的权力。在某些货币价值理论中，地方政府被认为是价值的来源。

汇票是促使资本的全球流动成为可能，不必携带大量贵金属即可实现交易的关键性创新举措之一，即"通过文件进行交易"。汇票可以追溯到 12 世纪左右，那时需要转移大量资金来资助战争，[12]汇票是一种契约，收到汇票的一方将一定金额的特定货币在约定地点和时间交付给收款人或持票人。汇票通常由意大利和法国的银行发行，后来，低地国家的银行也都发行汇票，这些银行最初的设立目的就是处理外汇交易（Davies, 2002: 154–157）。想要进行资金转移的人可以以一定数量的（通常是）当地货币从银行家手中购买汇票。汇票中约定这个人能够在特定的时间和地点兑换一定数量的（通常是）另一种货币。通过这种方式，"货币"就可以实现长途流通，而不会像运输铸币一样承担在海上丢失或被盗的风险。除了用于外汇交易，在兑换不同的币种时，银行家还可以在发行汇票时通过收取溢价的方式赚取一定的利息。

高利贷和信贷

因为可能可以在汇票交易中收取隐性利息，因此，中世纪的人经常使用汇票来规避限制高利贷行为的法律。人们普遍认为，贷款人为了获取利润而向借款人收取的借贷利息都是高利贷。在大多数基督教国家中，高利贷都是被禁止的。因为在《圣经》的经文，如《出埃及记》（Exodus 22: 25）中记载："我的子民中有困苦人在你那里，你若借钱给他，不可如放债的向他取利息。[①]"再如《申命记》（Deuteronomy 23: 20–21）中记载："借给外邦人可以取利，但借给你的弟兄就不可取利。[②]"（引述自 Jones, 1989: 7）后者暗示可以向那些不被视为兄弟的人放贷，但通常被理解为不得在基督教国家范围内收取利息（伊斯兰国家也有类似禁令）。不过，由于汇率波动、利润不确定的因素，因此汇票收取利息是合情合理的。但汇票不是直接贷款，因为它没有明确约定将更多数量的同种货币还给贷方。相反，它是以另外一种货币进行偿还，其价值相对于借

[①] 引自《圣经·旧约》（和合本修订版）《出埃及记》22:25。——译者注
[②] 引自《圣经·旧约》（和合本修订版）《申命记》23:20–21。——译者注

款人当初借到的货币而言，可能会贬值。因此，在人们普遍对高利贷感到深恶痛绝的时候，汇票是一种便利的方式，一种间接收取贷款利息的方法。

至于高利贷，则依然是一种极具争议的行为，因为它意味着钱可以生钱，而且放贷者一般都出于贪婪的动机，并以损害"兄弟"的利益为代价。除了引用《圣经》中的禁令外，反对高利贷的人还曾引用亚里士多德对于希腊语中高利贷"tokos"一词的讨论。tokos 意为"子嗣"，暗示一种繁殖方式，在亚里士多德看来，这种非自然的繁殖方式扭曲了自然繁殖的概念。许多著作经常引用古典的或《圣经》中的论述。例如，托马斯·威尔逊（Thomas Wilson）的著作《关于高利贷的论述》（*A Discourse Vppon Vsurye*, 1572），就是一部谴责一切形式的高利贷的小说。该书出版于1571年前后，当时的政府颁布法令，隐晦地规定允许在英格兰征收不高于10%的贷款利息。然而，笔者在本书第三章中提到的那些倡导对贷款设置最高利率的人重新解释了《圣经》，并以此来区分具有破坏性的高利贷与更具生产性的高利贷，前者用希伯来语中的 *neschech*（"咬"）一词来表示，后者则用 *tarbit*（"增长"）一词来表示。生产性的高利贷和破坏性的高利贷二者之间收取利息的形式差异，逐渐转变为按法定利率收取利息与按高利贷利率收取"过高"利息之间的区别。时至今日，法定合理利率与高利贷利率之间依然存在具体的数字界限。例如，美国的个别州规定，禁止收取高于一定数额的利率，以防止经济剥削。

贝克和施尔因在本书中分别指出过，尽管人们对借贷行为心存顾虑，但信贷体系仍然是欧洲经济的重要组成方面，因为这些欧洲国家经常出现硬币短缺的情况，特别是低面值的硬币。这种情况主要是由于硬币在全球范围内的流动造成的。随着经济的迅速发展，货币生产量往往供不应求。很多交易需要由一个替代货币的体系来完成，因此信贷体系在这一时期应运而生。克雷格·穆德鲁（Craig Muldrew）在其著作《债务经济》（*The Economy of Obligation*, 1998）中详细记录了英格兰信贷体系的范围。前文提到，一些交易是通过使用本地生产的贱金属代币进行的，但这些代币仅适用于特定的街区。与此同时，信用制度也逐渐建立起来了，人们在分类账目中记录欠款金额，只需定期结算即可。例如，正如赫尔曼·范德维（Herman Van der Wee）所描述的那样，"小商店老板与小酒馆老板之间有一个现金往来账户，而小酒馆老板与小商店老板之间也有一个对等账户；双方定期结账，只对结余部分以现金进行支付"（1977: 301-302）。当然，一个人通过偿还债务所积累下来的声誉在该信用体系中是至关重要的，而且像代币一样，只能在当地的城镇或街区发挥作用。在这些地方，每个人对他人的可信度都了然于心。如果有些人是出了名的欠债不还，那么，他们将很难在不持有"真金白银"的情况下完成交易。正如贝克所言：

> 因为一项交易中的大多数参与者，要么自己欠别人钱，要么别人欠自己钱，声誉——即大家对于一个人的可信度、邻里关系的融洽度，甚至是宗教信仰虔诚度的判定——是至关重要的。正是这项社会指标使近代早期的英国人可以预估对方可能会做出的经济行为，在我们认为应被归为会计计算的更抽象的损益估计出现之前，人们都是采取这种方式预估的。

贝克认为，这项"社会指标"可以解释很多英国交易者的行为，他们无法利用诸如全球性银行或信用评级机构这样的现代机构来衡量交易对手的可信度。正如穆德鲁所指出的，"由于双方参与者对很多交易……的记忆不同，所以在向第三方支付款项的过程中出现沟通不畅的情形……借条遗失了，还款也就不了了之了。关于借款合同的争执和关于劣质或有损坏的抵押品的争议时有发生"（1998: 199）。如果一方欠债不还，另一方有时会通过法律来追索，16世纪末，英国债务诉讼量的急剧增长便印证了这一点。但这类法律诉讼的结果并不尽如人意，因此当时的交易者不仅需要理解一个复杂的体系，还需要在不确定的条件下应对复杂的社会关系。[13]

储蓄性银行和纸币的出现

依靠当地人们在街区的声誉所建立起来的非正规信贷体系终将被正规的信贷机构所取代，后者属于更广泛的银行系统。当个人向银行借款时，银行会要求其提供抵押品或采取其他控制信用风险的措施。这样的大型体系在近代早期还不存在，但现代银行架构的组成部分已经在这一时期的不同时间、不同地方出现了。[14] 大多数历史学家认为，欧洲银行业的建立并非源于放款人或典当行，而是源于货币兑换人，他们中的大多数同时也是商人。这些人把货币兑换作为他们的整体业务之一（Hunt and Murray, 1999: 64）。根据雷蒙·德鲁弗（Raymond De Roover）的说法，欧洲的现代银行业务的记录最早出现于12至13世纪热那亚（Genoa）的公证记录中。这些记录表明，当时的银行（*bancherii*）与客户之间建立了合伙关系，接受定期存款（设有最低存款年限，有时也设置最低存款利息或收益，设置后者是为了禁止高利贷）和活期存款（人们可以按需取现，通常不赚取利息），通过允许客户透支账户的方式扩大了某些客户的信用额度，甚至直接参与海外投资（1974: 200-201）。[15]

然而，在中世纪时期，银行的主要功能是保障客户存款的安全，并为客户转移账户余额以完成结算，即所谓"转账支付"。因为，在某些情况下，银行的信贷是在透支的情况下发放的，但这类信贷只批给选定的客户。而基于准备金制开展的部分银行业务（银行所持有的实际的资金的权额低于其未偿还债务总额）在大多数城镇仍然被判定为非法，所以信贷体系的规模仍然相对较小（Hunt and Murray, 1999: 64）。总体来说，这一时期的银行重点业务不是信贷，而是货币兑换，特别是国家与国家之间的资产交换。根据德鲁弗的说法，这个时期的商人银行家通常是"那些从事国外代理而参与大量外汇交易的人"（1974: 206）。现代银行的兴起主要取决于银行实际发行流通货币（以支票或银行券的形式）的能力，这类通货仅依靠其储备金中的一部分未偿还债务来支持。也就是说，现代银行业的发展与各种形式的纸币齐头并进。

直到18世纪初，英格兰、威尔士和苏格兰境内纸币形式的货币超过了金属形式的货币，纸币成为主要通货形式的演变才算最终完成（Davies, 2002: 279）。但纸币的发展要比这早得多。最早的纸币是在中国唐宪宗统治时期（805—820）发行的。由于铜的匮乏，他认为有必要采用这种形式的货币。中国的其他一些地方政权也纷纷效仿。中国境内的各个王国——包括著名的《马可·波罗游记》中记载的忽必烈可汗的蒙古帝国——都使用了纸币，且一直持续到1455年前后。该时期没有关于纸币的记录，在此之前的几年，纸币似乎就已经大幅贬值。这些纸币的滥发导致了严重的通货膨胀。要想让人们使用纸币，就必须实施严格的国家管控——禁止使用其他形式的货币，特别是必须严格禁止使用贵金属货币。1294年，波斯王国（Kingdom of Persia）曾在国库耗尽后尝试实施这种制度。国王下令宣告，所有拒绝接受纸币的人将被处以死刑，然而变革只持续了大约两个月，该国境内的贸易和商业就已经接近崩溃的边缘（Davies, 2002: 181, 184, 183）。

但在欧洲，纸币出现的原因并不是由于严格的国家管控，而是因为17世纪30年代英国私人金匠银行家的崛起。起初，代笔人，即负责草拟合同、债券合约、抵押证明等文件的法律专家，经常被委托处理大额金钱。在此过程中，他们逐渐掌握了小额存款等银行业务的操作技巧，开始以放贷为目的接受现金存款。但最早参与货币兑换并负责保管私人贵重物品的是金匠，他们的出现可谓得天时地利之优势。1640年前后，英国处于长期内战。战争既使人们缺乏安全感，又使人们对传统金匠工艺的需求降低，这两方面因素促使金匠将更多精力放在自身金匠业务以外的银行业务上。他们不仅接受客户存款，还会将其中一部分存款向另一部分客户借出，因而他们需要吸纳更多的存款用来放贷。为了吸收更多存款，他们开始提供存款利息。于是，用于确认已收到存款或已发放贷款的票据应运而生，继而支票、内陆汇票（国内版的汇票）和银行券（由金匠发行的存款收据演变而来）开始发行。[16] 此外，金匠还从事汇票业务，他们了解到许多伦敦商人参与的海外贸易中存在信用风险，利用这些信息资源，他们不断增加在汇票业务上的投资。第一张英国银行券（或者准确点说，是金匠的收据）诞生于1633年，而现存的第一张英国支票则诞生于1659年，后者是模仿汇票而设计的。最终，这些纸质票据作为货币开始流通，弥补了铸币在流通中的不足。到

17世纪60年代,银行家在发放贷款时,已经开始发行可转让的纸质票据,而不仅仅是将其作为货币存款的收据。此举引发了部分准备金银行业务的形成,这是通过活期存款创造货币的现代银行业实践中的重要组成部分(Davies, 2002: 250-252)。如前所述,到18世纪,纸币已经取代金属货币,成为货币流通的主要形式。

伴随着纸币崛起的,是从白银作为金属货币的主要材料向"金本位制"的转变。[17]"金本位制"是国际公认的最终价值衡量标准,直到20世纪才被取代——此时所有货币的价值在本质上都变为自由浮动,在某些情况下仅与另一种自由浮动工具(一般是美元)的价值挂钩。货币的外在价值理论占据主导地位,因为此时法定货币的价值在于人们相信纸币上的印刷记号足够保证它所承诺的既定价值。法定货币的票面价值始终高于其制作材料本身含有的内在价值。随着电子货币的出现,甚至连纸币也可以消失,只需要一串用以区分账户的数字和给定账户内的金额即可。这种体系的存在往往持续依赖于发行国的稳定性,随着像比特币这样的数字货币的发展,甚至货币背后的国家机器也有可能消失。只要人们相信他人愿意以既定价值接受该货币,那么,这种货币便可以继续流通。

纸币向电子货币的转变将消除货币流通中的视觉表达元素:因为一般来说,国家不能仅仅通过数字来促进传达某些政治和宗教价值。当然,纸币确实能够保留下重要的货币图像元素,且纸币和信用卡(甚至数字)形式的货币将会被继续用于除商业交易外的其他用途,例如艺术领域。此外,货币向纸币和电子形式转变,如何确保能够获得充足的金银这一问题便不复存在了。但另一方面,基于释放到经济体中货币供应量的多少而引发的货币增值或贬值,会继续影响印刷纸币的国家的政府声誉,也会影响到每个账户内货币价值的"实际"多少。同时，与货币有关的伦理和道德问题，例如与高利贷相关的问题，也将会被仅仅局限于那些极端的经济剥削形式，如过高的利率和对拖欠债务的消费者采取的破产保护形式。信贷系统和不断创新的金融工具极大地丰富了经济活动。尽管有时信贷违约引发的信任问题和银行业挤兑现象会使经济体处于危机状态，但这些不会成为常态。20 世纪的经济大萧条和 21 世纪的大衰退均清楚地表明这种信任并不可靠。相比之下，发生在近代早期的"价格革命"和一系列银行破产似乎显得比较久远。因为这些事件的影响往往局限于本地，而不会给当今世界各国相互联系的大型系统造成全球性灾难。然而，即使是相对较小的近代早期货币体系也可能产生希望和焦虑。在接下来的几个章节中，围绕货币的各种问题都证明：货币对近代早期人们的日常生活是多么重要。

第一章
Chapter 1

货币及其技术：矿业、冶金、铸造及非金属货币形式

阿图罗·吉拉尔德斯（Arturo Giráldéz）

全球硬币市场

1571年，伴随着马尼拉城的建立，象征着连接世界各大陆板块的全球市场最终形成。伊比利亚半岛上的西班牙和葡萄牙开辟了新航路，从非洲和美洲大肆掠夺贵金属，加之美洲的生态交换，世界经济由此成型。正如费尔南·布罗代尔所言，全球经济的发展取决于货币交换的程度："纵观全世界，沿着货币大循环的路线建立起了运输路线，货币与'皇家商品'交易最频繁的交汇点往往是赚取暴利的地方。"长途贸易是资本积累的基础："它主导国际旧秩序，货币在它的支配下，或为其开路，或紧随其后。贸易是经济的风向标。"（1981: 439）

从15世纪上半叶到17世纪上半叶，欧洲和东亚地区的矿产量大幅增加，"美洲白银大量涌入"造成了严重的通货膨胀——厄

尔·J. 汉密尔顿（Earl J. Hamilton）①的"价格革命"理论。人口、贸易和金融的长期流动也加剧了通货膨胀。但很显然，墨西哥和秘鲁的矿产量增加"确实使物价上涨愈演愈烈"（Wernham, 1968: 3）。对于这一重要的历史时期，约翰·梅纳德·凯恩斯（John Maynard Keynes）曾断言："近代世界编年史上，从未有过对商人、投机者和暴发户来说如此持久、如此难能可贵的良机。现代资本主义正是诞生于这样的黄金年代"（1950: 159）。[1]

资本主义萌芽及随之而来的贸易扩张，对于"火药帝国"——伊朗萨非王朝（Safavid Iran）、土耳其奥斯曼帝国（Ottoman Turkey）、印度莫卧儿帝国（Mughal India）的崛起大有裨益。另外，凭借丰厚的矿产资源，幕府军大败封建领主大名（daimios），推动了日本的统一。同样地，欧洲新兴国家的崛起，如伊比利亚及后来的荷兰、大英帝国和俄罗斯帝国，也都依赖贸易扩张及美洲和日本的白银供应。16世纪，哈布斯堡王朝（Habsburg monarchy）依靠中欧的银矿和铜矿取得了战争的胜利，瑞典的古斯塔夫·阿道夫（Gustavus Adolphus）从本国铜矿的利润中获得了支撑欧洲三十年战争（Thirty Years' War）的军饷。大西洋经济的发展和欧洲在亚洲地区海域的扩张都离不开贵金属的支持。国家机器的运转、庞大军队的组成以及贸易的不断扩张都需要依靠金融机构的发展，而信用工具的广泛使用促进了"黄金年代"蓬勃发展的商品交易（Keynes, 1950: 159）。

---

① 厄尔·J. 汉密尔顿（1899—1989），曾任芝加哥大学经济史教授。他对南美和西班牙的经济史、中世纪西班牙的物价和工资等进行了重要研究。

锤币

15、16 和 17 世纪时期，货币的主要材质是铜、金和银。在全球市场中，银尤为重要。对这些金属进行加工的行业是历史上最早的几种大规模生产行业之一，致力生产形状相似、重量相当的硬币；但由于缺乏统一的标准，加工过程简陋，当时全世界的造币厂都在制造的这种锤币并不规范。

制造硬币时，需要将金属提炼至既定的纯度，然后与其他金属混合冶炼制成合金，增加其硬度。在西班牙帝国，铜被添加到白银中，再与黄金混合。仅添加铜也是很常见的，例如弗朗西斯一世（Francis I）时期发行的法国金币埃居（ecu），1519 年该币被铸造，纯度为 23K①，即黄金与铜的比例为 23∶1（Burzio, 1945: 44; Cipolla, 1993: 165；见图 1.1）。将金属提炼至既定纯度之后，接下来的第一步就是生产被称为"币坯"的圆饼。然后将每个币坯放在一个模具上，这个模具的作用类似砧板，再用另一个模具进行敲打。敲打的模具类似锤子，并在其正面（顶部）和背面（底部）刻上法律规

图 1.1　弗朗西斯一世时期的法国金币埃居
版权 © cgb.fr 网站，2012（维基共享资源）

---

① 黄金成色单位。

定的图像和铭文。敲打好之后，还要用切割工具对其进行修剪，切割成近似圆形的锤币（Munro, 2012: 23）。

这种技术解释了当时的铸币法规为什么没有规定每一枚硬币的重量，而是明确了一单位金属可以打造的硬币数量，即"马克"（marc）。铸币法规还规定了金银的纯度（成色）。以黄金为例，黄金以开（K）为纯度单位，24K 黄金的纯度为 100%。在欧洲，白银的纯度是按重量来定义的。例如，卡斯蒂利亚马克（230.046 克）银可以打造 67 个雷亚尔（real），白银含量为 930.551‰。著名的 real de ocho——"八雷亚尔"（pieces of eight）硬币——相当于含有 25.5 克白银（Burzio, 1945: 42）。

一枚硬币的面值是由其铸造金属的价格、内在价值、铸币费和铸币税共同来确定的。铸币费是支付给铸币厂老板的，包含制造硬币的所有费用——工具、合金、人工成本等；铸币税是国王征收的。

尽管国家出台了法律和禁令，但铜币、银币和金币仍然被当作商品在市场上流通，以实现其价值最大化。如果一枚硬币的内在价值高于法律规定的名义面值，那么这枚硬币就很有可能流向国外或者被熔化，人们会用更便宜的硬币来缴税或者进行其他合法交易。例如，1535 年，西班牙国王查理一世（Charles I）发行的金币纯度就经历过这样的转变。吸取卡斯蒂利亚的金币流向法国的前车之鉴，他决定用黄金含量仅为 91.67% 的新币埃斯库多（escudo）来支付征战北非的部队的军饷，这种新币的纯度与法国和意大利的金币纯度相当。两个埃斯库多被称为皮斯托尔（pistole），这种硬币在国际上具有重要意义（Carande, 1990: 228）。

美洲白银之前:黄金的循环(1443—1560年)

1443—1560年,伴随着全球贸易的发展,出现了以黄金为主导的全球货币/硬币循环。这一循环始于葡萄牙占领非洲西海岸的阿尔金岛(the island of Arguin),并获得了廷巴克图(Timbuktu)的黄金。在那之后不久,里斯本的造币厂便发行了含有3.54克黄金的精制金币克鲁扎多(*cruzado*, 1457),这是"现代欧洲最早的重要贸易货币"(Porteous, 1969: 140;见图1.2)。除阿尔金岛以外,大约1456年,迭戈·戈麦斯(Diego Gomes)到达西非的马里王国。来自美洲的黄金也很快抵达了塞维利亚(Seville),这里是来自西属美洲殖民地的舰队航行的终点。直到1560年,来自美洲的黄金价值占西班牙进口贵金属价值的一半以上。但从那年以后,这一数据下降了约8%(Vilar, 1974: 142)。非洲和美洲的黄金大量涌入,降低了黄金与白银的相对价格(即所谓"双金属比率")。因此,中欧和日本的银矿开采利润上涨。无独有偶,1693年前后在巴西内陆发现的黄金也刺激了美洲银矿的开采(Braudel, 1981: 460)。

图1.2 500雷亚尔金币("克鲁扎多"),葡萄牙塞巴斯蒂安国王(King Sebastian, 1557—1578年在位)
版权©JFVP, 2008(维基共享资源)

欧洲的金币大多效仿 3.54 克威尼斯达克特（ducat）的纯度和重量。1497 年，天主教双王（Catholic Monarchs）在麦迪纳德尔坎波发布国事诏书，规定硬币标准为马克或半磅的卡斯蒂利亚（230.046 克）。半磅的卡斯蒂利亚又被分为 65.3 枚金币，每枚金币的纯度为 23.75K（即含 3.5 克纯黄金）。这种金币被称为埃克赛伦提（*excelente de la granada*），与威尼斯达克特等值。1510 年，哈布斯堡王朝的君主马克西米利安一世（Maximilian I, 1493—1516 年在位）以威尼斯达克特为模型，发行了神圣罗马帝国的金币。艾伦·斯塔尔（Alan Stahl）写道，当时欧洲多种硬币均被称为"达克特"，"这说明自查理大帝（Charlemagne）时代以后，西方世界几乎统一了铸币标准，并为欧洲提供了一套黄金标准体系，这远远早于现在使用的、更广为人知的金本位制（始于 18 世纪 20 年代）"（2012: 49；见图 1.3）。与地中海有经贸往来的其他地区也开始使用达克特。占领君士坦丁堡后，征服者穆罕默德（Muhammad）铸造发行了阿尔金（*altun*, 1477）；波斯萨非王朝的国王铸造发行了阿什拉菲（*ashrafi*），这两种金币在重量和

图 1.3 25 达克特，特兰西瓦尼亚，1681
来源：美国国家历史博物馆"国家钱币收藏"，无版权，2010（维基共享资源）

纯度上都以达克特为模型。埃及和也门的造币厂也遵循相同的铸币标准。16世纪上半叶，这些货币及大量的威尼斯达克特在红海沿岸流通，这条"黄金河"主导了印度洋沿岸的贸易。这些铸币在印度西部沿海"以极大的自由"流通着（Haider, 1996: 323）。

1451年，萨克森公爵（Duke of Saxony）批准把矿石与铅混合从而将银从铜中分离出来的冶炼工艺后，加之新的采矿技术的发展，中欧的采矿业利润变得极其丰厚。格奥尔吉乌斯·阿格里科拉（Georgius Agricola）的《矿冶全书》（*De Re Metallica*）中的图片生动地描绘了这些新式机器〔1950（1556）；见图1.4〕。矿区一般位于波希米亚、萨克森、蒂罗尔、匈牙利、阿尔萨斯和西里西亚。正是蒂罗尔丰富的银矿和铜矿促使南德商行投身采矿业和金融业。这些商行中最具代表性的是富格尔家族（the Fuggers）。查理五世

图1.4　格奥尔吉乌斯·阿格里科拉《矿冶全书》中的版画，巴塞尔，1556
来源：无版权，2013（维基共享资源）

（Charles V）正是凭借富格尔家族提供的贷款，才得以成为神圣罗马帝国的皇帝。富格尔家族不仅是哈布斯堡王朝的银行家，还是教皇放纵行为[①]的获利者，最终导致了宗教改革的爆发。

充足的白银为欧洲新铸币的产生提供了前提条件。第一种新硬币受到了皮萨内洛（Pisanello, 1395—1455）奖章的启发，仿照古代金属奖章上的肖像，并且用罗马字母代替了哥特式字母。铸币改革始于 1472 年威尼斯铸造的特龙里拉（lira Tron，包含 6.16 克银）。这种硬币上以文艺复兴时期的绘画风格展示了总督尼可洛·特龙（Nicoló Tron）的形象。这开创了一个先例，瑞士、威尼斯共和国和佛罗伦萨共和国在此之前从未发行过带有肖像的硬币。1474 年，米兰铸造了一枚颇重的硬币（包含 9.44 克银的银币），上面印有公爵夫人加来亚佐·玛利亚·斯福尔扎（Galeazzo Maria Sforza）的面部肖像。人们将其称为泰斯托尼（testoni），因为这种硬币上的肖像是基本上只保留头部的半身像（意大利语中为 testa[②]; Cipolla, 1996: 40）。这种风格制式随后很快风靡意大利（托里诺、热那亚、佛罗伦萨和罗马），以及低地国家、法国和英国。1503—1504 年，亨利七世（Henry VII）发行了含有 8.63 克银的硬币先令（shilling），开创了英国现代铸币的先河，上面印有国王的肖像，与"英国硬币肖像之父"——德国的亚历山大（Alexander of Brugsaal）——笔下的国王肖像风格有相似之处（Craig, 1953: 98）。

爱德华·贝斯利（Edward Besley）指出，德国发行的硬币上的

[①] 教廷以修建圣彼得大教堂的名义大肆贩卖赎罪券的行为。教廷中曾依靠富格尔家族的贷款贿赂教皇而获取官职的人，从售卖赎罪券的行为中获利，继而还债给富格尔家族。

[②] testa，意大利语中为"头"的意思。

人物肖像风格与意大利的不同，"更强调发行者的等级和权威，他们往往骑马或身着半身护甲，并佩戴象征其权力的佩剑"（1980：189）。到了18世纪，只有西班牙和葡萄牙还延续这种风格。以西班牙为例，国王和王后的半身像被印在埃克赛伦提上；查理五世的肖像出现在一些米兰的硬币上，腓力二世（Philip II）的肖像出现在荷兰的硬币上。但除此以外的几乎所有铸币上都只印有与宗教符号、铭文、盾徽、日期和造币厂相关信息的文字，不再保留王室成员头像。

1477年，蒂罗尔的大公爵西格斯蒙德（Archduke Sigismund）下令发行大型银币，其中一种是含有29.92克银的古尔蒂纳（Guldiner），另一种是含有14.96克银的半古尔蒂纳（Halbguldiner）。1519年，波希米亚的施利克伯爵（Count of Schlick），即圣约阿希姆瑟尔矿的矿主，开始铸造含有27克银的大型纯银硬币。当其所持有的造币厂落入奥地利的费迪南德（Ferdinand）手中时，这种银币的白银含量被缩减至26.39克。这种银币被称为约阿欣泰勒（Joachimsthaler），简称泰勒（Thaler，见图1.5）。菲利普·格

图1.5　约阿欣泰勒，1525
版权 © 柏林-乔治，2015（维基共享资源）

里尔森（Philip Grierson）①评论道，这几种新硬币"为 16 世纪遍及整个欧洲的新币种提供了模型，改变了货币的整体面貌"（1975：97）。1537 年前后，墨西哥首次铸造的"八雷亚尔"就是以泰勒为模型铸造的硬币之一，泰勒取得了"令人难以置信的成功"。荷兰盾（*rijksdaaler*）和美元（*dollar*）都取其名字中的部分字母来命名（Cipolla，1993：41-42）。之所以铸造大型硬币，是因为从经济的角度来看，它们的制造费用要便宜得多，"铸造 12 枚便士与铸造 1 枚先令相比，前者需要的工作量为后者的 12 倍"（Grierson，1975：97）。

大约从 1460 年开始，中欧地区的白银产量逐渐增加，到 16 世纪 30 年代达到一个相对稳定的生产水平；从 16 世纪 60 年代开始显著下降，无法与美洲的产量相抗衡（Nef，1997：16）。然而，当时在采矿和提纯技术方面，中欧国家中的德国的矿工和工程师仍是"无可争议的大师"（Spooner，1972：17）。他们做出的最重要贡献在于对金属的含量进行测定，以及把贵金属从其他物质中分离出来。《试金手册》（*Probierbüchlein*）等著作阐述了如何从硬币、衣服和绘画中把金和银重新提取出来（*Bergwerk und Probierbüchlein*，1949；Bargalló，1955：108），并指出未来发展的关键在于运用汞齐法来提炼银。万努奇·比林古乔（Vanoccio Biringuccio）在其著作《火法技艺》（*De la Pirotechnia*，1540）中提到过汞齐法这项工艺（见图 1.6）。可能是在他访问德国期间，一位德国专家将这种方法告诉了他。

1521 年，墨西哥被征服后不久，德国冶金学家抵达了美洲这

---

① 菲利普·格里尔森是英国著名的钱币学家。

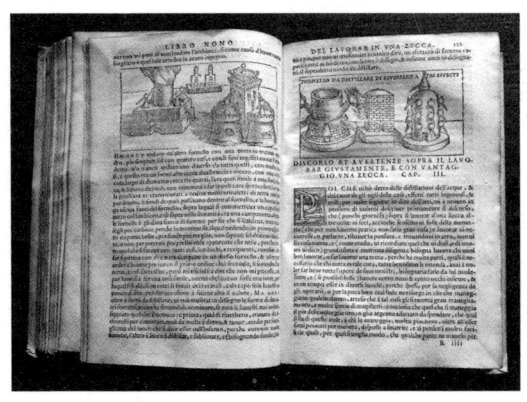

图 1.6《火法技艺》中的图画，1558
版权 © 塞尔克（Sailko），2017（维基共享资源）

片"新大陆"。"1527—1530 年，在韦尔瑟家族（the Welsers）的煽动下，80~90 名矿工横渡大西洋抵达美洲"（Spooner, 1972: 25）。韦尔瑟家族原本来自德国，他们同时也向西班牙皇帝提供贷款。1528 年，巴托洛梅乌斯五世·韦尔瑟（Bartholomeus V. Welser）向查理五世提供贷款，作为抵押，查理五世授予了韦尔瑟家族对委内瑞拉的管理特许权。富格尔家族也参与了这次对美洲的铸币技术传播。1563 年，德国的冶金学家们似乎是被富格尔家族在塞维利亚的代理商克里斯托瓦尔·赖泽尔（Cristobal Raizer）送往墨西哥的（Bargalló, 1955: 94-95）。当时，查理五世为了提高其在富格尔家族的贷款额度，把位于西班牙南部的阿尔马登（Almaden）汞矿和瓜达尔卡纳尔岛（Guadalcanal）银矿的控制权和利润全部给了富格尔家族。

在新西班牙和秘鲁的总督辖区，汞齐法经历了无数次的试验和改进。最终于 1555 年，在巴特罗姆·德·梅迪纳（Bartolomé de Medina）的一项名为"天井效应"（*beneficio de patio*）的工序中，通过汞齐法提炼白银的工艺达到了巅峰。梅迪纳在其所写的《梅迪纳法典》（*Medina Codex*）一书中承认："我在西班牙与一位德国人聊天时，得知无须将矿石熔化或提炼就可以从中提取出银。"（引述自 Probert, 1969: 96）到 1562 年，仅在萨卡特卡斯（Zacatecas）一地便已经建造了 35 个这种天井（*patios*）。1571 年前后，佩德罗·费尔南德斯·德·贝拉斯科（Pedro Fernández de Velasco）将梅迪纳的这项工艺引入秘鲁，并改良这一工艺以适应波托西（Potosi）的实际情况，还将其命名为"抽屉效应"（*beneficio de cajones*）（Bargalló, 1955: 112）。彼得·贝克韦尔（Peter Bakewell）评论道："这项缓慢而稳定的工艺保证了白银的大量生产，它使西属美洲的大量低产矿石因此得以低成本提炼。"（1984: 115）另一种提炼银的更快速的方法是盘内汞齐法（pan amalgamation method，西班牙语为 *cazo* 或 *fondo*），取铜质容器，将盐和汞混合来加热矿石。该方法由一位牧师兼冶金学家阿尔瓦罗·阿朗索·巴尔巴（Alvaro Alonso Barba）发明。他把这一成果发表在了美国最早的采矿和冶金著作《金属的艺术》（*Arte de los Metales*, 1640）中（1817）。

对于西班牙国王来说，对汞的使用可谓拥有天时地利的优势。因为除了西班牙当地的阿尔马登汞矿，1563 年前后，西班牙人还在秘鲁发现了万卡韦利卡（Huancavelica）的矿藏[①]。如果有必要的话，他们还可以使用伊德里亚（Idrija，如今位于斯洛文尼亚）的汞。有时，还会通过马尼拉大帆船从中国运来少量汞。

[①] 万卡韦利卡，秘鲁中西部城市，因开采汞、银矿而兴起。附近有著名的圣巴巴拉汞矿（含有银）。

中国的需求以及美洲和日本的白银供应

西班牙历史学家安东尼奥·米格尔·伯纳尔（Antonio-Miguel Bernal）写道："人们之所以认为西班牙帝国与采矿业殖民主义的联系最为密切，原因不在于工业的本质，而仅仅在于货币。"（1999: 354）从这个角度来看，西班牙可谓大获成功。格里尔森指出："在很大程度上，正是通过在美洲建造币厂，特别是分别于1535年和1574年在墨西哥城和波托西成立的造币厂，它们生产的货币使欧洲传统铸币开始占据世界版图。"（1975: 32）1500—1800年，西属美洲出产了至少15万吨白银，占同时期全球总产量的80%以上（Cross, 1983: 397; Barret, 1990: 237）。除了西属美洲，还有另外一个贵金属生产国。16世纪至17世纪上半叶，日本拥有世界排名第二的大矿藏。据沃德·巴雷特估计，16世纪，日本的白银开采量约占世界总产量的30%，到17世纪，这一比重约为16%（1990: 225）。

如同美洲矿工得益于学习了德国的专有技术一样，日本的白银开采得益于一种名为"灰吹"（*haifuki*）的新提炼技术。这种灰吹工艺大约在1540年从中国经由韩国传入日本。将银矿石和一定量的铅放入炉中，形成大量的银铅合金。把合金放置在一个灰皿或盛有渣滓的炉子上，生火将其熔化后，铅会沉入底部，而白银则留在了灰烬中（Innes, 1980: 24）。

17世纪中叶，日本矿藏产量急剧下降（Innes, 1980: 24–25）。虽然日本取得了一定成绩，但他们也清楚地意识到美洲在提炼技术上的领先优势。幕府将军德川家康（Tokugawa Ieyasu, 1543—1616）在与到访的菲律宾人会谈时，向对方提出往日本派遣美洲冶金学家的请求。墨西哥总督的侄子——罗德里戈·德·维韦罗·贝拉斯科

（Rodrigo de Vivero y Velasco）在1610年写道，幕府将军"恳求他请腓力国王派遣50名矿工到日本"。据他所知，"这些矿工在新西班牙精于开采白银，而日本矿工的开采量却不及矿场实际产能的一半"（引述自 Innes, 1980: 91）。

在日本，德川幕府（Tokugawa Shogunate, 1603—1868）实施了一种货币体系，这种货币体系促进了安土桃山时代（Azuchi-Momoyama, 1568—1600）的民族统一。最初，他们复制中国的货币样式，但到17世纪末时，一种呈长椭圆形的金币开始盛行。金币主要为大判金（oban），重160克，重量相当于十个小判金（koban，见图1.7）。每个小判金中含有15.64克纯黄金；小判金由金属片铸造而成，体积较大，呈椭圆形，边缘戳印泡桐树花冠及墨黑色铭文，标注其面额及金币造币厂监管的签名。银币则呈"粗条状或块状"，其中价值较高的一种银币是丁银（cho-gin）。丁银从1601年开始流通，直至19世纪才退出市场。1630年时，以银币为基础而发行的私人纸质票据在大阪已被广泛使用。1661年，幕府将军批准在其他地区也可以发行类似的票据（Grierson, 1975: 67, 69; Cribb, 1980: 306–307）。

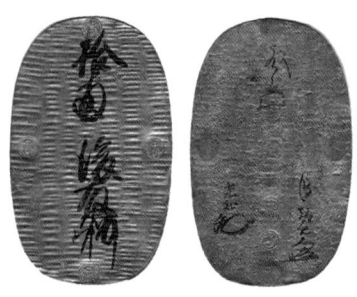

图1.7　德川硬币——天承判金
来源：美洲地球物理流体动力学实验室，2007（维基共享资源）

中国是美洲和日本的重要客户之一，每年从美洲和日本购买大量的白银，使得这两个地方的采矿业因此大获其利，且这种局面经久不衰。维托里诺·马加良斯·戈迪尼奥（Vitorino Magalhães Godinho）把中国比喻成一个"抽气泵"（*bomba aspirante*），数百年来，全球范围内的白银不断向此汇聚。（中国对白银的）这种需求因在不同市场中白银和黄金的相对价格不同而更加明显（1984: 1: 432–465）。例如，在 16 世纪初，中国的金银兑换率为 1∶6，而"相反，欧洲的金银兑换率徘徊在 1∶12 左右，波斯为 1∶10，印度为 1∶8"（von Glahn, 1996: 127）。16 世纪 90 年代，广州的金银兑换率为 1∶5.5 或 1∶7，而在同时期的西班牙，金银兑换率为 1∶12.5 或 1∶14，"这表明，中国的银价是西班牙的两倍"。当时，日本的金银兑换率约为 1∶10，印度莫卧儿王朝的金银兑换率约为 1∶9（Chuan, 1969: 2; Boxer, 1970: 461）。鉴于日本和中国之间的金银价格差异，英尼斯（Innes）指出"中国向日本出口的黄金可产生 40% 甚至更多的总利润"（1980: 27）。

中国政府此前发行的纸币过多，以至到 1450 年时，纸币已贬值至其面值的千分之一（Cribb, 1980: 300）。因此日常交易需要一种新的交换媒介，而白银成为首选。J.P. 盖斯（J.P. Geiss）[①] 解释了选择白银的原因：对于大多数交易而言，使用黄金是不切实际的；就铜而言，"铜币的价值由所含金属（铜）的价值决定，而非由造币厂决定……银可以根据需要检测纯度，铜币却不可以。如果检测铜币的纯度，那么这枚铜币便被毁坏了……因此白银成为衡量

[①] J. P. 盖斯（1950—2000），曾任普林斯顿大学教授，参与了有关明代中国物质文化等的研究。

商品价值和交易的首选交换媒介"（1979: 155）。杨联陞[①]指出，自1400年以来，银锭被用于大宗交易，且在1436年，部分土地税（金花银）也可以使用白银进行缴纳（1952: 2, 46）。1570年前后，中国皇帝改革税制，实施"一条鞭法"，使用白银纳税的情况更为广泛。新的法律规定将多种税费合并，并统一用白银纳税。全国性的白银商业网络更加活跃，商人、地主和贫农广泛参与白银交易，部分原因就在于税收制度中明文规定以白银纳税。明朝时期，与其他国家和地区相比，中国的白银价格急剧上涨。

用牟复礼（F.W. Mote）[②]的话来说，"无论是从种族、文化，还是从政治上的统一性来说，中国一直都是最大的人口群体，其人口数量超过世界历史上的其他任何国家"。1500年，中国的人口数量为1.55亿，1600年为2.31亿，1650年为2.68亿（1999: 473, 475）。明朝末年，南京的人口数量超过100万，而人口数量紧随其后的北京则有66万。当占据世界人口份额如此之大的经济体争相购买某种特定商品时，尤其是当这种商品的价值高昂而且在各大洲之间的运输相对容易时，该行业所产生的影响无疑是全球性的。

因为中国拥有庞大的朝贡体系——其他国家通过朝贡这种兼具外交和商业目的的手段与该国建立联系——原本仅在中国国内大量使用的白银在其边界以外的诸国也产生了强烈的影响。用滨下武志（Takeshi Hamashita）[③]的话来说，"整个贸易区有一套自己的结构规则，在这些规则的把控下，以中国为贡品贸易中心，白银为流通媒介，整个区域自成体系。这个包含东亚在内的贸易网络，与

[①] 杨联陞（1914—1990），曾就读于清华大学经济系，历史学家、汉学家。
[②] 牟复礼（1922—2005），美国儒学学者、汉学家、中国学家。
[③] 滨下武志，日本著名的历史学家、汉学家。

邻近的贸易区（如印度、伊斯兰地区和欧洲）无缝对接"（1994: 97）。供应方和需求方的强强联合为相关各方都带来了巨大利益。

如果没有日本和美洲白银的大量供应，欧洲人就不可能购买到如此之多的亚洲商品，如香料、瓷器、丝绸等。西班牙历史学家安东尼奥·多明戈斯·奥尔蒂斯（Antonio Domínguez Ortíz）注意到了美洲白银是如何"流入土耳其、波斯和苏门答腊——那里的旅客评论称'西班牙银元是随处可见的货币'——并最终抵达中国，结束其漫长旅程的"（1971: 303）。新西班牙和秘鲁生产的铸币，加之塞维利亚的造币厂生产的铸币，几乎使西班牙帝国成为"世界货币工厂"（Bernal, 1999: 379）。

出人意料的是，中国的皇帝并没有铸造硬币。相反，境内流通的是商人盖印后的银锭。这些锭子，又被叫作"银两"（tael），"小而厚，略呈椭圆的长方形，形似中国人的鞋子，两端翘起"。中国的重量单位为"两"（liang），欧洲人将其称为37.5克银，这是"东亚地区普遍的货币标准"，相当于欧洲的计量单位克鲁扎多和达克特。一两的锭子流通最为广泛，但也有其他额度，最高达五十两（Grierson, 1975: 61; von Glahn, 1977: 133）。中国人随身携带着剪刀和秤，用剪刀把锭子剪成小块的碎银子并用秤来称重，以支付少于一两的费用。1626年，德·拉斯·科特斯神父（Father de las Cortes）在描述中国人估算银两成色的能力时，对此大为赞赏。此外，据他描述，中国人将碎银子放入锦囊，系在腰带上，锦囊里同时装有蜡，碎银子数量足够多时，就点燃蜡将其熔化，碎银子就又变成银块了（Braudel, 1981: 454）。

"八雷亚尔"

大型银币,如 1575 年由尼德兰联省共和国(荷兰)首次铸造的里克斯达尔(*rijksdaaler*)、以币面上威猛的狮子形象命名的雄狮泰勒(*leeuwendaalder*),以及达克通(*ducatoons*, 1659),虽然均在国际贸易中占有重要地位,但上述货币的重要性都不及比索(peso),"拥有'八雷亚尔'的人可以在世界各地消费",卡洛·奇波拉(Carlo Cipolla)写道(1996: 58;见图 1.8)。奇波拉的观点与伯纳尔的论断保持一致,即如果我们理解的西班牙是指整个西班牙帝国的话,那么,"几乎连续三个世纪内,西班牙都是世界造币厂"(1999: 380)。

图 1.8 "八雷亚尔",波托西,1770
版权 © 何塞·富尔特(José Fuertes),2015(维基共享资源)

1537 年,应墨西哥商人的要求,西班牙王室颁布法令,对所有西属美洲造币厂铸造的"八雷亚尔"作出了明确的标准制式规定:直径为 40 毫米,厚度为 3 毫米,重量为 27.5 克,纯度为 930.555‰,其中,白银含量为 25.5 克。不久,塞维利亚等西班牙本地的造币厂也开始铸造这种制式的货币。1599 年,德国旅行者迭戈·库比斯（Diego Cuelbis）评论道："塞维利亚造币厂是世界上最好的造币厂，也是生产货币最多的造币厂"（2002: 37）。当船队抵达时，尽管其他造币厂也可以提供优惠政策，但商人们更愿意将金条、银条带到塞维利亚的造币厂，因为这样做不仅可以节省时间、降低运输成本，还可以避免运送到其他造币厂时所存在的潜在风险，尤其是塞哥维亚（Pérez Sindreu, 1991: 269）。

但锤币的品质无论在纯度、重量，还是在大小方面都是有缺陷的，因此很容易被伪造。1537年，墨西哥当地人已经开始伪造四雷亚尔（pieces of four reals），而秘鲁当地人也将铅、铜与银混合在一起制造伪币。

当船队抵达塞维利亚后，来自美洲王室和私人的金银财产被卖给了金银商人（bullion merchants）（《金银买家》，*Compradores de Oro y Plata*），促进了货币制造业的发展。出于权宜之计，专司与美洲贸易的机构——西印度交易所（Casa de Contratación）——更愿意先让私营商人负责将这些贵金属精炼至法律规定的纯度，然后再出售给造币厂。这项业务具有一定的投机性，因为对外宣称的这些金锭和银条的纯度与其实际的贵金属含量之间存在差异，从中可以获取一定利润。据克拉伦斯·H. 哈林（Clarence H. Haring）估计，"显然，一马克银的利润很少超过四个马拉维第（maravedi），一比索金的利润很少超过一个马拉维第"（1964: 175）。腓力二世时期，金锭和银条的纯度明显或高于、或低于法律规定纯度的情况已经十分常见。偶尔会有一种被称为瓜卡斯（*guacas*）的银条，它里面含有一些黄金，但是以白银的价格卖给了金银商人，这其中便会产生高额利润。"1561年，从原本属于秘鲁王室的一批银条中提炼出了50万马拉维第的纯黄金"（Sanz, 1979: 2: 83, 84），相当于天主教双王的 1300 个埃克赛伦提——一种含有 3.52 克黄金、相当于 375 个马拉维第的硬币。但有时候，一些银条只有表面一层薄薄的银，内部都是贱金属。1603 年以后，由于黄金的价格昂贵，只有在塞维利亚造币厂对黄金的纯度进行检测后，商人才会购买（Haring, 1964: 176; Pérez Sindreu, 1991: 267）。

造成这种状况的原因是美洲精炼工的技术水平低下，尤其是秘鲁的精炼工。白银含量测定的不准确给金银商人造成了巨大损失。1563 年，佩德罗·梅嫩德斯·德·阿维莱斯（Pedro Menéndez de Aviles）的船队抵达时，金银商人拒绝购买其白银，除非经过官方的重新检测。这项不足在国际金银市场上也是众所周知的。1574 年，在佛罗伦萨，人们对塞维利亚和托莱多生产的硬币质量多有抱怨；最终，大量用来重新打造当地铸币的雷亚尔被造币厂拒之门外。

如果贵金属含量测定有误，那么，称重也会不准确。硬币会一直流通，直到它们找不到了或被新硬币所取代。历史学家一致认为，著名的"八雷亚尔"硬币制作粗糙，且数量庞大。奇波拉很好奇为什么这种粗制滥造的硬币会被世界各地广泛接受。他猜想的原因是，"'八雷亚尔'的影响力主要得益于其庞大的数量"〔Cipolla, 1996: 73；塞斯佩德斯·德·卡斯蒂约（Céspedes del Castillo），1972: 464〕。[2]

奥斯曼帝国、波斯萨非王朝、印度莫卧儿王朝

基尔提·乔杜里（Kirti Chaudhuri）清楚地描述了美洲的比索在全球贸易中的影响力："从巴拿马地峡到曼德海峡和霍尔木兹海峡，没有一个国家政府的货币使用离得开'八雷亚尔'。"（1986: 73）

奥斯曼帝国积极扩张领土，在占领叙利亚和埃及之后，实际上已经把控了洲际贸易路线。其中，税收对经济增长发挥了至关重要的作用。为方便流通，所有的白银关税都被取消，从16世纪80年代起，白银"涌入黎凡特市场①"，被继续用来交换其他商品（Inalcik, 1995: 139）。与这条"白银之河"密切相关的"价格革命"引发了通货膨胀，导致奥斯曼帝国的货币体系持续恶化。苏莱曼大帝（Suleyman the Magnificent, 1494—1566）时期，小型银币艾克（*aqche*）在叙利亚和伊拉克并不流行；直到1592年，造币厂铸造的都是带有地区图案设计的大型银币迪拉姆。到17世纪末期，白银铸币一直处于贬值状态，只有少数造币厂继续营业（Broome, 1980: 271）。

萨非王朝的经济发展与伊朗在欧洲、印度和中亚的地理位置密切相关。16世纪，丝绸之路振兴，由于丝绸之路经过伊朗北部，因此伊朗可与英格兰和荷兰直接进行贸易。当时的主要货币是银质铸币，但因为波斯统治者征收高昂的铸币税，所以硬币的流通价格高于硬币实际所含有的贵金属的价格。其中，银币主要是阿巴斯（*abassis*），质量较高，并且较重。而日常交易所用的零钱多为两沙比币（*two-shabi*）和呈弯曲状的银条拉林（*larin*）。1587年，1达克特相当于6拉林；17世纪末，5拉林可以换1枚"八雷亚尔"。16世纪下半叶，拉林沿着"黄金之河"向下，在印度洋沿岸贸易中"大幅扩张"（Broome, 1980: 273; Haider, 1996: 304）。

谢尔沙（Sher Shah, 1540—1545年在位）和阿克巴（Akbar, 1556—1605年在位）统治印度之后，开启了最后的锤币时代。1542

---

① 黎凡特市场，是一个不精确的历史上的地理名称，相当于现代所说的东地中海地区。

年，巴布尔（Babur）引入了最初重量为11.5克的银币卢比（*rupee*）以及重21.4克的铜币戴姆（*dam*），二者成为印度的标准硬币。另外，他还将造币厂的数量增加到了20多座（Grierson, 1975: 50）。通过贸易往来获得的金银和各种外币被送到造币厂，重新铸造成卢比和金币莫哈尔（*muhr*）。贵金属含量和纯度均不相同的各种外币对货币兑换商"萨拉夫"（*sarrafs*）的专业知识提出了要求。他们作为进口金属的购买商（如同前面提到的塞维利亚的金银商人），检测金银和各种外币的成色，从而确定其市场价值（Haider, 1996: 327）。

葡萄牙人与莫诺莫塔帕王国（Monomotapa kingdom，今津巴布韦和莫桑比克境内）的贸易往来致使其黄金流向印度市场。在葡萄牙飞地果阿（Goa），政府铸造了金币圣马斯（*saotomés*，其名称取自币面上的圣托马斯像），重约3.5克，与印度金币宝塔（*pogoda*）的重量和纯度相似（Vilar, 1974: 127; Grierson, 1975: 51）。半个宝塔被称为 kashu，但这个名字"被用在同等重量的铜币上，其葡萄牙语为 caixa，英语为 cash，随后又被用于整个东南亚地区的铜币上，并最终用于中国的铜币上"（Grierson, 1975: 52）。在印度，殖民势力倾向于复制当地铸币。东印度公司铸造了与莫卧儿时期的硬币类型相同的硬币，用于印度北部的贸易；而在马德拉斯（Madras）[①]，则铸造了金币宝塔和银币法南（*fanam*），用于科罗曼德尔海岸（Coromandel Coast）的贸易。法国殖民者在本地治里（Pondicherry）[②] 发行的铸币也效仿印度当地的铸币模式，但他们

[①] 马德拉斯，位于印度东南部的科罗曼德尔海岸。
[②] 本地治里是印度南部的一座城市，曾为法国殖民地。

的法南上戳印了皇冠和百合花（Porteous, 1969: 209）。

与奥斯曼帝国和波斯萨非王朝一样，印度同样参与了与中国有关的全球经济贸易活动，属于白银的低压地区。这一时期，硬币的双金属兑换率说明，白银从印度被再次出口到中国和东南亚，以支付从这些地区进口的商品的费用（Chaudhuri, 1978: 180）。

统一铸币技术

1540年前后，在约翰内斯·古腾堡（Johannes Gutenberg）的印刷机的启发下，出现了用机器来制造更好的硬币的想法。铸币缺乏统一标准的问题一直困扰着文艺复兴时期的知名艺术家们。莱昂纳多·达·芬奇（Leonardo da Vinci, 1452—1519）写道："所有硬币都应该是一个完美的圆，要做到这一点，首先必须使硬币的重量、大小和厚度达到完美。"（引述自 Usher, 1959: 234）格里尔森对达·芬奇的要求进行了进一步说明：①使用重量统一的圆形币坯；②边缘清晰以避免伪币；③戳印清晰。"这个问题由来已久，由于在15世纪后期引入的银币重量更大，这个问题就变得更加突出。"（1975: 112）

多纳托·布拉曼特（Donato Bramante, 1444—1514）采用了一种螺旋压机。这样，戳印在铅封上的罗马教皇徽章就会更加清晰，这是一种官方的证明。达·芬奇留下的机械图纸表明，他曾设想用一台铣机和一台压机来制作币坯。在他的设计中，七个锤子置于铣机的一个轴上，通过水提供动力来驱动铣机转动。在理想的情况下，这种机器能够大量铸造更好的硬币。由此生产出来的铸币被称为"铣币"（milled money）（Davies, 2002: 180）。达·芬奇在罗马逗留期间，一直都待在罗马教皇造币厂，"尽管没有任何关于在他的监督下铸造硬币的记录"（Usher, 1959: 235）。艾伯特·厄舍（Abbot Usher）总结了达·芬奇对货币铸造的贡献："因此，他的成就包括明确问题并详细阐述这种新工艺理念所需的各种机械方法"（1959: 236）。

人们普遍认为，本韦努托·切利尼（Benvenuto Cellini, 1500—1571）认识到了此前的机械发展成果，并首次将这些成果用于制造奖章，后来又在多个意大利造币厂将其用于生产硬币。1529 年，他被任命为教皇造币厂的戳印师（Maestro delle stampe）。后来，在 1533 年，他为亚历山德罗·德·美第奇公爵（Duke Alessandro de Medici）的银币泰斯托尼雕刻了模具。1551 年，在米兰，查理五世聘请雕塑家利昂·莱奥尼（Leone Leoni）雕刻他所发行的泰斯托尼。约翰·波蒂厄斯（John Porteous）评论道："也许除了在 5 世纪的锡拉库萨（Syracuse），从未有过如此杰出的艺术家满足于在这一领域工作……由此生产出来的铸币有些许矫揉造作，但只要无须面对大量生产的需求也还算适用。"但贸易和金融需要大量的银币，因此，艺术家们的这些尝试是行不通的（1969: 174）。

切利尼向法国的弗朗西斯一世（1494—1547）告知了他所掌握的关于改善货币铸造技术方面的专业知识。但直到他的儿子亨利二世（Henry II, 1519—1559）统治期间，这项新技术才通过德国传入并开始在法国应用（Craig, 1953: 118; Usher, 1959: 235）。1550 年，法国驻德国大使在奥格斯堡向其汇报，称发现了一种铸币的新机器（Grierson, 1975: 118）。一位经验丰富的工程师，奥宾·奥利维尔（Aubin Olivier）被派去考察。他购买了这种设备，随他回到巴黎的还有一位德国技术人员。新设备"包括铣机、拉丝机、切割和锤打压力机；1555 年及之后的极少数巴黎硬币边缘甚至带有凸起的字母，这表明新设备还包括分段套环"（Craig, 1953: 118）。德国的铣机通过水运经由塞纳河抵达巴黎。

在英国，伊丽莎白一世（1533—1603）决定在大约 10 个月的时间内（1560 年 12 月至 1561 年 10 月）将流通中的所有硬币都换成纯银货币。这个决策正当其时，因为自 1551 年以来，白银价格持续下跌。1560 年，安特卫普的托马斯·格雷沙姆爵士（Sir Thomas Gresham）获得了一笔贷款，从而保证了银条的充足供应。从成色不足的铸币中提取白银明显不能满足需求，这笔贷款弥补了这一空缺；同年，格雷沙姆爵士与一家德国公司签订了合同，对方负责将旧硬币中的铜与贵金属分离。次年，巴黎造币厂的一名雇员埃卢瓦·梅斯特雷尔（Eloi Mestrel）提议在伦敦塔安装机械设备，以此加快货币重铸。新轧的铸币质量非常出色，用格里尔森的话来说，伊丽莎白一世的铸币"因其坯子的圆度和铸造的高品质脱颖而出"（1975: 118；也见 Porteous, 1969: 181; Davies, 2002: 206）。尽管用铣机生产出来的货币质量较高，但它还是于 1572 年停产了。

德国造币厂用辊压机代替了法国的螺旋压机，通过马力或水力带动机器。在哈布斯堡王朝，当时极具影响力的蒂罗尔的霍尔造币厂使用的就是这种机器。腓力二世被其名声所吸引，德国的技师刚刚把这些铣削设备运至热那亚，他便将其进口至哈布斯堡。这位国王在马德里附近的一座城市塞哥维亚又开设了新的造币厂，该造币厂被称为"铸币引擎"（*Ingenio de la Moneda*），以埃雷斯马河的水为动力。该造币厂的地位远高于整个西班牙帝国的其他所有造币厂，由其生产的腓力三世（Philip III, 1578—1621）和腓力四世（Philip IV, 1605—1665）时期的华丽的五十雷亚尔银币被当作展示品。由此可见，技术进步不仅发生在德国，西班牙也是如此。西班牙货币学家托马斯·达西（Tomás Dasí）引用了一份1598年的皇家文件，该合同委托巴尔塔萨·维拉利诺·德·比利亚洛沃斯（Baltasar Vellerino de Villalobos）在圣多明各、墨西哥、利马、波托斯和波哥大等西属美洲造币厂中，安装由米盖尔·德·拉·塞尔达（Miguel de la Cerda）发明的"剪刀引擎"（Ingenio de tijera）。这种"引擎"此前已被应用于马德里的造币厂中（Dasí, 1950: 2: LIX、LXX）。

随着贵金属产量的增加，铸币质量不升反降。美洲的造币厂中质量最差的来自波托西，它生产的硬币极其低劣，而安特卫普、热那亚和伦敦造币厂生产的硬币质量也不甚理想。16世纪末，最好的硬币产自意大利，或者诸如爱丁堡和但泽等位置偏远的造币厂（Porteous, 1969: 177）。

新的铣削技术也有缺点。因为机器容易损坏，所以安装和操作费用非常昂贵；与以往的方法相比，工人发生事故的概率更高；由于担心失业，因此这种新技术在铸币工中极不受欢迎。除了生产成本高昂，铣币的另一个缺点是只能作为国家重铸硬币的一部分来发行，如1643年发生在法国和1696—1697年发生在英国的硬币重铸（后者以窗户税支付），以避免高质量硬币的消失。1645年，法国终于解决了如何在硬币边缘做标记以避免硬币被切割的问题，从此，法国出现了完全机械化的硬币，并带有铣削边缘（Craig, 1953: 242）。数年后在伦敦，由罗尔特铣机和螺旋压机制造的较大的硬币边缘上刻有铭文*decus et tutamen*，起到"装饰和保护"的作用（Chown, 1994: 61）。值得一提的是，虽然17世纪的荷兰在经济上一直领先于其他欧洲国家，但直到1670年，荷兰才开始采用新机器（Porteous, 1969: 181; Grierson, 1975: 117）。硬币是一种商品，其价值基本取决于其贵金属含量。这也导致了在全球市场上，相比于硬币的完美程度，硬币的数量更为重要，这也或多或少解释了新铸造技术延迟应用的原因。

除了德国以外，直到 17 世纪后半叶，金银锤币在欧洲其他地区依然盛行。1686 年，塞维利亚的商人仍然向国王抱怨新铣床的不便之处。在美洲，锤币一直持续流通，直到 18 世纪上半叶才退出市场（Burzio, 1945: 48; Pérez Sindreu, 1991: 214）。

铜币

根据欧洲三种金属货币的功能，布罗代尔对货币进行了分类："实际上，每种金属货币都发挥着不同的作用。黄金专供君主、大商人（甚至是教会）使用；普通交易使用白银；铜自然为最小的货币单位。铜是低收入人群和穷人的'黑'钱。铜与少量的银混合后很快就会变黑，'黑'钱这一称谓名副其实。"（1981: 458）

近代时期采用的铜质铸币，遵循的是古希腊和古罗马的铸造模式。雷纳特·彼佩尔（Renate Pieper）表示，葡萄牙在 1415 年就已经发行了纯铜货币（1999: 435）。钱币学家们普遍认为斐迪南一世（Ferdinand I, 1458—1494 年在位）时期的那不勒斯铜币卡瓦洛（*cavallo*）是"欧洲第一种成功的现代铜币"（Besley, 1980: 182），很快就被意大利其他地区所仿制。低地国家和法国分别于 1543 年和 1572 年将这种铜币纳入各自的货币体系。在英格兰，铜币法寻（farthing）的生产者为私营铸币厂，于 1613 年正式获得许可；最终在 1672 年，造币厂开始发行半便士铜币（halfpenny）

（Grierson, 1975: 33）。

在德国，纯铜铸币出现在三十年战争期间的劣币危机时期（1619—1622）。但不久之后，铸币厂开始将铜和银混合，制造小面额零钱。在西班牙，最初是将铜与少量的银制成合金（billion）；直至 1598 年，纯铜硬币才取代了维隆铜币（vellón）。彼佩尔认为与大西洋经济中的白银流通路线密切相关的地区也是首先发行铜币的地区。而中欧地区，如奥地利，仅在 18 世纪中叶使用过铜币（1999: 436）。

西班牙的铜起初来自蒂罗尔和匈牙利，之后来自瑞典。在近代早期的欧洲，战争是引起货币变更的根本原因。以西班牙为例，八雷亚尔因其纯银含量而成为一种全球商品，君主的铸币税及其他税收的征收都取决于商人对其的接受程度，因此对八雷亚尔进行贬值是不划算的。只有铜币是可以被操纵的。王室回收铜币后，再以更高的面额重新发行，这引发了毁灭性的通货膨胀。令人意外的是，16 世纪下半叶，除了伊斯帕尼奥拉岛，美洲商人不愿意冒货币贬值的风险，因此拒绝铸造铜币。实际上，1687 年，在查理二世（Charles II）生前所实施的货币改革政策影响下，其殖民地的八雷亚尔硬币一直保持着原来的价值，与此同时西班牙本地的银币贬值，"从这一时期开始，殖民地的货币与西班牙的货币完全分割开来"（Gil Farrés, 1959: 259）。

1629 年，欧洲的铜有了新的竞争对手。当时，荷兰东印度公司从日本带来的大量红铜抵达阿姆斯特丹，导致铜的价格下跌（Glamann, 1977: 498）。这一事实也解释了在瑞典出现的一些陌生铜币的来源。1644 年，在克里斯蒂娜（Christina）统治期间（1632—1654），由于铜供过于求，造币厂发行了铜质板币普特明特（plåtmynt），其包含的金属市场价值达到了上限。这种铜币的最大面额，即十泰勒硬币，重19.7千克。这是一种兜售大量铜的伎俩，板币的发行一直持续到18世纪中叶（Besley, 1980: 205）。

中国铜质铸币的质量因金属纯度而异，因为有时会掺杂大量的铅。当铸造硬币时，在其边缘会留一个凸起的小楔子，将熔化的金属从这里注入模具中。硬币中间的孔为正方形，从而可以将多枚硬币固定在一个正方形的长条上，然后将随之形成的金属圆柱体打磨锉光，去除不规则边缘，使硬币外缘呈圆形。这种硬币通常会被用绳子串成一串来流通，并以三到五枚硬币的价值来抵扣绳子钱（Grierson, 1975: 59, 60）。

东亚国家，包括日本、琉球和越南，都使用中国的货币。15世纪下半叶，私人铸币激增，中国和日本官方政府也都允许这些硬币的流通。万志英（Richard von Glahn）认为："从16世纪20年代开始，日本白银产量的激增改变了日本和中国的货币体制。然而，金条和银条的流入并未消除（中国）对辅币的需求。"（1996: 97）从1524年开始，连续三年，明朝政府明确了民间私铸硬币的合法性，承认其无法控制硬币的流通。1541年以后，中国政府关闭造币厂长达十余年，因为铸币所花的成本已经超过了硬币本身的价值。1564年，朝廷再次终止货币铸造。"户部一边谴责市场篡夺其确定硬币价值的权力，一边承认自己无能为力，建议允许货币汇率浮动。"由于铜价上涨和造币厂管理中涉及的腐败，朝廷从铸币税的征收中获取的利润从来没有达到预期（von Glahn, 1996: 104, 110, 187）。伪币盛行导致货币兑换标准从原本的一两银子兑换1000枚铜币跌至一两银子兑换6000枚铜币（Fairbank and Goldman, 1998: 134）。

16世纪末，日本"可能是世界上最大的红铜生产国和出口国"

（Innes, 1980: 10）。明朝时期，日本的铜被称为"洋铜"，意为"外国铜"，是一种不可或缺的进口商品（Yang, 1952: 38）。德国的铜精炼技术也在其中发挥了重要作用。15世纪初，在德国纽伦堡，"南蛮吹"（*nanban-buki*）方法（液化或塞格尔过程）被发明出来。住友财团的创始人苏我理右卫门寿济（Soga Riemon Jusai，1572—1636）在葡萄牙人的指导下，进一步拓展了"南蛮吹"这一使用大量的铅提炼铜并提取银作为副产品的方法，这刺激了欧洲和暹罗对铅的大量需求（Eiji, 2013: 19）。

自唐朝（618—907）以来，日本就从中国进口铜币，铜产量的增加使得宽永通宝（*Kan'ei tsūhō*）的大规模铸造成为可能。这种铜币与中国钱币的特征相似，是一种圆形钱币，中心有一个方孔，边缘较高，含有2.0~3.7克（约占总重量的80%）铜，并掺杂铅和锡。直到1953年，这种货币一直是日本的法定货币。1670年以后，中国硬币被禁止在日本流通（Eiji, 2013: 14–15）。

其他小额零钱和记账货币

在这一时期，铜并非小额零钱的唯一制造材料。还有其他材料，如古吉拉特邦（Gujarat）使用的从伊朗进口的苦杏仁（巴旦木），美洲使用的土地硬币（*monedas de la tierra*）。其中，最重要的要数在马尔代夫群岛和东非收集的玛瑙贝（Johnson, 1997: 193；见图1.9）。菲律宾岛民收集玛瑙贝，并将其出售给今泰国、柬埔寨、马来西亚和孟加拉国。西班牙官员安东尼奥·德·莫尔加（Antonio de Morga，1559—1636）曾旅居菲律宾，他写道，"在那里，它们（指玛瑙贝）被用作货币和贸易手段，就像在新西班牙使用可可豆

图 1.9　玛瑙贝贝壳
版权 © 宾·伊姆·加藤（Bin im Garten），2011（维基共享资源）

一样"（1971：171）。地处中国南部的云南也使用玛瑙贝，直到 17 世纪下半叶，汉人在此定居，铜和银被广泛使用。据杨兵推测，印度洋的玛瑙贝价格高昂，"可能导致云南玛瑙贝外流"（Yang，2004：311）。同一时期，由于要从孟加拉苏丹国采购纺织品和大米以及从非洲购买奴隶，玛瑙贝供不应求（Boomgaard，2008：21）。

据年代史编撰者乔·德·巴洛斯（João de Barros）估计，自 1515 年以来，葡萄牙的商船向非洲运送了 2000~3000 公担①的玛瑙贝，作为压舱物进行交易。2000 公担的贝壳相当于十亿多个玛瑙贝。荷兰人接管锡兰之后，其分类账簿中也出现了玛瑙贝；17 世纪中叶以后，大量玛瑙贝出现了。17 世纪末，100 磅玛瑙贝可以购买一个非洲奴隶（Johnson，1997：195–196，243）。

在中美洲（墨西哥、危地马拉、尼加拉瓜、萨尔瓦多和洪都拉斯部分地区），可可豆被当作硬币使用。16 世纪的历史学家贡萨洛·费尔南德斯·德·奥维耶多（Gonzalo Fernández de Oviedo）

---

① 公担，公制重量单位，1 公担=100 千克。

解释说："即使使用杏仁，也存在欺诈行为。例如，一部分空心杏仁壳会被掺杂其中，里面注入泥土或某些其他物质，并巧妙地密封起来，看似完整无缺。"（1944: 247）西班牙殖民时期的货币体系还包含阿兹特克人（Aztec）的货币，因为土著居民用他们自己的货币向西班牙政府进献贡品。在新西班牙中部地区以外的可可产区，人们用可可豆来支付这种税贡。同样，除了重要的贸易路线和大城市中会普遍使用金银、硬币外，使用当地的商品、土地硬币（如马黛茶和成捆的烟叶）也是进贡和纳税的有效方式。这种做法常见于布宜诺斯艾利斯、巴拉圭和图库曼等省区。1574 年，在阿根廷图库曼，市议会决定将山羊（相当于 1 个比索）和马蹄铁（相当于1.5 个比索）作为货币。直到 1618 年，腓力三世才承认这种情况，并允许以这些货币缴纳赋税（Burzio, 1945: 37）。

多样形式的货币共存，需要一种统一的价值衡量标准，记账货币应运而生。记账货币可以实现不同币种之间的等值兑换，方便会计核算和支付。例如，西班牙帝国使用的是马拉维第，低地国家根据查理五世的法令采用荷兰盾（guilder）或弗罗林（florin），而继阿姆斯特丹成为主要的商业中心后，北部和南部的低地国家仍使用名为"荷兰盾"的硬币。15 至 16 世纪，日内瓦、里昂、贝桑松和皮亚琴察的商品集市结束后，结算时必须使用一种含有固定重量贵金属的记账货币（Van der Wee, 2012：88）。

记账单位根据社会广泛使用的铸币而定。当政府需要巨额支出时，赫尔曼·范德维解释道："政府可以直接通过连续贬值基础铸币来扩大当前记账货币的数量，而不至于损害高级金融和国际经济的稳定。"（1977: 298）统治者始终遵循这种政策。1440—1760年，从贵金属的角度来说，欧洲的主要记账货币都在贬值（García

Guerra, 1999：576）。

信贷和银行业务

布罗代尔的基本原则认为，"（任何形式的）货币与信贷（考虑到所有信贷工具）之间有一条清晰的界线。信贷是两个承诺的交换，两者在时间上区分开来。我会为您做些事情，您可以之后再付钱给我"（1981:478）。在这一时期，信贷存在于社会的各个层面和各项经济往来中。在整个欧洲，许多教区的牲畜、羊毛和工具可以借给有需要的人。英格兰有一项"改善基金"，可以向年轻的学徒提供低息贷款，使他们能够自立门户（Cipolla, 1993: 305; Parker, 1997: 536）。在欧洲，公共典当机构（*monti di pietá*）的出现就是为了保护穷人免受高利贷的侵害。第一家公共典当机构于1462年在佩鲁贾成立。从15世纪末开始，纳瓦拉出现了"仁慈的金库"（*arcas de misericordia*），意大利也已经出现了蒙特·弗鲁门塔里（*monte frumentarii*）。二者都是谷物银行，以优惠条件向农民出借种子或提供其他援助。意大利的蒙提皮奥（*montepio*）、西班牙的波西托（*posito*）和其他市政典当行通常也发挥土地银行的作用。

消费信贷在此期间有所增长。农民和工人以将来的收成或劳动获得信贷。另一种信贷形式是延期付款："小商店老板与小酒馆老板之间有一个现金往来账户，而小酒馆老板与小商店老板之间也有一个对等账户；双方定期结账，只对结余部分以现金进行支付"（Van Der Wee, 1977: 301）。商人通过本地银行把钱从一个账户转移到另一个账户来进行结算的情况也很普遍。在美洲，尽管金银充足，但生意还是依靠信贷来完成。只有在提炼金属时，商人才对金银的差额进行补偿（Céspedes del Castillo, 1972: 350）。

古代开发的各种信贷工具在现代也随处可见，如汇票、本票、信用证、银行券、支票等。从地中海到印度洋的路线上，储蓄业务、放款和金融商品贸易都很普遍。在印度，"萨拉夫"向主要生产者预付钱款（*dadani*），并兑现汇票（*hundi*）和船货抵押借款（一种风险分担贷款）（Haider, 1996: 299）。

在各大洲都有大量专业的典当商和放款人愿意透支资金。金匠、银匠、珠宝商和货币兑换商扮演着银行家的角色。在中国的明清时期，当铺提供的信贷利率由政府严格把控，在一定期限内允许赎回典当物。另一种信贷机构是合作信贷社，它是一个在朋友或亲戚间组成的临时组织，以低于放款人或典当商的利率为其成员提供资金支持。银行的职能主要由金匠、银匠和钱庄来履行。普通的商店老板也会从客户那里获得存款，而这些资金会聚集到富商的手里，例如盐商或典当商，他们也期望以合理的利率支付利息（Yang, 1952: 6–7）。

16 至 17 世纪，欧洲的付款系统集中出现在某些国家定期举办的商品展销会上。但在那些最重要的商业城市，它们会发展成为常设机构（如安特卫普、伦敦、塞维利亚、阿姆斯特丹分别在 1531 年、1571 年、1583 年，以及 1611 年将其发展为常设机构）。1542 年，一本商业小册子中抱怨了佛兰德尔的商人对冲汇率，"他们在安特卫普的西班牙展销会上对汇率下赌注。根据从前在女人分娩时（parto）赚钱的一种方式，即赌孩子是男是女，他们称这些赌注为得分（西班牙语 *partura*）"。投入其中的汇票数额达 200 000~300 000 达克特（Ehrenberg, 1963: 244）。

商业活动的增加，要求对荷兰的商业惯例进行制度化变革。

1602年，荷兰东印度公司在阿姆斯特丹设立了股票市场。布罗代尔坚称地中海（及其期货市场、债券、年金、股票等）是"股票市场的摇篮。但阿姆斯特丹股票市场的新特点是其交易量、市场流动性、宣传效果，以及交易的投机自由"（1982：101）。很快，1609年威瑟尔银行开业，其前身为威尼斯里亚尔托广场银行（1587）。

黄金岁月的尽头

全球经济的发展，起源于从白银交易中获取的巨额利润。在各经济区域之间白银价格差异的驱使下，经济交流持续了一个世纪。由于全球成千上万吨白银的生产积累，全球市场上白银的价格持续下降，直到1640年左右。亚当·斯密（Adam Smith）写道："1630—1640年，或大约1636年，因发现美洲矿藏而导致白银价格下跌的趋势似乎已经结束"（1937：192）。最终，"价格革命"结束了，商人的暴利不再，以白银征收的税收失去了价值，全世界的帝国遭受了毁灭性损失。除了小冰期（Little Ice Age）[①]造成的灾难及与其同时发生的饥荒、流行病和战争，白银利润的下降成为17世纪全球危机的另一个原因。

17世纪90年代，在米纳斯吉拉斯州（巴西）发现了黄金。至1711年，每年从这里被合法运往葡萄牙的黄金约为15 000千克。因此，葡萄牙的对外贸易蓬勃发展，而主要受益者是英国。用A.R.迪士尼（A.R. Disney）的话来说，"18世纪，黄金从葡萄牙流入英国是不可阻挡的趋势"（2009：253）。这座巴西黄金富矿被发掘的

---

① 大约从15世纪初开始，全球气候进入一个寒冷时期，称为"小冰期"。小冰期结束于20世纪初。

头几十年正好与艾萨克·牛顿（Isaac Newton）担任造币厂主管的任期（1696—1727）相吻合。他在任期间，造币厂忽略银币，转而铸造金币，整个18世纪仅铸造了125.4万英镑的银币，而1695—1640年，共铸造了1700万英镑的金币。一个新的货币时代已经诞生。用格莱恩·戴维斯（Glyn Davies）的话来说就是："在这次大变革中，一项原则被牢固地确立了，即确定了英镑的特定金属重量，当这一原则与公众所透露出来的铸币偏好紧密相连时……金本位制实际在其成为法定前一个世纪或更久之前就已悄然到来。"（2002: 248）伦敦市成为新的政治经济中心，因为在这里，将英镑铸成金币是合法的。

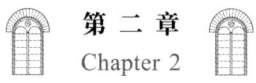

第 二 章
Chapter 2

货币及其理念：正义、主权及货币作为商品的理念

布拉德利·D.莱纳（Bradley D. Ryner）

文艺复兴时期，人们对货币的思考从根本上发生了变化。不仅是货币理念，更确切点说，人们对货币的认识从知识结构、制度体系和风格框架等各方面都发生了深刻的变化。关于货币的文章逐渐不再关注货币与正义的道德伦理之间的关系，而是更多地关注与货币价值变化的前因后果相关的经验性问题。积极参与商业活动的商业作家开始谈论货币价值，关于货币价值的讨论最初起源于那些接受哲学、神学和教会律例熏陶的学术作者们。商业写作的兴起为后来的"政治经济学"的诞生奠定了基础。1615 年，"政治经济学"一词首次出现在法国商业作家安托万·德·蒙克莱田（Antoine de Montchrétien）的《献给国王和王太后的政治经济学》（*Traicté de l'œconomie politique*）一书中。与君主在道德上所面临的责无旁贷的选择不同，重商主义思想家们并未着力解释货币正义价值的概念，而是开始将货币价值概念化，认为这是复杂的国际关系的结果，取决于全球各经济实体所做出的政治决策。本章将简要阐述写

作和思考模式从学术性向商业性的转变,首先研究货币的不均衡流通给晚期的学术型作者〔如马丁·德·阿兹皮库塔①（Martín de Azpilcueta）〕和早期人文主义作者〔如让·博丹②（Jean Bodin）〕带来的不同的实际问题,继而详细探究这种转变对英国所谓"重金主义者"〔托马斯·米勒斯（Thomas Milles）和杰拉德·德·马林斯〕以及自由贸易倡导者〔爱德华·米塞尔登（Edward Misselden）和托马斯·芒〕之间的争论产生了什么影响。

作为衡量手段的货币、作为商品的货币：
马丁·德·阿兹皮库塔及学术遗产

按照中世纪的学术传统,关于货币的文章主要围绕道德问题来讨论。至 16 世纪,学术型作者开始苦苦思考试图以更加系统的方式来解决与货币有关的经验性问题。例如,从美洲殖民地涌入的黄金和白银是如何影响全球货币价格的。当时盛行的亚里士多德式传统理念普遍认为,货币是衡量其他商品的手段。而在此类著述中,有一种理念开始"生根发芽"：货币不仅是衡量其他商品的手段,其本身也是一种商品。

"货币是一种衡量手段"的理念一直占主导地位,这一理念主要来源于亚里士多德的《尼各马可伦理学》（*The Nicomachean Ethics*）。在这本书中,这一理念与其所述的"正义理论"密切相关。亚里士多德阐述了两种正义理论：分配正义（*dianemetikon dikaion*）和交换正义（*diorthotikon dikaion*）。[1] 分配正义适用于"按

---

① 马丁·德·阿兹皮库塔（1491—1586）,神学家,货币学家。——译者注
② 让·博丹（1530—1596）,法国政治思想家,法学家。——译者注

几何比例"划分事物的情况,一个人应得的越多,其享有的份额越大;而交换正义适用于"按算术比例"划分事物的情况,每人都能获得平等的份额(Aristotle, 2009: 1131a10, 1131a25)。要确定商品是平均分配还是不平均分配,首先需要在商品以外找到一种衡量标准,即确保所有商品都可以用一种通用单位来测量。亚里士多德认为这个通用单位即"需求",并将货币理解为常规的"需求表示"(2009: 1133a25–30)。对此,他解释道,"如果人们根本不需要彼此的商品,或者他们的需求不平等,那么,要么不会发生交换,要么不会发生平等的交换",但一旦交换行为发生,那就证明:买方对某种商品的需求等于卖方对用买方支付的这些货币所能购买的其他任何商品的需求。"那么,作为一种衡量手段,货币的价值与商品的价值是相等的。因为如果没有发生交换,买卖双方之间就不会建立联系;如果商品与货币的价值不相等,交换就不会发生;如果没有公度性,相等性也就不存在。"(2009: 1133a25–30、1133b15–20)亚里士多德列举了几个简单的例子来说明通过货币可以实现用同一种单位来衡量不同的事物。"假设 A 为一幢房屋,B 为 10 迈纳(minae),C 为一张床。如果房屋价值 5 迈纳,则 A 的价值是 B 的一半;C 的价值是 B 的 1/10;那么,多少张床的价值等于一幢房子?很简单,答案为 5。"(2009: 1133b20–30)然而,《尼各马可伦理学》对于更复杂的经济交易类型并未详细阐述,而在此类交易中,商品和货币的价值,以及交换的正义性都可能成为合理的争议点。

在亚里士多德观点的基础上,中世纪的教授们开始解决关于货币的更具争议性的问题,即探讨决定商品"正义价格"的因素。其中,最具影响力的是一些巴黎大学的学者,尤其是托马斯·阿奎那

（Thomas Aquinas）（见 Wood, 2002; Langholm, 1992）。在阿奎那的《神学大全》（*Summa Theologica*）中，其中一节的标题为"论买卖时的欺骗[①]"，开篇即提出了以下问题："一个人是否可以以高于物值的价钱出售某物[②]？"阿奎那将一个论点列入支持以高于物值出售商品的假设性观点中，该论点显然基于亚里士多德在《尼各马可伦理学》中对友谊效用的论述，也含蓄地指出了货币价值与需求相关：

> 按照哲学家在《伦理学》卷八第十三章里所说，以利益为本的友谊，为回报一件所得的恩惠，回报的多少，应以受恩者所得的利益的多少为准。这种回报的利益，有时大于所赠与的东西；例如，受恩者很需要那件东西，无论是为远避一个危险也好，或是为得到某一种特殊的利益也好。[③]

阿奎那并不支持这一论点，他认为，虽然应该根据"获得的效用"来酬谢朋友的帮助，但买卖必须遵循交换正义的原则，这样价格才能"等于所购买的东西"。阿奎那将亚里士多德对货币的定义视为公理，即货币是一种通用的衡量手段：

> 至于人类所用的物品，其价值的大小是由给它所定的

[①] 引自《神学大全》（第九册：论智德与义德），中华道明会与碧岳学社联合出版，第329页。——译者注
[②] 引自《神学大全》（第九册：论智德与义德），中华道明会与碧岳学社联合出版，第329页。——译者注
[③] 引自《神学大全》（第九册：论智德与义德），中华道明会与碧岳学社联合出版，第330页。——译者注

价格来估计的；为了这个目的，发明了钱币，如同在《伦理学》第五卷里所说的。所以，如果价格超过物品的价值，或者，相反的，物值超过价钱，合乎义德的公平就不复存在。是故，以高于物值的价钱出售一样东西，或者以低于物值的价钱购买一样东西，以这事本身来看，是不公道的，不许可做的。①

然而，这并不意味着阿奎那将物品正义价格的概念视为其恒定不变的属性。虽然卖方不应利用某个买家相对更加强烈的购买需求，但阿奎那坚持认为，如果买方"极需要一样东西"，那么，卖方"可以以高于物品本身价值的价格，出售一样东西；但不得以比那样东西对物主所具有的价值更高的价钱，把它出售②"（1947: II–II, Q.77 A.）。因此，对正义价格的评估首先要考虑物品本身，但也要理解，同一物品在不同情况下可能有不同的价值。

阿奎那认为贸易利润之所以是合法的，关键在于物品的正义价格可以变化。当回答"在进行交易时，是否可以以高于买价的价钱出售货物③"这一问题时，他与亚里士多德在《政治学》（*Politics*, 1.3）中的观点一致，谴责以牟利为最终目的的行为。然而，他又总结道："没有什么能阻止人们出于某些必要的甚至是良好的目的而取得收益的行为。因此，交易是合法的。"商人可正当地"求取利润，

---

① 引自《神学大全》（第九册：论智德与义德），中华道明会与碧岳学社联合出版，第330—331页。——译者注
② 引自《神学大全》（第九册：论智德与义德），中华道明会与碧岳学社联合出版，第331页。——译者注
③ 引自《神学大全》（第九册：论智德与义德），中华道明会与碧岳学社联合出版，第338页。——译者注

不是把利润作为目的，而是把它作为工作的一种酬劳①"，这也对国家有利。某个物品的价格可能在其购买和转售过程中合法地上涨，"或者因为他已把东西改善了；或者因为时地不同，而东西的价值也已改变了；或者由于他自己或使人把东西从一个地方搬运到另一个地方，自己可能会遭遇的危险②"（Aquinas, 1947: II–II, Q.77, A.4）。阿奎那谴责高利贷是通过不自然地扭曲货币价值而不道德地获取利润的做法，与之相反，贸易的利润来自价值的自然变化。

后来的学术作者们越来越关注商品和货币的价值在贸易过程中变化的具体细节，尽管他们的首要关注点仍然是贸易的道德涵义。在《货币分析评论》〔Commentary on the Resolution of Money，2007（1556）〕中，马丁·德·阿兹皮库塔特别指出，在规范性道德文献框架内出现了更为复杂的描述性分析。阿兹皮库塔（在当时常被称为"纳瓦罗"，Navarro）是萨拉曼卡大学的神学和教会法规博士。16世纪，由于美洲殖民地的金银大量涌入西班牙，西班牙经历了严重的通货膨胀，萨拉曼卡因此成为创新型经济思想的中心城市（见Grice-Hutchinson, 1952, 1978; Alves and Moreira, 2010; Vilches, 2010）。阿兹皮库塔的《货币分析评论》绝对是第一部条理清晰地阐述货币数量理论的著作，即货币供应量的增加会导致价格上涨。或者用阿兹皮库塔的话来说，"在其他条件相同的情况下，与货币充足的国家相比，货币严重匮乏的国家用于购买商品甚至是支付劳工报酬的钱会更少"〔2007（1556）: 70〕。但《货币分析评论》

---

① 引自《神学大全》（第九册：论智德与义德），中华道明会与碧岳学社联合出版，第339—340页。——译者注
② 引自《神学大全》（第九册：论智德与义德），中华道明会与碧岳学社联合出版，第340页。——译者注

最初并不是作为独立的经济论著发表的，而是作为忏悔手册的附录。附录显然是为了将合法的经济交易与需要忏悔的非法交易区分开来。因此，根据正直交易与既定的正义概念的关系，他将经济交易如何运作的观点作为附录添加到其论据中。

在整部论著中，既有解释和争论的传统模式，又有对分析可观察到的商业行为的新兴强调。《货币分析评论》的第一章详细阐述了教皇格里高利九世（Pope Gregory IX）在1236年教令中谴责高利贷的一句话，强调了在界定哪些具体交易行为属于高利贷时体现出的模糊性。接下来的每一章都论述了经济交易的某一特定方面（交易的概念和类型，货币的起源和功能，交易是一种职业，交易中的购买、以物易物和无名合同等），确定了在每个主题中分别有哪些主要的传统权威或教会权威，总结了学术作者们的争议点，并论证了阿兹皮库塔自己的结论——关于什么是合法交易和非法交易——的合理性。然而，在这场关于正义原则的看似永恒的辩论中，焦点在关键时刻转移到了有关商业运作的实际问题上。在这一点上，阿兹皮库塔的主张坚定地立足于其从对古往今来的商业交易运作的观察中推断得出的结论。在文章开头，他支持传统观点，认为货币交换是自然而然发展起来的，"因为价值一块土地的货币，如果闲置在那里，其价值会比用在其他地方少"，并举例说明"当下，几乎西班牙所有的金银货币加在一起，都不如其在佛兰德尔和法国值钱"〔2007（1556）：34〕。同样，"以法国的经验来看，法国的货币比西班牙少"，另外，他还比较了在印第安人发现金银矿前后，西班牙物价变动所体现出的历史性差异。这些例子都支持其主张，即价格随着货币供应量的增加而上涨〔2007（1556）：70〕。《货币分析评论》着重介绍了货币价值和汇率的可变性。阿兹皮库塔在一个典型例子中解释国际信贷交易是如何运作时,以近乎坚定的口吻开场:"我已自费学习了'它们是如何运作的'"〔2007(1556):82〕。只有亲身参与过商业交易才能洞悉其运作方式,这一理念将阿兹皮库塔以实践为根基的智识与以往的学术型写作区别开来。

《货币分析评论》中既包含先前已有的学术争论模式,又有新的经济分析模式。在搭建其分析论证框架时,阿兹皮库塔不得不面对这样一个事实:亚里士多德和阿奎那的主要学术思想标准都是直接将货币当作商品的衡量手段,而没有将货币本身当作一种商品。正如阿兹皮库塔所说,亚里士多德"认为货币的交换和交易是错误的,因为他认为'货币交易'并非自然而然发生的,也无法给国家带来任何好处,只会带来利润,而以牟利为目的的交易永无休止"——也就是说,毫无意义的目的无法带来更大的好处〔2007(1556):34〕。阿兹皮库塔直接用亚里士多德自己列举的例子来反驳其观点:

> 通过交换货币来获得利润违背了货币的本质,这种观点是不正确的。因为即使这与其被创造之初的首要用途不同,它也仍然适合其次要用途。例如,制作出来的鞋子会被销售用以赚取利润,虽然这不同于鞋子被发明之初的用途(即穿在脚上),但这并不违背其本性。〔Azpilcueta, 2007(1556):34〕

亚里士多德以区分鞋子的主要用途(穿着)和次要用途(获取销售利润)为例,称与前者相比,后者有违道德,因为其本身就是以获利为目的。而阿兹皮库塔显然忽略了该示例的伦理道德价值,提出了事物自然的、合法的用途。利润合法化是当时学术思想中的一大趋势,可以让人们接受商业交易实际上合乎道德。这种趋势在阿奎那的著作中早已有迹可循，他与阿兹皮库塔的观点一致，只是在细节上稍有差别。阿兹皮库塔指出，即使"圣托马斯（指阿奎那）说任何单纯以获取利润为目的的交换艺术都是非法的"，他仍然认为"如果其目的是赚取适当的利润养家糊口，或者这种交换艺术可以为国家谋福祉，那么它就是合法的"。因此，阿兹皮库塔的结论是，只要是通过"诚实且适度"的货币买卖养家糊口，那么，从中获利就是自然且合法的〔2007（1556）：34〕。

阿兹皮库塔澄清，他所认同的合法买卖货币观点不仅将货币"作为一块金属、黄金、白银或碎铜"，还将其"作为货币本身"〔2007（1556）：56〕。在一个货币主要以贵金属铸币形式存在的时代，用于铸造货币的贵金属具有独立于货币面值以外的重要市场价值，思想家们倾向于将货币的物质价值与名义价值统一起来。人们早就意识到，黄金和白银的商品价格会有波动，因而硬币有一种独立于其面值的价值。然而阿兹皮库塔认为，货币在一个国家内是纯粹的面值标记，"可能高于或低于法律规定的价格"〔2007（1556）：56〕，与货币中的金属含量无关。阿兹皮库塔做出的这种区分清楚地表明，他不仅将通货膨胀归因于金银的流入，还将作为交换媒介的货币数量的增加归为原因之一。此外，考虑到国际汇率的购买力平价理论，阿兹皮库塔还认为国际市场上的货币价格取决于该货币在不同地方所能购买到的商品和服务的价值，而非其物质价值或面值〔2007（1556）：71–76〕。

如果把某个货币单位在某地的市场价值作为其"正义价值"，那么就可以"像其他商品一样"，通过贩运货币来合法地赚取利润，在货币价格较低的时间和地点通过交换其正义价值囤积货币；然后在货币价值较高的时间和地点再进行交换〔Azpilcueta, 2007

（1556）：65〕。从传统伦理道德角度，阿兹皮库塔劝诫忏悔者并警告那些通过买卖货币而获利的人，他们"走在通往天堂的崇高石阶上，却可能轻易地因钟爱暴利或经受不住来自暴利的诱惑而绊倒，从此跌入罪恶的深渊和荆棘丛生的忏悔之路，再也无法爬起来，再也无法摆脱它们"〔2007（1556）：89〕。但对于阿兹皮库塔来说，道德上的"绊倒"源于以高于其正义市价的价格出售货币，并非指纯粹靠贩卖货币来谋取利润。跟那个时代的其他思想家一样，他不再用亚里士多德的术语将货币概念化，将此作为衡量所有其他物品的价值并确保公平交换的方式；取而代之的是对货币本身的抽象化，人们开始将货币理解为一种商品，可以从中合理地赚取利润。

货币和主权：让·博丹的和谐正义

货币跳出亚里士多德的正义概念的框架而转变为一种商品的概念，这种转变在一定程度上受到了货币中蕴含的政治意义的影响。在传统认知中，君主是确保货币正义价值的最终权威。在探究各种导致货币的商品价值波动的因素时，不仅要抛开稳定的正义价值这一种简单的说辞，还意味着要面对专制君主也无力改变市场力量的可能性。这种冲突在法国人文主义者让·博丹的著作中体现得尤为明显，他巧妙地揭示了价格波动的经验性原因，但他仍主张采用旨在继续将货币作为价值尺度的政策。同时，他还倡导君主的绝对权威，认为君主应以"和谐正义"为引导，"和谐正义"是一个最终很难与不受约束的市场力量区分开来的概念。

现代学术界普遍认为博丹与马丁·德·阿兹皮库塔一样，都有充分的理由被称为第一位把现代货币数量理论讲明白的作者。在《反驳马莱斯特鲁瓦悖论》(*Response to the Paradoxes of Malestroit*)中〔1997（1568）〕，博丹提出的观点比阿兹皮库塔的想法更加清晰，尽管他提出观点的时间比阿兹皮库塔晚了十几年。两人都关注大量货币的涌入会带来的系统性影响，这也证明两人都关注更广泛的全球经济环境。博丹与阿兹皮库塔拥有相似的教育背景。辞去教会的工作（不再信守加尔默罗修会修道士的誓言）之后，博丹进入法兰西学院和图卢兹大学学习（阿兹皮库塔本人曾在这里度过25年的教学生涯），然后进入巴黎政界〔Bodin, 1997（1566）：11–14〕。在读书期间，博丹应该是受到了新兴的文艺复兴人文主义的影响，广泛阅读了许多文艺复兴早期学者的著作，最终成为文艺复兴时期人文主义的代表人物。他认为当务之急是将信息系统化，并以历史的眼光对其进行分析（见 Franklin, 1963; Blair, 1997）。

博丹在经济问题上最卓越的贡献始于他试图反驳马莱斯特鲁瓦勋爵让·谢里（Jean Cherruies, Lord Malestroit）在1566年发表的论文《悖论》(*Paradoxes*)中所提出的主张。马莱斯特鲁瓦提出的第一个"悖论"是，虽然人们认为"法国所有商品的价格都在上涨"，但事实上，"过去300年间，什么都没有涨价"，这一悖论在马莱斯特鲁瓦看来是"矛盾的"，因为这一现象"与世俗观点相去甚远"。马莱斯特鲁瓦认为，黄金和白银是"衡量万物贵贱的真实而公平的标准"，并且商品始终以等量的黄金和白银出售〔Bodin, 1997（1566）：39, 41〕。马莱斯特鲁瓦坚持认为，变化在于硬币的金属含量减少了，因此等量的贵金属现在可以铸造更多的硬币。马莱斯特鲁瓦提出的第二个"悖论"是，"即使货币收支比率相同，每个埃居或其他金银货币也会有很大的损失"。马莱斯特鲁瓦担心的是以银币收取租金的地主如今赔钱了，以50索尔（sol）为例，如今50索尔才能兑换一枚金埃居，而以前20索尔就能兑换一枚埃居〔Bodin, 1997（1566）: 44〕。因此，马莱斯特鲁瓦得出结论，尽管"对于国王及其臣民来说，就金银能买到的商品数量而言，所有东西的价格都与过去相同"，但和其他地主一样，国王"如今收缴的黄金和纹银无法像他的前任君主那样富足，从而不足以维护其领土和其他权利"〔Bodin, 1997（1566）: 47〕。马莱斯特鲁瓦的《悖论》是在两个中心原则的基础上虚构了一种稳定的情况：首先，作为价值衡量尺度，黄金和白银是货币的本质；其次，只要白银和黄金之间的汇率是恒定的，它们所衡量的价值就始终是恒定的。

博丹反驳马莱斯特鲁瓦的巧妙方式至今仍为现代经济学家所推崇，他通过证明马莱斯特鲁瓦的数据不正确或不完整来证明马莱斯特鲁瓦的方法论不充分。马莱斯特鲁瓦曾以天鹅绒为主要例子进行论述，天鹅绒作为一种商品，名义价格已经上涨，但仍可以用与之前等量的贵金属来交换。博丹反驳道，马莱斯特鲁瓦的论述中缺乏关于天鹅绒历史价格的证据，并且从根本上错误地认为早在一个世纪前就可以在法国买到天鹅绒。此外，博丹认为："不能将天鹅绒当作其他拉丁商品来举例，它更不是一般商品。"〔1997（1566）: 55〕随后，他凭借一系列历史文件作为证据，例如图卢兹的财产登记簿和商会的记录，证明各种商品或土地价格的上涨与硬币中贵金属含量的减少并不成比例。此外，他还援引了更完整的记录，证明马莱斯特鲁瓦"对过去300年间法国铸造货币的标准有所误解"，指出马莱斯特鲁瓦错在其计算是基于"货币最坚挺的一年，而不顾货币最为疲软的年份"〔Bodin, 1997（1566）: 77, 79〕。在博丹看来，通货膨胀部分归因于货币贬值，但主要原因还是黄金和白银供过于求、垄断的加强以及某些商品的稀缺性〔1997（1566）: 59〕。

对于影响货币价值的多方面力量,博丹的理解比马莱斯特鲁瓦更为透彻,但他与马莱斯特鲁瓦都认为关注白银和黄金的面值及二者之间的兑换比率是君主的一项基本职责。尽管博丹认为硬币中贵金属含量的减少并不能显著加剧通货膨胀,但他仍然反对这种贬值行为,并倡导"货币稳定"〔1997(1566):93〕。他在第二版的《反驳马莱斯特鲁瓦悖论》中称:

> 货币本应把控所有事物的价格,如果货币变化无常,而且不确定,那么没有人能真正知道他有多少财产。合同不确定,税金、工资、退休金和费用也将不确定,法律和习俗所规定的罚款和惩罚也将不断变化和不确定。简而言之,整个财政状况以及许多公共和私人事务都将悬而不决。
> 〔Bodin, 1997(1566):102〕

博丹声称,由于君主"是正义的管理人,对自己的臣民应尽正义之责",并且要"遵守国家法律",他们不能"在不担上造假者的骂名的情况下,通过改变其硬币的重量损害其臣民的利益,更不用说损害与君主打交道并与其臣民有贸易往来的外国人的利益了"〔1997(1566):102〕。博丹的这种观点延续了亚里士多德的思想路线,将货币视为确保正义的必要手段。为此,他建议按照严格的纯度标准和一致的兑换比率铸造三种不同类型的硬币(金币、银币和铜币)。

博丹将《反驳马莱斯特鲁瓦悖论》的大部分内容都载入了他的《国家六论》(*Six Books of the Republic*)第六卷〔1962(1576)〕。在这本书中,博丹的货币观与专制主权权威理论之间产生了冲突。

博丹认为，主权权力必须是绝对的、无条件的。因此，主权权力必须属于一个团体或个人。他认为，当主权权力不从属于所有人（民主制）或一部分人（贵族制），而属于一个至高无上的个人（君主制）时，终将最有利于联邦。在博丹看来，拥有最高统治权的君主不容任何世俗权威的挑衅，仅受到维护主权本身（leges imperii）固有限制的约束，再宽泛一些，受到来自上帝的自然法则的约束。例如，君主不能限制其继承人，无论是直接下令取消继承权还是间接地在王室内排除异己。博丹理解的限制君主权威的自然法则包括尊重臣民的自由及其拥有财产的权利。尽管对于博丹来说，君主是出于良知对违背自然法则的行为负责，但他仍强调君主有义务保障正义的经济交易，甚至认为君主未经公众同意就提高税收违反了自然财产权（见 Franklin, 1973: esp.86-89; Bodin, 1992: esp.xxv-xxvi）。最终，尽管博丹认为拥有最高统治权的君主，其权力不受限制，但他仍然认为自然法则将指引这种权力的使用来实现更高度的正义。他认为："如果正义是法律的目的，法律由国君制定，而国君是万能上帝的化身，那么国君的法律需要效仿上帝的律法。"〔Bodin, 1962（1576）: 113〕[2] 博丹建议，铸造金币、银币和铜币时需要根据规定的精度精确地铸造，旨在确保货币仍然是按照亚里士多德式传统确定的、评估交易正义性所必需的可靠工具。《国家六论》中最精彩的部分是思考专制君主应该如何最正义地统治一个联邦，"无论是通过分配正义、交换正义还是和谐正义"〔Bodin, 1962（1576）: 754〕。因此，博丹将传统的司法范式置于与主权权威的新关系中，但在评估联邦体内的交易时仍保持主权权威的首要地位。

亚里士多德主张有些交易应根据交换（算术）正义进行判断，而另一些交易应根据分配（几何）正义进行判断，而博丹对此并不赞同。主流学术思想所秉承的亚里士多德式传统认为，"当问题涉及某人的商品或是在对犯罪和罚没进行赔偿时"，交换正义的算术比例适用。而"如果问题是关于用共同财富授予集体奖励，或是关于分割被征服的国家，或是实施集体惩罚"，基于"善良或邪恶，以及每个人的品质或使命"的分配正义的几何比例适用〔Bodin, 1962（1576）: 756〕。博丹认为，无论在任何情况下，严格实行其中任何一种形式的计算都会带来公平问题；故而，每一种情况都应该由"和谐正义"来判断，这样就能够同时兼顾交换正义和分配正义。博丹解释道，例如，试图确定与罪行或刑罚相等的罚款终究是不公平的，因为富人受到的影响要比穷人小。他用纳拉提乌斯寓言举例来说明了这一点，一位罗马富豪认为自己负担殴打他人的赔款是很轻松的，便到街上散步，看中谁便"殴打"那人的耳朵，而他的奴隶则拎着钱包跟在后面，立即赔钱〔1962（1576）: 775〕。

与此同时，博丹认为，严格按比例的正义也是不够的。因为即便是对赤贫的人征收最小数额的罚款，按富人的财产成比例增加之后，也会成为巨额罚款。相比之下，博丹的和谐正义希望可以将两者结合起来，提高正义性，就像数列（3、4、6、12）结合了几何数列（3、9、27、81）与算术数列（3、9、15、21、27），从而"更加和谐"。博丹的这种模式就像音乐和声，只要每个元素与其他元素保持某种一致的关系，就可以使序列中的特定元素具有巨大的可变性。正如无数种不同的音符排列可以带来和谐的听觉享受一样，对于博丹而言，在一个正义的社会中，个人之间、交易之中，都有多种价值区分。

虽然博丹将和谐正义视为"上帝律法的典范"，通过"万能上帝的化身"在世间实行，但在很大程度上，将博丹所描述的价值划分为多个等级的推动者并不是君主，而是市场〔1962（1576）：113〕。例如，在纳拉提乌斯富豪的例子中，正是在市场力量的推动下，长期以来形成的罚款制度再也难以遏制殴打行为。博丹告诉我们：在制定相关法律时，"人是如此贫穷"，以至于"按照算术比例计算的，针对殴打他人对所有人都一视同仁的惩罚——25头驴子或一小块黄铜的罚款——已经够重了"。但随着"人的财富增加"，这一数额相对太小，不再能公平地衡量"一拳打在脸上"所带来的痛苦〔1962（1576）：775〕。博丹通过多个例子说明了人们必须重新评估，以应对这不断变化的市场条件。这些例子中，人们在某些情况下以更多或更少的钱进行了交换：例如，债务人破产，债权人拿到的钱少于应偿还的债务；工人向富人收取更高的费用。博丹认为，这种价值估算的灵活性符合"一定的自然原因"〔1962（1576）：781，783〕。

正如博丹解释的那样，在这种自然原因的引导下，外科医生摘除胆结石，可能会向穷人收取 5 克朗，而向富人收取 10 克朗。这种"服务相同，收费各异"的手段不仅有违交换正义，还违反了分配正义，因为按照比例，他向穷人收取的费用更高，而这些穷人并非应当受此待遇：

> 实际上，"外科医生"向穷人收取的费用是富人的 10 倍，因为富人有 5 万克朗，却只支付了其财产的百分之一，而穷人只有 50 克朗却支付了其财产的十分之一。

博丹总结道："如果我们仅仅准确遵循几何比例或算术比例，那么患者会死于结石，外科医生也会因为没有工作而挨饿。而和谐的中庸之道对两方都有利，穷人与富人都能被治愈，外科医生也因此积累了财富。"〔1962（1576）：783〕正如从外科医生获得利润这一例子中所得出的结论，这里的"自然原因"也可以被称为市场逻辑。与"正义价格"的学术观念一样，和谐正义表面上属于道德的类别，但其评估标准很快就被纳入重商主义的范畴。

商品交换与贸易差额：英国商业作家的经济正义

17世纪上半叶，由于英国人不断努力提高自己在全球贸易中的地位，涉足商业领域的先行者撰写了许多论文。在这些先行者中，托马斯·米勒斯是海关官员；杰拉德·德·马林斯是皇家造币厂的雇员，也是一位小商人；托马斯·芒是英国东印度公司的商人；爱德华·米塞尔登先后在商人探险家公司和英国东印度公司工作。英国的商业论文在概念上和风格上借鉴了经济论文的学术写作模式和人文主义写作模式，同时开创了自己的分析和论述模式（见Magnusson, 1994; Finkelstein, 2000; Ryner, 2014）。他们仍然引用亚里士多德的正义概念，但这些概念已无法再为有争议的关键问题提供条理清晰的分析框架，比如：哪些因素导致了国际贸易中的利润得失，国家和君主在促进贸易盈利中应该发挥什么作用。对于这些商业论文是否构成了连贯的"重商主义"意识形态，经济政策是否应该被视为国家政治的一种工具，学者们持不同意见（见Amussen, 2012; Matson, 2012; Newell, 2012; Pincus, 2012; Stern and Wennerlind, 2013; Magnusson, 2015; Barth, 2016）。毫无疑问，这些属于广义上的文化论述，将经济价值问题与民族认同和王室主权问题联系在一起（见Harris, 2003; Kitch, 2009; Deng, 2011; Landreth,

2012）。

各种主权概念百家争鸣，将货币的本质理解为价值衡量手段还是商品是主要的争论点。米勒斯和马林斯之所以被称为"重金主义者"，是因为他们坚持认为君主应该防止贵金属的出口量大于进口量。两人秉承亚里士多德的观点，认为货币（而非商品本身）必须继续作为一种公共的、稳定的商品衡量尺度。而以米塞尔登和芒为代表的"平衡派或商人"则持有相反的立场，他们认为，在贸易过程中货币与其他任何商品没有什么区别。而且在出口金条的过程中，只要英国人在出口（或再出口）中获得的利润高于其在没有额外利润的进口中支付的费用，那么，就不会将英国人的财富挥霍殆尽。

英国的商业作家不断将新的经济分析模式融入既定的正义概念框架中。博丹认为市场交易使分配正义和交换正义相协调，而马林斯和米勒斯为了理清错综复杂的经济活动，尝试着将二者进行区分，但最终没能成功。马林斯在其《商人习惯法》（*Lex Mercatoria*）一书的开头就宣称"每个有判断力的人都知道交换正义之下才有'买卖'"（1622: sig. F6v），这是毫无争议的。对于英国的商业作家而言，井然有序的商业可以说是实现交换正义的一个必要条件，这已经是一种公认的看法了。但他们的分析打破了这种思维定式。对于马林斯和米勒斯而言，遵循这种公认的看法之后，分配正义并没有对符合规则的商业交易产生直接影响，但它在为公平的商业交易提供和谐的社会环境方面，起到了不可或缺的作用。分配正义确保君主享有可以规范商业活动的特权。换句话说，他们认为君主和臣民之间的"不平等"是维持商业交易中"公平"计量的必要条件。然而，米勒斯和马林斯对相反的情况也可能正确表示担忧，即交易并不依赖于君主,君主实际上受制于更大的商业力量。米塞尔登和芒持反对态度。他们在很大程度上认同后一种观点,认为货币的真正价值不受皇家权威和正义的束缚。

尽管米勒斯和马林斯试图将社会阶层和商业视为两个截然不同的领域,并采用不同的正义模式,但在他们的著作中,这两个领域通常相互融合。例如,在《客户——初级入门》(*The Custumers Alphabet and Primer*,1608)中,米勒斯表示,他将把"所有分配正义的职责留给那些最有价值和最光荣的人……辨别并判决有关特权和常情的案件和问题,尤其是像君主与臣民这类不同主体之间的案件"(1608: sig. Clv)。随后,他又说,确保商业在交换正义的指导下进行,可以确保君主从交换正义中获得其应得的荣誉。他认为,凭借分配正义,君主可以从关税和财政援助中获得应得的收入,就像上帝享有尊崇和什一税一样。但米勒斯认为,如果因为交换正义的缺失而使贸易减少,这些应得的收益就会减少(1608: sig. C2v)。米勒斯坚定地支持新教君主"君权神授"的权威性,这是毫无疑问的(Kimbro, 2015)。但在这里,詹姆斯一世(James I)与博丹所信奉的绝对论,即君主与上帝的同一性,显然因为君主对商业的依赖而站不住脚。

马林斯还试图用更复杂的方式区分交换正义与分配正义,但最终反而证明了后者的实现取决于以前者为主导的商业活动。1601年,马林斯发表了两篇经济学论文《论英格兰共同财富的弊病》和《寓言故事——英格兰的圣乔治》(*Saint George for England, Allegorically Described*,以下简称《英格兰的圣乔治》),拉开了17世纪英格兰出版物中关于经济学的辩论的序幕。马林斯在他的第三篇论文《从英格兰的视角揭开两个悖论的面纱》(*England's View in the Unmasking of Two Paradoxes*，1603，以下简称《英格兰的视角》)中简要翻译了马莱斯特鲁瓦的《悖论》及博丹的反驳，发表了自己对于马莱斯特鲁瓦和博丹的观点的评论，并详细阐述了自己的货币价值理论。马林斯在《英格兰的视角》中回顾了其在1601年发表的两篇论文，将二者分别与两种正义理论联系起来，即将分配正义和交换正义分别与《英格兰的圣乔治》和《论英格兰共同财富的弊病》联系起来。

他直接将《论英格兰共同财富的弊病》中的论点与交换正义结合起来，开篇即提出了"所谓交换正义即与其他国家保持的商贸往来"。马林斯认为，"商品化交换打断并打破了这种公平性，就像《论英格兰共同财富的弊病》中所描述的那样"（1603: sig. A6r-v）。与那些深刻影响了马林斯的学术作者一样（见 De Roover, 1974: 346—366），他也用"商品化交换"一词来表示将货币作为商品进行买卖的活动。阿兹皮库塔认为商品化交换是合法的，很大程度上是因为其具有正当的盈利性；而马林斯的观点与之形成了鲜明对比，他谴责商品化交换，因为商品化交换中的某一方必然无法盈利，这对于他们来说是不正义的。此外，马林斯还认为，将货币视为具有浮动市场价值的商品，会对君主造成阻碍，使其无法调控从该国流出以换取进口硬币和商品的贵金属数量。他在《论英格兰共同财富的弊病》中提出了解决方案，并在随后的每篇论文中都着重强调，即将交换正义用于平价汇兑形式的货币兑换中，这就要求只能将硬币兑换为包含等量贵金属的其他硬币。平价汇兑基于以下概念：

> 货币必须始终作为规则和框架为一切事物设定价格，因此被称为公共度量，所有事物的价格由此设定，在买卖

中维持一定的平等性，最终达到所有事物都可以通过贸易向他人转手的目的。（Malynes, 1603: sig. A7v）

其提出的"平价"可以保证货币的度量能力，使评估交换正义成为可能。

马林斯在《英格兰的圣乔治》中对分配正义的讨论则更具争议性。他认为，"所谓分配正义即英联邦成员之间保持和谐与和睦"，但当"人们可以容忍高利贷"时，这种和谐"受到很大阻碍"，"有些人因此过于富裕，还有许多人极端贫困，我在《英格兰的圣乔治》这篇论文中，采用明喻与暗喻相结合的方式阐述了这些活动的影响"（1603: sig. A5v–A6r）。正如这段摘要所表明的，《英格兰的圣乔治》关注明显违反分配正义的行为："不厚道的"少数人变得"过于富裕"，同时许多人却无端陷入"赤贫"。然而，根据马林斯的说法，这种违背分配正义的行为最终只是违背交换正义的一个结果，即高利贷。此外，对于马林斯而言，"高利贷"的涵义不仅仅局限于学术作者所严厉谴责的高额贷款利息。相反，马林斯认为"高利贷"一词指代任何用一笔钱换取更大数额货币的交易，这种情况在国际货币兑换中时有发生，阿奎那对此表示容忍，阿兹皮库塔则积极支持这种行为。对于马林斯来说，维护分配正义取决于交换正义的维护，而明显威胁交换正义的，是国际货币市场中一个蠢蠢欲动的观念，即货币本身就是一种商品。

对于马林斯而言，国际货币市场是非常重要的。他认为，虽然博丹比马莱斯特鲁瓦更了解货币的运作方式，但博丹仍未能完全理解货币价值的波动，究其原因是他没有充分重视货币在全球范围内的运作。有人可能以为马林斯会基本赞同马莱斯特鲁瓦的论述。因为两人都认为，货币作为商品的衡量手段恰到好处，而这种功能最终取决于硬币中的贵金属含量。但马林斯认为，马莱斯特鲁瓦只有一个基本观点是正确的，其他几乎所有内容都是错误的。这个正确的基本观点就是马莱斯特鲁瓦认为的"当货币的重量、纯度、价值或以上三者都发生变化时，如果进行相应的估值，则物价仅按面额发生改变"（1603: sig. D7r）。马林斯指出，马莱斯特鲁瓦声称法国并没有出现实际的价格上涨，但君主和贵族获得的价值少了，这是自相矛盾的，因为"在君主和臣民之间流通的货币都是一样的"（1603: sig. D5v）。马林斯显然没有注意到马莱斯特鲁瓦的重点，即与黄金货币相比，以白银收缴的租金因受到土地所有权期限的限制而使君主和贵族受到损失。即便马林斯抓住了马莱斯特鲁瓦的这一重点论据，他仍然从根本上不赞同马莱斯特鲁瓦关于商品的实际价格在过去的 300 年间保持稳定的说法。可以肯定的是，马林斯也希望看到这样的稳定性，却在历史记录中看到了货币价值的大幅度起伏。虽然马林斯赞同博丹关于真实的通货膨胀的所有论点，但他声称博丹多方面的解释是"无关紧要的"，因为他未能：

> 把一个国家的商品价格上涨与其他国家的商品价格做对比，从而验证对于我们而言，物价是否真的上涨了，以及在上述 300 年间，按照比例，我们购买国外商品的开销是否高于出售本国商品的收入。（1603: sig. E3v）

马林斯的观点是，只要出口价格与进口价格同步上涨，就不会出现实际价格上涨。这显然是错误的，因为个人的购买力不一定随着出口价格的上涨而增长。

马林斯观察到一种令他惴惴不安的现象。据此，他提出了一种仇外的阴谋论：在国际交换的过程中，货币不仅仅是一种独立的商品衡量手段，其本身也是一种具有市场价值的商品。马林斯设想外国统治者、银行家和商人通过在一定程度上操纵货币汇率来影响进出口价格，从而报复英国人。在他的描述中，一些内心险恶之人将货币视为"操控和获得其他所有东西的手段和方式"，并"通过实践掌握了这种手段，只有经过他们同意，并支付高额报酬，才能获得这些东西"。通过买卖货币，他们"把货币变成了一种商品……从而篡改了'国家'之间的度量方式"（Malynes, 1603: sig. K8r-v）。马林斯猜测外国银行家和商人的行为包含着外国君主的"诚意"，但他称这种做法损害了王室主权及其自身的利益。他写道："货币……作为在买卖中能够维持一定平等性的公共手段，必须由王室的公职机构对其设置常规估价，这是附加于王室权力和尊严的事宜。"（1603: sig. L3v-L4r）对于"私人"来说，"以高于王室的主权机构评估的价格收受硬币"既损害了货币的计量功能，又把臣民的权威置于王室之上，从而违反了交换正义和分配正义。

在《商业圈》（*The Circle of Commerce*，1623）中，爱德华·米塞尔登巧妙地利用马林斯自己的道德哲学框架对其进行反驳。米塞尔登指出，王室授权的平价汇兑旨在赋予英国硬币以与之等量的外国贵金属硬币相同的购买力，这实际上违反了交换正义原则。交换正义适当地支配商业贸易，这一观念被广为接受，米塞尔登对此也持赞同态度。他指出，交换正义"根据物品的质量，而非人的素质，进行分配"，对"买卖双方……平等视之"（1623: sig. Ce3v）。他隐晦地指出，"因此，马林斯，当您认为收款者受制于付款者时，您就违背了这一原则"（1623: sig. Ce4r）。从概念上来说，米塞尔登的论点并不新奇。从亚里士多德到学者再到人文主义者，他们对货币价值的推论都认为交换正义的价值取决于双方自愿接受该交易。然而，在一场关于英国君主如何介入国际贸易的辩论中，运用这种逻辑的影响就是直接将王室权威置于市场运作之下。在这个市场中，人人平等，君主与臣民都一样。然而，米塞尔登运用交换正义的逻辑显然是投机取巧。尽管他非常熟悉学术传统，并仍然认为其在经济写作中是行之有效的，但这并不足以充分论证实际的商业运作。米塞尔登的"贸易差额"则独立于伦理正义理论以外。

对于米塞尔登和芒而言，贸易差额是"一对数值"，可以度量货币与商品，实现等值交换（Misselden, 1623: sig. Dd1v）。有人认为英格兰应该限制出口，并增加硬币进口。在反驳这一论点时，米塞尔登称重点在于出口和进口的价值，而不是货币或商品的表现形式。如果英国商人出售了价值"1000英镑"的商品，他们就应当得到相应的价值，"以货币抑或商品的形式是无关紧要的。如果不是货币，那便是商品；如果不是商品，那便是货币。结果就是：得到的货币越多，商品就越少；得到的商品越少，货币就越多"（Misselden, 1623: sig. Dd2r）。他警告说，如果这种价值以易耗品的形式循环回来，那么，一旦这些商品被消费耗尽，英格兰就会损失价值。因此，他主张按照英国东印度公司的惯例，购买可以"再次进行外贸出口"、获取净利润的国外商品。托马斯·芒在其《贸易论》（*A Discourse of Trade*）中称，英国东印度公司每"出口价值10万英镑的商品"，就可以从东印度群岛购买"价值约50万英镑的商品"（1621: sig. E1v）。在《英格兰的外贸财富》中，他明确表示倡导鼓励货币出口，因为"货币促成贸易，贸易积累财富"。只有在购买和再售"最终成为可以获取更高利润的出口商品"之后，才能实现出口货币所带来的利润（Mun, 1664: sig. D3r）。对于芒和米塞尔登而言，在不同地点买卖商品所能产生的利润是无须通过正义理论加以验证的，这是个显而易见的事实。

他们强调认真监控贸易差额对国家的重要性。米塞尔登写道："如果君主想高居庙堂就可以看到王国内外的各种商业革命，那么贸易差额可以让一切昭然若揭。"（1623: sig. Gg2v）芒建议："应该每年或每隔一段时间制定国家账户差额表，以便国家可以及时发现我国与外国贸易的盈亏。"（1664: sig. B7r）他们认为，君主应进行这种监控，改善环境，使商人产生的价值高于国内消费所损失的价值。但他们认为，王室在市场中的大多数干预措施都是无效的。在芒的《英格兰的外贸财富》中，接连几个章节都在证明一个王国累积或损失的价值最终不会因以下几种行为受到影响：改变硬币的金属含量或面额；对外国硬币强制确定不同的货币价值；迫使外国商人进行商品交易而非货币交易；迫使英国商人进行货币交易而非商品交易；低估或高估汇票的价值。市场会适应每一项政策并作出适当的反应。芒确实声称君主不应该试图从货币操纵中牟利，因为"货币不仅是衡量全国其他所有实物的真实工具，也是衡量我们与陌生人进行对外贸易的真实手段，因此应保持货币的正义和恒定，避免因货币变动而引起混乱"（1664: sig. F4r-v）。与马林斯不同，芒主张始终将货币作为一种正义、恒定和真实的手段，并不是因为这样做可以确保经济交易中的公平估值，而是因为如果不这样做，市场中的货币估值在适应变化时会造成暂时的"混乱"。

同样，芒也关注"如何公正地提高国君的收益和收入"这一关乎法律和道德的问题。但与主流思想一样，他认为君主和他的臣民一样，总是受到更强大的经济力量的束缚。他总结道，"君主的巨额收入最终取决于外贸,但对于增加贸易利润几乎无能为力"(1664: sig. P6r-v)。在不影响民族繁荣的经济实践中,君主从来就不具有特殊优势。据此,芒得出以下结论:

> 任由商人以高价、低价或按同等比例进行交易,或者说完全放开;任由外国国君提高或贬低其硬币价值,陛下亦可如此,或始终保持现在的价值;任由外国硬币在所有结算中以高于其造币厂价值的比率在当地流通;任由就业法令继续生效或废止;任由那些微不足道的交换者尽情折腾;任由国君压迫,任由律师勒索,任由高利贷者摧残,任由败家子挥霍;最后任由商人交易买卖。然而,除了本篇中提及的影响外,所有这些行为在贸易过程中都不会产生任何其他影响。(1664: sig. P5v-P6r)

在这里,"陛下"与"外国国君""商人"和"交换者"的行为没有区别,这些人都无法阻挡决定价值并"以超越一切阻力的必要性"引导商品和货币流动的市场力量(Mun, 1664: sig. P6r)。

君主服从于市场,这在相当大的程度上解释了人们对以前的正义理论的重视程度已经逐渐降低。如果一个人相信在自己所生活的世界中,君主可以通过货币机制维持正义的经济交换来确保经济繁荣,那么这些理论对于经济思想而言至关重要。如果一个人认为货币的价值并非由王室权威确定,而是由货币这一商品本身确定,反映了国内和国际市场的力量,那么就可以将正义理论归入与经济分析截然不同的道德领域了。这一时期的经济著作展示了不同世界观的更替。从晚期的学者(如阿兹皮库塔),到人文主义作者(如博丹),再到英国的商业作家,我们看到将货币问题重新定义为经验性而非道德性问题之后出现了货币作为商品的概念,这反过来又有利于帮助王室主权服从于国际经济力量。

第三章
Chapter 3

货币、仪式与宗教：上帝的印记及高利贷问题

斯蒂芬·登（Stephen Deng）

在《马太福音》（Matthew 22: 15–21）中，法利赛人和希律党人试图通过询问基督"犹太人向恺撒缴税是否合适"这一问题来诓骗基督做出叛逆行为：

> 于是，法利赛人出去商议，怎样找话柄来陷害耶稣，就打发他们的门徒同希律党人去见耶稣，说："老师，我们知道你是诚实的，并且诚诚实实传上帝的道，无论谁你都一视同仁，因为你不看人的面子。请告诉我们，你的意见如何？纳税给恺撒合不合法？"
>
> 耶稣看出他们的恶意，就说："假冒为善的人哪，为什么试探我？拿一个纳税的钱给我看！"他们就拿一个银币来给他。耶稣问他们："这像和这名号是谁的？"他们说："是恺撒的。"于是耶稣说："这样，恺撒的归恺撒；上帝的归上帝。"①（Abbott, 2014: 255）

---

① 引自《圣经·新约》（和合本修订版）《马太福音》22: 15–21。——译者注

佛兰德尔画家马尔腾·德·沃斯（Maerten de Vos）1602年的一幅绘画作品描绘的就是这段经文中的场景（见图3.1）。与所有经文一样，对这段经文也有不同的解读方式，但其中一条关键脉络是它表明宗教与国家之间、精神世界与世俗问题之间存在明显的分离。例如，詹姆斯·巴尔（James Barr）指出，耶稣的回答"指出了一个本质上与神权形象不同的关键点：至少有某些东西或某些地方是恺撒的，而并非万物都是上帝的……因此，社会中存在某种二元论：并非所有事物都源于一个单一的原则"（2013: 203）。如果硬币本身就是恺撒的，那么这表明它不属于上帝该关心的领域。根据这种解释，恺撒发行的这种物体与精神世界无关。基督隐晦地暗示法利

图3.1　恺撒的归恺撒，马尔腾·德·沃斯绘，1602
来源：无版权，2016（维基共享资源）

赛人和希律党人继续照章纳税，只要他们把精神事宜全部交托于上帝，由此巧妙地躲开了他们设下的陷阱。

但笔者在本章的观点是，精神和世俗问题之间的划分在近代早期的基督教思想中并没有那么清晰，至少在与货币种类的关系方面划分得没那么清晰。确实，一些早期的评论家在这段经文中看到了关于上帝与人类之间关系的隐喻——就像恺撒将其肖像戳印在硬币上一样，上帝也在人类身上打上了他的形象。因此，人类作为受上帝眷顾的生物，其使用的硬币也被赋予了精神价值。然而，这样的图像也滋生了一些潜在问题，如货币贬值、伪造和囤积。例如，亚里士多德曾做过一个比喻，人类就好比硬币，取自父亲的印记和母亲的材料，而这催生了非法铸币的可能，类似于生产伪币。在此类隐喻的描述中，人们如何能想到去制造上帝亲自盖印的伪币甚至是贬值的硬币呢？虽然图像可能唤起人们理想中硬币的样子，但在实际的货币铸造经验中发现了一系列问题。这些问题主要与贪婪有关——金钱之爱是万恶之源。

此外，上帝将其形象加盖在人类身上，这引发了"高利贷"的问题，特别是联想到《马太福音》中的另一段话：按才受托的比喻（the Parable of the Talents）[①]时。这则寓言暗含为高利贷辩护甚至赞扬高利贷的意思。因为在寓言故事中，将"高利贷可以生息"这一事实，比喻为发挥了人的"才能"，为上帝获得了荣耀。但《圣经》中其他关于高利贷的典故都强调了其罪恶之处，主要是因为它暗示贪婪，缺乏兄弟般的同情心。然而，随着商业文化逐渐开始影响神学论述，特别是在宗教改革时期的神学论述中，人们

---

① 《马太福音》25: 13–30。

对高利贷的态度从近代早期开始发生改变。促成这一改变的关键人物是约翰·加尔文（Jean Calvin）①，他重新诠释了经文，将高利贷分为两类：用希伯来语"*neschech*"表示具有破坏力的高利贷；"*tarbit*"意为"增加"，表示更具生产力的高利贷。法定利率的最终确定，将"高利贷"与更为中立的"利息"区分开来，也与加尔文所强调的破坏力与生产力有息放贷之间存在差别的观点一致。总体而言，尽管人们试图区分宗教的精神术语和世俗的经济术语，但神学和货币问题之间的交集在近代早期依然存在。

上帝的印记

《马太福音》中，基督对于是否应继续向恺撒缴税的问题的回答，一直是宗教与国家或者说精神与世俗之间分离程度的争论重点。一些评论家用这段经文来区分两个领域的管辖权。例如，约翰·福克斯（John Foxe）的《行为与典范》（*Acts and Monuments*，首次出版于1583年）就颇具影响力，书中描述了1329年主教、神职人员与国王议会成员在巴黎的一次对话。其中一位参与者，彼得·德·库格纳（Peter de Cugner）勋爵代表国王发言，以上述《马太福音》中的经文为主题，阐述了这段经文中的两个要点：第一，"主教应温顺恭敬地服从至尊国王"；第二，"移交其精神方面的临时权限"。他援引了《路加福音》第22章来支持其第二点，并以两把剑来指代两种权限。

---

① 约翰·加尔文（1509—1564），欧洲宗教改革家，基督教新教加尔文宗创始人。

> 人的法则中，被授予的两种伟大恩赐是神职和帝国。神职人员管理神圣的事务；帝国治理人类的事务。他由此得出的结论是，这些权限与上帝的不同：一个仅限于教会，另一个则是尘世性的。（1583: sig. HH4r）

库格纳引用《圣经》来证明国家的权力与教会的权力是彼此分离且截然不同的。但人们通常认为君权神授，这使"尘世"和"精神"权限之间的区分变得更加复杂。理查德·沃德（Richard Ward）认为这段经文暗示上帝和恺撒都是统治者，但恺撒的权力从属于上帝。"上帝和恺撒不是对立的，而是从属关系；上帝为主，恺撒从属于上帝。因此，两者的管辖权限不同。"（1640: sig.Eeee 3r）其他评论家援引这段话来树立"因为恺撒（或国王）的权力由上帝直接授予，所以他享有神的委任权"的观点。基于这一观点，菲利普·梅兰希顿（Philipp Melanchthon）将这段经文解读为一种标志——基督"承认国王的职权，命令人向恺撒纳税，所有这些都属于国王，是国王的威严所在"。他还提到了保罗，保罗下令"要顺服于国王和统治者。必须服从的理由是，作为上帝的臣子和官员，他授命于上帝而非其他人，并且手握上帝的宝剑"（1548: sig. M5r）。"尘世"和"精神"的权限都从上帝获得权威，因此，双方均需明确其权威的意旨，以界定双方领域之间的明确界限，但这种界限的划分并非总是如此清晰。

大卫·兰德雷斯（David Landreth）[①]并没有关注权限的划分，而是将这段经文作为例子，将属于上帝的物质或"真实"事物与属

[①] 大卫·兰德雷斯，美国加利福尼亚大学伯克利分校副教授，主要研究文艺复兴时期的英国文学。

于恺撒的非物质或纯粹的"图像"区分开来。就硬币而言,硬币本身是真实事物,只有在其表面戳上印记之后才可以将其作为货币来使用。在这个关于"便士之谜"的讨论中,兰德雷斯在"革命的教会"和"冷漠的帝国"之间建立"妥协"关系,从而将便士提升到"本体论讨论的范畴",即"将便士分为两个方面,物质和形式,其中只有前者是真实的"(2012: 11)。归根结底,只有金或银才是真实的物质,且承载着非物质性的含义——恺撒的主张。尽管只有经过冲压工艺,金银才能成为硬币:

> "便士之谜"清楚地表明神圣权威和人类权威之间的紧张关系,这是硬币构成的特征。只有戳印图像,即人类权威恺撒的肖像,一枚便士才具有其硬币的形式,才能被称为一便士。但讽刺的是,"属于神的物"使恺撒的盖印地位一落千丈,成为一种表象或表面效果。假如一切都是属于上帝的,"属于恺撒的物"就纯属于概念范畴,是一个由非物质的图像构成的空集。那么,物质就是神对硬币的所有权。就便士上戳印恺撒的"肖像和字样"而言,它是属于恺撒的;就它存在于世而言,它是属于上帝的物。(2012: 10–11)

在这个例子中,耶稣之所以可以躲过陷阱,是因为他实际上承认了属于恺撒的"领域",但这种承认终究只是玩文字游戏,依旧维持上帝在硬币物质构成上的所有权。恺撒的所有权仅限于非物质性的图像领域内。

在这些例子中,耶稣对恺撒铸造货币的问题的回答,通常可以用来审视君主对真实的物质(或仅是非物质性的图像)是否拥有某些管辖权利。但尼古拉斯·欧雷斯米（Nicholas Oresme）却特地用这段经文来限制君主生产铸币的权力。在 14 世纪 50 年代的论著《货币论》（*De moneta*）中，这位唯名论者指出，这一段经文通常被解释为"硬币是恺撒的，因为恺撒的形象被戳印在上面"。因此，基督教导提问的人将恺撒的物还给恺撒。但因为欧雷斯米写这篇文章是为了回应法国国王对铸币进行贬值的行为，因此他对硬币所有权的性质提出质疑。欧雷斯米重新解释了这段经文，认为硬币之所以是恺撒的，只因为他是"为国而战的人"，但这并不表示他可以对硬币为所欲为，包括减少其贵金属含量（1956: 11）。在这种解读中，恺撒之所以应该得到贡税，是因为他为国效力，而不是因为硬币上有他的形象；硬币上的图像仅表明真实性，而非所有权。欧雷斯米利用精神领域和世俗领域之间的区别，建立防止君主滥用货币供应权这一普遍法则。

与铸币所有权和潜在的滥用铸币有关的问题，将"人类是一种硬币，创造时被戳盖上帝的印记"这一常用比喻复杂化了。G.W.H. 兰普（G. W. H. Lampe）认为，在《马太福音》描写税金的经文中，"提及人身上具有神圣形象可能原本就是耶稣的意图"（1951: 254）。该段经文将人类比作带有上帝戳印的硬币，承载着神的形象。在一次布道中，希波的奥古斯丁恳求基督徒：

> 因此，你要重获因罪而失去的上帝的形象。因为硬币上的君主形象是一回事，而上帝在其子民身上的形象则是另一回事：因为存在各种不同的形象；但君主的形象以一种方式刻在硬币上，以另一种方式刻在子民身上，甚至还以不同的方式刻在纯金上；因此你也是上帝的"硬币"；

甚至更好，因为你是上帝的"硬币"，拥有理性和生命，这样你可知道自己承载着谁的形象，你是根据谁的形象而造的，而硬币并不知道它承载着君主的形象。（Quoted in Schleiner, 1970: 113）

奥古斯丁在他的布道中提到了三种印记：君主在其硬币上的印记，君主作为上帝在其子民身上的印记，以及上帝在罪人身上的原始印记。他认为，罪会改变上帝所赋予的"硬币"，人只有当重获自己印记的价值时，才能返回赎罪之路，恢复"硬币"的全部重量。第二种印记，即父亲的印记，是指亚里士多德在其《动物繁殖》（De Generatione Animalium）中做过的一个比喻，即在生育过程中，"女人总是提供材料"，而"男人总是提供能将材料塑造成形的东西"，也就是灵魂的印记（1953: 185）。亚里士多德的比喻说的是一种印记，但这个意象通常被延伸到铸币。[1] 例如，在莎士比亚的《辛白林》（Cymbeline）中，波塞摩斯（Posthumus）用描述生产非法铸币的语言来描述通奸行为：

> 我们都是私生子，全都是。被我称为父亲的那位最可尊敬的人，当我的母亲生我的时候，谁也不知道他在什么地方；不知道哪一个人造下了我这冒牌的赝品……[1]
> （2.5.2—6^2）

波塞摩斯怀疑他的爱人伊摩琴（Imogen）对其不忠，由此认定所有女性都有错，这段话隐喻了女性用身体的材料与丈夫以外的人的"印

---

[1] 引自《莎士比亚全集》，人民文学出版社，朱生豪译，第5874页。——译者注

记"生下私生子的行为。波塞摩斯特地使用这个比喻让人们注意到生产"不道德的"硬币和孩子的可能性。

因为可能存在非法生产,人类承载上帝的印记这一比喻变得不堪一击。在《辛白林》中,波塞摩斯后来又用另一个有关货币制造的比喻,比喻中称,他此前是一枚合法硬币,拥有神圣的印记,后来发生变化,而非生来就是伪币。他在得知伊摩琴已死之后,为自己斥责伊摩琴不忠的行为而自责,他恳求神灵以命换命,让她重获新生:

> 把我的生命拿去,抵偿伊摩琴的宝贵的生命吧;虽然它们的价值并不相等,可是那总是一条生命,为你们所亲手铸下的。在人与人之间,他们并不戥量着每一枚货币,即使略有轻重,也瞧着上面的花纹而收受下来;你们应该把我收受,因为我是你们的。伟大的神明啊,要是你们愿意做这一次清算,就请拿去我的生命,勾销这些无情的债务。①(5.4.22–8)

从波塞摩斯的第一段话中可知,他从其他男人那里获得了非法印记,而这个人并非其母亲的丈夫。从他的第二段话中可知,他获得了神灵的印记,但由于他的所作所为,他生命的金属变得很"轻"。在第二个比喻中,波塞摩斯认为自己就像一个切割工,将金属从硬币边缘切割下来的这种行为在近代早期很普遍。然而,他希望原始印记能够不计较这种行为而保持他的生命价值。尽管最初,他以为母亲用她的"金属"材料与另一个男人的印记结合,生产出他这样的

---

① 引自《莎士比亚全集》,人民文学出版社,朱生豪译,第7439—7440页。——译者注

"伪币",但伊摩琴的死让他充满负罪感,也改变了他的想法。现在,他认为他生来就是一枚合法的、足重的硬币,但他的不道德行为改变了其神圣属性。

在1622年圣诞节的一次布道中,约翰·邓恩(John Donne)①在引用这个比喻时,也将上帝的印记与父亲的印记二者重叠。邓恩勾勒出基督获得其父亲印记的形象,将基督比喻为一枚新铸造的硬币,在圣母玛利亚的造币厂内接受圣灵的印记。他进一步延伸这种思想,将硬币用于赎回人们的债务——通常是物质和精神"债务"合二为——这些人已经改变甚至滥用最初借出的硬币:

> 首先,他必须对借出的钱,即人的本性和肉体,进行偿还。因为人犯了罪,所以人必须偿还。然后,借出的钱币甚至铸有上帝的形象,人就是按照他的形象创造出来的。这个形象在一个新造币厂即圣母的子宫里被污损了,创造出新的铸币。无形的上帝形象,即三位一体中的第二个位格,被烙印在人的本性中。(1953–62: 4: 288)

在邓恩的比喻中,基督的降生使当前的铸币标准得以恢复:他的生命是一份礼物,提供了偿还原始贷款所需的财富。但邓恩提到圣灵给基督提供新的印记,说明这种铸币比授予人类的铸币还要珍贵。因此,由于基督的救赎,人类积累的财富得以增加,这是金融版本的"幸运的堕落"。

同样,《马太福音》中基督被问是否应该向恺撒缴税的经文

---

① 约翰·邓恩(1572—1631),17世纪英国玄学派诗人、教士。

中也可能提到上帝的印记。兰普在尼撒的格里高利（Gregory of Nyssa）和马卡里乌（Macarius）等人的早期文献中发现了这个比喻，他认为，早期教会教父在这段经文中发现，在经文中耶稣有意将硬币上恺撒的肖像比作刻在信徒身上的神圣形象和带有上帝之名的铭文，这个信徒"成为主的硬币，获得君王之恩"。对于兰普而言，非法硬币代表了异教徒的灵魂，他们"并不承载圣灵的形象"，因此，"不能归入天国君王的府库"（1951: 254）。在马卡里乌的布道中，有一段话支持了这种说法：

> 作为金币，如果它没有国王形象的印记，它就不能在市场中流通，不会存储在国王的府库，而是被丢弃掉。那么同样，灵魂如果它没有不可言喻之光中的天上圣灵的形象，即使将基督刻在上面，它也不适合放天国的府库中，反而被天国中良善的商人、使徒们……抛弃。这是主印在灵魂上的印记和符号，是不可言喻之光中的圣灵。（1921: 225）

波塞摩斯将自己比喻成一枚伪币，意指自己由母亲和并非她丈夫的男人留下的印记所生，马卡里乌则用伪币的概念来比喻未获得基督真实印记反而获得其他宗教的虚假印记的异教徒。通过硬币这种意象，在道德与合法造币之间建立了一种具有代表性的联系，一方面授权君主和国家可以生产供其臣民所用的合法货币；另一方面也限制了国家在造币方面的权力，特别是遏制了通过贬低铸币价值而刮取民脂民膏的权力。货币作为带有印记的神圣礼物，是不应该被利用和滥用的东西。

将上帝的印记和恩典看作一种来自基督的货币礼物，这一观点让我们想起了《马太福音》中的另一段经文——按才受托的比喻。这在本就已经很复杂的关系中又增加了另一种有关货币的实践，即高利贷。16 世纪中叶，卢卡斯·范·杜奇（Lucas van Doetechum）雕刻的一幅画描述的就是这则寓言中的故事（见图 3.2）。在这则寓言中，主人分别给予了三个仆人一定数量的"塔兰特"[①]。这些硬币极具价值，一枚硬币的价值约为 6000 第纳尔（*denarius*，1 枚第纳尔相当于一个普通劳工一天的工资）（Hultgren, 2000: 274–275）。第一个仆人获得了 5 个塔兰特，第二个仆人获得了 2 个塔兰特，第三个仆人获得了 1 个塔兰特。前两个仆人拿走了硬币去做"买卖"（Matthew 25: 16），从而使手里的钱翻了一番。[3] 但第三个仆人"去挖地，把主人的钱埋藏了起来"（Matthew 25: 18）。过了许久，主人回来了，并"与他们算账"（Matthew 25:

图 3.2　按才受托的比喻，蚀刻版画，卢卡斯·范·杜奇（1530—1584）刻
版权 © Fine Art Images/Alamy.com，2017

---

① talent，银钱，才能。

19);每个仆人轮流向他展示现在各自所拥有的硬币数量。对于前两个仆人,主人都回答道:"好!你们这又良善又忠心的仆人,事无巨细且忠心耿耿,我要把更多的事委派给你们;过来分享你们主人的快乐吧!"(Matthew 25: 21)。第三个仆人试图对其埋葬硬币的决定和行为进行辩解:"主人啊,因为我知道您是个严厉的人,没有撒种的地方,您要收割;没有散播的地方,您要聚敛;我心里害怕,所以才把您的钱埋藏在地里。"(Matthew 25: 24–25)他向主人展示的只有他最初获得的塔兰特币。随后,主人斥责他所做出的决定:"你这又恶又懒的仆人!你既然知道我在没有撒种的地方要收割,在没有散播的地方要聚敛,就应当把我的钱放给兑换银钱的人,等我回来的时候,可以连本带利收回。"(Matthew 25: 26–27)他从这个仆人手中夺过钱,并将其交给最初获得 5 个塔兰特币的那个仆人(Matthew 25: 28)。然后,主人总结了从这三个仆人不同的决定中应该吸取的教训:"凡有的,还要加给他,让他有余;没有的,连他已有的也要夺过来。把这无用的仆人丢在外面黑暗里,没必要在那里哀哭切齿了。"(Matthew 25: 29–30)

这则寓言的大意很清楚,那就是人必须充分利用上帝给予的礼物或"塔兰特",在顺应上帝的旨意上尤为如此。阿兰德·赫尔特格伦(Arland Hultgren)在评论这则寓言时说,它"提醒基督教共同体,上帝将各种恩赐赐给所有人,而且赐予恩赐的方式各不相同",不过他也认为,"塔兰特"可能不是纯粹的恩赐,而是可以理解为"上帝所有的恩赐都是暂时的,就像是委托给人们的资金,也有时间限制"(2000: 279)。对于那个只获得 1 个塔兰特币的仆人而言,其问题在于,将硬币埋起来"意味着没有利用它,这种做法相当于根本没有接受任何托付"(2000: 280)。这则寓言也警示人囤积货币的危险，这相当于使经济平稳运行所需的货币不再参与流通。在这种观念下，货币应当被用于交换，而不是为了积累财富将其囤积起来。

这则寓言还暗示，允许"使用"金钱或从中获取利息，这与《圣经》中禁止高利贷的规定背道而驰。对于两位分别获得5个塔兰特币和2个塔兰特币的仆人而言，他们的货币回报的来源说得有些含糊。寓言中提到的这两个仆人用得到的塔兰特币去做"买卖"。总体来说，《圣经》里没有禁止贸易或行商的规定，允许通过商品交换来赚钱，这种想法有时是被称颂的。人们通常将其视为在面对金融风险时，愿意相信上帝的天命。但是与承担风险的普通商人不同，放高利贷者肯定会获得金钱回报，并且几乎不承担风险，而且这种金钱回报也不取决于是否相信上帝的旨意。一般来说，人们认为这种行为违反基督教原则，特别是当贪婪似乎成为收取利息的主要动机时更是如此。然而，只有在这则寓言中，主人斥责了第三个仆人，他"就应当把我的钱放给兑换银钱的人，等我回来的时候，可以连本带利收回"。这则寓言在宣扬运用个人才能为上帝带来荣耀方面无疑是个很好的例子，但其特别支持谋取利息的训诫似乎与基督教理念背道而驰。

然而，在近代早期，随着商业对于计息货币市场的需求日益增长，基督教国家对高利贷的态度开始有所缓和。一些宗教改革家，特别是约翰·加尔文，在区分对基督教社会有利的高利贷形式（*tarbit*）和具有破坏性的高利贷形式（*neschech*，还有其他多种拼写形式，包括 *neshech*、*neshekh* 和 *neshek*）方面，发挥了至关重要的作用。对于按才受托比喻中谋求利息的命令，我们可以将其理解为前者，即具有生产力的高利贷形式。

高利贷

高利贷在大多数基督教国家都遭到禁止，因为在《圣经》中有此禁令。例如，《出埃及记》（Exodus 22: 25）中记载："我民中有贫穷人与你同住，你若借钱给他，不可像放债者一样向他取利。"《申命记》（Deuteronomy 23: 20–21）中记载："借给外邦人可以取利，只是借给你弟兄不可取利。"（引述自 Jones, 1989: 7）后者表明可以向不被视为兄弟的人或"其他人"提供计息贷款。尽管如此，这种做法通常遭到谴责，被视为贪婪的一种形式，有损于灵魂。相关描述在关于死亡象征的寓言中都有所体现，如扬·普罗沃斯特（Jan Provoost）的《死神与吝啬鬼》（*Death and the Miser*，见图3.3）。除《圣经》的禁令外，反对高利贷的论述还引经据典，特别是亚里士多德的著作。对于亚里士多德来说，希腊语中的高利贷一词"*tokos*"（或"子嗣"）隐含一种非自然繁殖之意，扭曲了

图3.3 《死神与吝啬鬼》，扬·普罗沃斯特绘，16世纪初
来源：网络美术馆（Web Gallery of Art），无版权，2013（维基共享资源）

自然繁殖后代观。在近代早期，人们普遍认为，相比于繁衍后代，放高利贷者对赚钱更感兴趣。或者说相较于子女，他们更关心自己的财富，如《威尼斯商人》（Merchant of Venice）中描述道，夏洛克（Shylock）将被偷的"达克特币"视为失散的"女儿"。

16世纪之前，关于高利贷的经院哲学辩论主要围绕着高利贷（usura）和利息（interesse）之间的区别来展开。前者在任何情况下都是有罪的，后者通常分为两种情况："所受损失"（damnum emergens，即由于借款者无法偿还贷款而造成的放贷者的损失）和"所失利益"（lucrum cessans，即放款方由于借钱给别人而导致的潜在利润的损失）。后者，即现代经济学家所说的货币的"机会成本"，从经济学角度而非道德角度出发，解释了为什么应该对贷款收取利息。实际上，利率就是按可能放弃的回报来衡量的货币价格。在中世纪，这两个术语的区别仍然是争论的焦点，阿奎那允许前者出现，但拒绝将后者合法化。然而，到了15世纪中叶，即使高利贷在原则上仍然是一种罪，但"贷款可能会有风险"的观念为收取利息提供了合理依据（Jones, 1989: 11）。

经院哲学之争尤其围绕"三方合同"展开——这类合同允许一方付款给另一方，以使其承担贷款风险。到了15世纪80年代，这种合同实际上已经成为放贷者和借款者当事双方之间的合伙关系（尽管其仍被称为"三方合同"）。因此，正如诺曼·琼斯（Norman Jones）所写的那样："借款者为放贷者的损失提供保险，以换取较低但有担保的贷款回报率"（1989: 11）。这个概念在某种程度上类似于现在的"信用违约互换"。它允许金融机构，尤其是保险公司，购买抵押担保证券来承担风险——或者根据专业来说，与抵押担保证券捆绑销售，根据合同约定承担这些证券的风险。

有些人认为三方合同构成高利贷，因为套期保值（现代说法）的缘故，最终不会有任何贷款风险。[4]

15 世纪末 16 世纪初，《意图》（*Intention*）的发行使得讨论更加复杂，关于三方合同的争议此时再次出现。有人称三方合同构成高利贷行为，因为回报是有保障的。作为回应，以加布里埃尔·比尔（Gabriel Biel）、康拉德·苏门哈特（Conrad Summenhart）和约翰·埃克（Johann Eck）为代表的"杜宾根学派"在吉恩·格尔森（Jean Gerson）强调根据意图来衡量行为是否邪恶的观点的影响下，认为应该根据意图来确认贷款合同是否被归类为高利贷行为。他们坚持认为合同中并没有高利贷的意图，或许是因为它仅仅建立合伙关系，其中包含金钱的共同所有权，因此不存在真正的货币借贷；或许是因为合伙人出于合法的商业目的而向借款人请求贷款，并能从中获利。尤其是埃克，他的赞助人是矿业和银行业的大家族雅各布·富格尔（Jacob Fugger），在《特克塔斯合约》（*Tractatus contractu quinque de centum*, 1515）中，埃克声称，根据琼斯的描述，任何合同"都是完全合法的，只要利息适度，而且发生在真实的商业环境中"（1989: 12），这引起了广泛的争议。埃克甚至建议，只要不是意图压迫穷人，都应当批准收取 5% 的利息（显然，在当时的奥格斯堡，这是此类合同的现行利率）用于合法的商业目的。[5]

16 世纪中叶，由于查尔斯·杜·穆兰（Charles du Moulin）的努力，加上约翰·加尔文的权威性，使某些计息贷款者的地位得以加强。本杰明·纳尔逊（Benjamin Nelson）称，加尔文对于《申命记》的回应"预示着千年以来的高利贷理论坍塌"（1949: 69; 见图 3.4）。杜·穆兰在他 1542 年撰写并于 1547 年在巴黎出版的《合同与契约》（*Tractatus contractuum et usurarum*, *reditumque pecunia*

constitutorum et monetarum）中指出，贷款合同应（根据琼斯的描述）：

> 根据借款人的情况进行判断。如果穷人请求贷款，则必须自由放贷，而不期待任何回报。如果请求贷款的人虽然不是穷人但暂时需要帮助，也必须自由放贷，返还本金即可。如果有钱人请求贷款，则可以收取利息，因为这笔钱将被用来赚更多的钱，而放款人有权分享利润。只要收取的利息是合理的，向那些用钱生钱的人提供计息贷款就没有错。这些区别成为支持计息贷款的英国人的惯用手法。
> （Jones, 1989: 16）

杜·穆兰显然赞同"杜宾根学派"的观点，强调要衡量贷款合同的意图。任何人，只要在订立贷款合同时遵循黄金法则，该合同就不会构成犯罪。而且，如果贷款是出于慈善目的，则该合同实际上

图 3.4　约翰·加尔文，匿名〔汉斯·霍尔拜因（Hans Holbein）?〕，16 世纪 50 年代
来源：公共领域，2017（维基共享资源）

是高尚的。像埃克一样,他主张允许设置"合理"的利率,并且将利率设定为 5%。此外,他还提出需要关注的其他重要因素,即根据借款人具体的财务状况决定是否承认其借款合同的有效性。虽然向需要帮助的人提供贷款时,不应期望获得利息甚至本金,但货币和利息应在富人中自由流动,因为他们的货币用途具有创造性和生产性。

同样,约翰·加尔文在 1545 年的一封与朋友往来的书信中指出,有必要考虑借贷合同中借款人的情况。更重要的是,他重新诠释经文来支持这一立场。琼斯指出,加尔文的建议信函并非面向公众的,而只是向朋友表达自己的观点。这封信在多年之后才得以出版。实际上,他在信中告诫朋友不要将这些观点公之于众,因为他担心这将被视为推广所有形式的高利贷。然而,正如琼斯所写的那样,"在伊丽莎白时期,因为加尔文在宗教改革神学家中的地位,他对高利贷的看法家喻户晓"(1989: 19)。在书信中,加尔文称:"如果我们完全谴责高利贷,那么,与上帝的言辞相比,我们在良心上的负担是否会更重?"(1616: sig. F3r)他仔细阅读《圣经》,推翻了关于"《圣经》禁止所有的借贷"的说法。他认为在《圣经》中,没有任何经文完全谴责高利贷。例如,《路加福音》(Luke)第 35 节的经文说"借钱给人,不要指望偿还",加尔文将此诫命解读为"借钱给穷人而非富人",因此,我们看到,《圣经》并非完全禁止高利贷"(1616: sig. F3v, F4r)。另外,通过经文中所举的例子,加尔文发现放高利贷者遭到禁止,"只是因为他们有悖公正和慈善"(1616: sig. F4v–G1r)。在这封书信的结尾,他列出贷款合同应遵循的七个警告。其中的第三个警告是:"贷款合同中的任何条件必须与自然公正相符，与基督的诫命一致，否则便不得插入或包含在内。也就是说，你想要别人怎么对待你，你就要怎样对待别人"（sig. G2v）。与杜·穆兰一样，加尔文也认为，只要贷款人遵循黄金法则并且没有对借款人存有人身损害的意图，贷款合同就没有任何问题。

但加尔文最重要的贡献是，他发现希伯来语经文，尤其是《以西结书》（Ezekiel）中的一句话，使用了两个不同的与高利贷相关的术语：*neschech* 和 *tarbit*，[6] 我们对此已经很熟悉：

> 先知以西结更进一步：虽然他排除出犹太人引发上帝愤怒的可憎之举，却使用两个词。一个是 *neschech*，意思为"高利贷"，这个词源于某个动词，意为"咬"或"噬"；另一个是 *tarbit*，意思为"增长"或"扩增"。（1616: sig. F4v）

加尔文特别关注的是，高利贷不应该咬噬穷人。实际上，于他而言，*neschech* 中"咬"的含义等同于对穷人的特殊侵害。在有关《申命记》的讲道中，他写道，《圣经》中使用了 *neschech* 一词，"是指穷人因高利贷而遭到咬噬、吞噬"（1583: sig. Zzz3v）。在1545 年书信中，他的第一个警告便是"不得向需要帮助的人和穷人收取高利贷利息，换句话说，不得向处于贫困痛苦中的人强行收取高利贷利息"（1616: sig. G2r）。同样，在第二个警告中，他对贷款人因沉迷于利息收益而忽略对穷人的影响表示担心，"为保证他的钱是安全的，在放贷时，他毫不怜惜贫穷的弟兄"（1616: sig. G2r）。从加尔文的阐述中可以看出，经文中的 *neschech* 特指那些压迫穷人的高利贷，而不是普通意义上的所有贷款形式。

此外，第二个词 *tarbit* 可能指代贷款合同中积极的一面。加尔文对经文的解释与后来的评论家，如亨利·史密斯（Henry Smith）等人的观点背道而驰，后者认为《圣经》中只有一个高利贷词汇。"如果既有'咬噬性的'高利贷，也有'治愈性的'高利贷，那么高利贷应该有两个名字；一种是咬噬性的，另一种是治愈性的。但所有的高利贷都指代咬噬性的，这证明所有的高利贷都是不合法的"（1591: sig. A6v）。而加尔文则说明，事实上高利贷确实有两个名字，尽管 *tarbit* 是否具有积极含义仍然是一个争论点。第一个词 *neschech* 的含义显然是具有破坏性的，但后者 *tarbit* 的含义却并不清楚。例如，菲利普·凯撒（Philipp Caesar）认为 *tarbit* 与 *tokos*（非自然增长）的意思相近。"*tarbit* 意为恶性增长，因为高利贷者认为不能结出收益的东西也要有收益，这对信奉人种学的人来说，有悖于自然"（1578: sig. Clv）。琼斯在对加尔文的评论中认为，加尔文将 *tarbit* 理解为"合理增长"（1989: 18），但仅从书信的上下文来看，尽管他通常认为并非所有高利贷都应被禁止，但哪些高利贷该被禁止仍不清晰。加尔文在有关《申命记》的讲道中进一步阐述了他的观点：

> 因此，上帝不会禁止一切获利的方式。否则，人们可能根本赚不到钱。因为如果这样，我们就必须搁置所有商业活动，并且也不能合法地进行买卖。如果一个人拿出自己的财物，不承担任何损失而获得利润或增值，与此同时，他人因此遭受物质上的损失——即不管是否伤害邻里，他都只看能否使自己富足，那么，应当禁止这种行为。（1583: sig.Zzz3v）

通过加尔文的布道，我们发现，他认为只要不损害借款人的利益，贷款人积累财富的行为就不算坏事。商业和交换可能对双方都有利。如果贷款对双方都有利，为什么不准放贷呢？如果借款人可以合理利用贷款所得的资金，所获收益至少等于所缴纳的利息，那么，付给放贷方的利息就是合法的。[7]

1550年前后，马丁·布塞尔（Martin Bucer）独立发展了加尔文对高利贷的观点。他就这个问题，与剑桥大学彭布罗克学院院长约翰·杨（John Young）展开了一场著名的辩论。尽管这场辩论的日期和地点没有确切的记载，但在1550年，布塞尔发表了《高利贷论》(*Tractatus de usuris*)，阐述其关于高利贷的观点。争议主要源自1545年议会就英格兰是否应该允许10%的利率展开的辩论。杨持保守观点，认为所有的高利贷都是有罪的；而布塞尔与加尔文一样，认为《圣经》并没有禁止所有的高利贷。与加尔文和此前支持高利贷的辩护者一样，布塞尔认为，在贷款合同中，放贷方应遵循黄金法则，应考虑借款人的具体情况，不应剥削穷人，因此不应期望穷人的任何回报；但如果是向商人放贷，那么，你仍然可以遵循黄金法则，谋求回报，因为商人可能会用钱生钱（Jones, 1989: 19–22）。

加尔文所提出的观点，又一次说明了只有"neschech"这种"咬噬"借款人的贷款合同才可以被归类为窃取，因而为《圣经》所禁止。确实，按照查士丁尼法典，在英格兰，10%的利率是合法的。罗马法允许12%的利率，德国允许5%的利率，苏黎世允许3%的利率。"然而，无论在哪国，社会都对公认的必要的利率标准进行了许可和调整"（Jones, 1989: 21）。[8]因此，布塞尔是第一个在允许10%的合法利率与仅禁止"咬噬"性高利贷之间建立明确联系的人。而在他的回答中，隐含之意是，只要考虑到了借款人的情况，任何高于此利率的借贷都可能被认定为"咬噬性的"；而低于10%或更低的利率都可以被视为"非咬噬性的"。加尔文在他的第七个警告中也提到"在任何国家或者英联邦，我们都不能越过协议的内容或范围"，同时指出并非所有贷款均应在法律层面上进行。"因为这通常会带来损失，《基奥尔条例》（Ciuill Ordinance）中的任何一项内容都不能遭到修改或受到限制。因此，正直是第一位的，也是首先要考虑的"（1616: sig. G2v–G3r）。但对加尔文而言，*neschech* 主要是指对穷人的剥削；而对布塞尔来说，*neschech* 不仅意味着通过收取任意利息来剥削穷人，还意味着通过收取利率过高的利息来剥削商人和其他生意人。在总结高利贷辩护人的观点时，琼斯写道，"虽然他们谴责了那些'咬噬性的'贷款，但他们愿意容忍那些以合法经商为目的的计息贷款"（1989: 19）。

1545年那场议会辩论的结果是，颁布了一项法令废除以前的高利贷禁令，并允许最高10%的贷款利率。然而，这场辩论并没有就此结束。1552年，又颁布了另一项法令废除1545年允许某些贷款的相关法规，并再次禁止了所有的计息贷款。然而，到了16世纪70年代，辩论再次升级，以前的一些比喻再次被拿来证明某些形式的高利贷具有合法性。最终在1571年出台高利贷法令的议会辩论上，女王的拉丁文秘书约翰·沃尔利爵士（Sir John Wolley）援引加尔文和布塞尔曾经引用过的经文（虽然使用的是拉丁词语"*morsus*"，而非希伯来语），以及早期《圣经》学者的解释作为依据，来为计息贷款合同辩护：

在《圣经》中,他(沃尔利)说,希伯来语是如此回答这个问题的:谁都不肯掏钱(Qui non dat pecuniam suam ad morsum)。所以,只有咬噬性的和充满欺诈的交易是为人所不喜的,别无其他。这就是最著名的学者伯撒(Beza)的看法和解释,也是现如今贝拉尔米内(Bellarmine)和其他人的观点,他们认为这个希伯来词语的正确解释不是usura(高利贷),而是morsus(咬)。(D'Ewes, 1682: sig. Z2v)

托马斯·威尔逊后来撰写著名的《关于高利贷的论述》,他引用了希波的奥古斯丁的一句话"只喝一杯酒就是高利贷"来论述所有的高利贷实际上都是"morsus"。另外,诺顿先生(Mr. Norton)在最后的演讲中指出:

所有的高利贷都是咬噬性的,正如盗窃一词包含拿走某人财物等各种有害行为。又比如,诽谤一词被认为是谋杀或杀人。因此,我们说高利贷无异于是在咬人,这是很公道的,两者密切相关,紧密相连,难以分割。(D'Ewes, 1682: sig. Z2v, Z3v)

辩论再一次围绕着这个问题展开——就不同的界定方式而言,是否有两种不同类型的高利贷?或是否存在对联邦造成破坏的高利贷行为?那些不愿意通过准许以任何形式赚取利息的行为存在做出妥协的人,想要建立统一的高利贷原则,而这统一原则本身就有悖于基督教的道德观。

尽管反对高利贷的声音层出不穷,但禁止高利贷的法规最终还是于 1552 年被废除了，这主要是因为该禁令带来了更多的问题。与不禁止高利贷时的情况相比，禁令实际上催生出更多的剥削性高利贷案件。英国人对此做出妥协，再次允许设置 10% 的最大利率，前提是这样做符合整个联邦的利益。在加尔文的书信中，他的第六个警告便提到需要考虑联邦整体福祉的重要性。在高利贷立法问题上，他认为，我们还应该"考虑什么对英联邦有利：把商人支付的高利贷利息当作公共税金。因此必须要小心，以防我们的国家因此而跌倒，使英联邦受到伤害"（1616: sig. G2v）。随后，弗朗西斯·培根（Francis Bacon）从英联邦利益的角度出发，也提及 neschech 一词，他建议设置两种利率，"一种是自由的，对所有人都适用"，培根建议将这一利率设置为 8%；而"另一种只能得到许可后方可使用，针对某些人和某些商业场合，并且应由市场确定"（2002: 423）。实际上，培根使用这个比喻的言外之意是为合法的高利贷辩护。他将高利贷带来的纯粹"咬噬"与禁止高利贷带来的商业行为缺失进行了对比，后者最终会吞噬人：

> 如果没有这种简单的计息贷款，人们的贫穷就会将他们引向最突然的毁灭。彼时，他们将被迫出售自己的财产（无论是土地还是商品）。因此，尽管高利贷会咬噬他们，但糟糕的市场却会将他们吃干抹净。（2002: 422）

借贷实际上可以防止人走投无路、消耗殆尽。但应选择适当的利率，也就是说这种"咬噬"应该适度。因此，培根在确定所有人共同的合理利率时建议"磨去高利贷的牙齿，不要咬噬得过多"（2002: 423）。

同样，在 17 世纪初著书立说的安德鲁·威利特（Andrew Willet）也采用了这个比喻。但他认为适度的利率根本不会咬噬人，"与其打磨牙齿，不如将它们全部去除"。[9] 此外，适度的利率甚至不会被视为高利贷，与早期反对合法高利贷的人一样，威利特认为高利贷的同义词为 neschech：

> 收取的利息一定要适度，而不能过分，你不能用高利贷来压迫他人。这个词是 neschech，即咬噬性的。但高利贷本身不能是咬噬、刺骨或吞噬……因此，国家法律要抑制利息过高的高利贷。每一英镑收取两个先令或者每一百英镑收取十个先令，那么本金和利息都被没收。（1633: sig. Oo4v）

与早期经院哲学评论家一样，威利特将"利息"和"高利贷"加以区分，但他使用一种全新的区分方式。在此以前都是采用定性的方式来确定利息——以未偿还或已放弃的利润来确定贷款损失；而威利特采用的是定量的方式来区分。任何低于 10% 的利率都将被视为"利率"，并且完全合法，而高于 10% 的利率将被视为"高利贷"。这已经类似于我们当代对"利息"和"高利贷"的划分。我们发现，威利特清晰地阐述了其道德立场和经济观念之间的联系。从道德角度来说，他认为高利贷不应该是咬噬性的；从经济角度来说，10% 的利率被认为是"合理的"。

如前文所述，"高利贷"仅仅指代收取过高的利息。建立"高利贷"与"利息"之间的区分，取决于生产与破坏之间的区别，前者用 tarbit 一词来表示，意为"增长"；后者用 neschech 一词来表示，意为"咬噬"。而后一种表述在人们试图将某些计息贷款类型合法化时显得尤为突出。由此,"高利贷"和"利息"之间的边界便建立起来了。虽然根据 tokos 的概念,无论利率多低,任何钱生钱的行为都被视为"不自然的",但支持计息贷款的人在区分破坏性的高利贷(即"咬噬性的"高利贷)和非破坏性的高利贷(甚至是高利贷的有益形式)时,会用到 neschech 这个词。例如,约翰·加尔文的关于阐述高利贷的书信最初并不打算公之于众,但在随后的辩论中仍然产生了重要的影响。他对《圣经》中关于高利贷的两个希伯来词语进行区分,即 neschech 和 tarbit,后者有"增长"之意,与亚里士多德的 tokos 相似,但其中没有必要的"不自然"含义,它通常被解释为"合法增长"。neschech 代表应被禁止的有害形式,而 tarbit 则包含了有益的贷款形式,这一结论在经院哲学讨论中都得到认可。1571 年,英格兰内部达成了妥协(支持早前亨利八世时期的法规),即设定合法利率为 10%,实际上指定了 neschech 和 tarbit 之间的界限。支持设置最高利率的人的普遍论点是,贷款不应咬噬借款人,尤其是在借款人赤贫的情况下,但是以合理利率放贷则可能惠及整个联邦的商业。

在《马太福音》中,耶稣宣告:"恺撒的归恺撒,上帝的归上帝"。这句经文引发了全世界的广泛思考:哪些事物与上帝直接相关,哪些事物与上帝没有关系?二者之间的界限是什么?货币和铸币似乎只是国家和世俗的当权者所关注的范畴,但是,正如本章所阐述的那样,关于铸币的比喻和货币积累的道德性论证成为神圣与和世俗利益趋于一致的关键点,并经常给货币使用的实际情况带来紧张局面。在理想的形式和实践中,货币可以将上帝与人类的关系,以及能够造福所有社会成员的公共关系进行有益的概念化。然而,在现实中,货币滥用的情况时有发生,诸如伪造、剪裁、贬值、囤积和"咬噬性的"获取利息的行为,这个过程揭露了货币的道德问题仅靠"归恺撒"这句话似乎不足以实现基督教理想。只要基督教的价值观继续对经济实践产生影响,货币滥用引发的这种紧张关系就会继续存在。只有当经济脱离道德和伦理的支撑时(但在一定程度上仍是一个争论的问题),我们才能将耶稣的话理解为它明确指出存在两种截然不同的非冲突管辖权领域。

第四章
Chapter 4

货币与日常生活：
名誉、历史及对非洲东海岸的象征意义

斯蒂芬妮·云茵-琼斯（Stephanie Wynne-Jones）

本章提出了一个问题——"货币是做什么用的？"[1] 对沦为殖民地之前的非洲东海岸的货币研究回答的就是这个问题。文艺复兴时期，整个非洲东海岸都是伊斯兰世界不可分割的一部分，并与东至中国、西至地中海的国家和地区建立了一定的贸易联系和知识上的往来。对东非铸币的研究也是饶有趣味的。因为非洲东海岸地区的人们被统称为"斯瓦希里人"，他们属于伊斯兰世界的边缘地区的人民。他们虽然了解伊斯兰中心地区的人文习俗，但并不会受到中心地区的直接控制，而是保持着自己人文习俗。在非洲东海岸，虽然只有为数不多的几个地方铸造硬币，但硬币的使用却很活跃。基尔瓦（Kilwa Kisiwani）和摩加迪沙等铸币中心铸造的硬币在沿海地区和各城镇居民间广泛流通。自古以来，硬币的发展都与沿海地区的殖民占领息息相关，与从 8 世纪开始就在此地发展起来的贸易社会紧密相连。

本章重点关注的时期是 14 至 16 世纪，与其他地方的被称为"文艺复兴"的时期相吻合。在殖民地时期之前，环印度洋世界的贸易网络中，非洲东海岸达到了商业繁荣的顶峰，而斯瓦希里人则是其中的活跃参与者。在这一时期，非洲东海岸的一些贸易城镇开始出现宏伟的城镇景观，很明显这是由富有的商人精英们主导的。这群人是伊斯兰教徒，不仅见多识广，而且也很了解伊斯兰世界中其他地方的物质和习俗。这是一个非常有趣的时期，与殖民地时期之前的斯瓦希里大繁荣的黄金时期有关的历史物件值得我们探索。在坦桑尼亚南部海岸的松戈姆纳拉遗址的考古挖掘中，我们特别幸运地获得了有关这一时期的高分辨率数据（Wynne-Jones and Fleisher, 2010, 2011）。考古过程中发现的硬币提供了一些与当时的时代背景相关的信息，使我们对作为该地区日常生活的一部分，而非作为城镇贸易中如黄金、象牙、布料等大宗商品的一部分的硬币的价值评估和用途有了新的认识（Fleisher and Wynne-Jones, 2010; Wynne-Jones and Fleisher, 2012）。

本章关注的重点不是硬币在货币流通方面的用途。相反，本章将探讨硬币的其他使用方式，包括作为价值存储和标记的手段、作为房屋地基中的夹层、作为坟前的祭品、作为装饰和展示的物品，以及作为创建和维护历史的纪念品。纵览人们使用货币的历史，思考本章一开始提出的问题——货币是做什么用的？在殖民地时期之前的斯瓦希里海岸，就所有这些用途而言，硬币并非唯一的选择。那为什么还要使用它，为什么人们认为硬币有用呢？

当然，这一系列讨论和数据都与特定的时间和地点有关。本章末尾，我们将这些针对斯瓦希里海岸提出的问题置于更广阔的伊斯兰铸币世界。虽然非洲东部有其独特的特征，但对这一地区的某些研究视角也可能为研究世界其他地方的硬币使用情况带来一些启发。尤其是，这提升了我们对铸币与权威机构之间关系的认识，丰富了伊斯兰世界各地区开发自己专用的青铜铸币的方式，并促使我们探索世界上以前没有铸币传统的许多地方开始采用硬币的原因和机制，这些地方的硬币和价值体系大多源于伊斯兰世界。

非洲东海岸的铸币及价值

非洲东海岸的许多地方都铸造斯瓦希里硬币。这片沿海地区自古以来就是一系列城市中心的所在地，由于当地有用珊瑚石建造建筑的传统，因此通常又被称为"石头城"（见图 4.1；Kusimba, 1999; Horton and Middleton, 2000; Wright, 1993）。斯瓦希里海岸的城镇拥有悠久的发展历史，从大约 7 世纪开始，人们便在此定居。虽然最早的建筑遗址显示完全是由泥土和茅草建造而成的，但从一开始便是极为复杂且完善的定居点。这里居住着多民族人口，开展多种经济活动，包括农业、畜牧业和各种手工艺品制作。而且，从一开始，当地人就与非洲腹地深处和印度洋沿岸其他各地的合作伙伴建立了贸易往来。这些贸易关系在某些重要的方面界定了斯瓦希里的角色。随着城镇在这些早期根基上发展起来，斯瓦希里人继续放眼外界，他们将自己定位为伊斯兰商人与其他非洲邻居之间的中间商。

有证据表明，早在 8 世纪，穆斯林就出现在了该沿海地区（Horton, 1991, 1996; Fitton and Wynne-Jones, 2017）。他们在该沿海地区开展伊斯兰学术和宗教活动，这一传统历史悠久，并一直延续至今。从 11 世纪开始，人们使用珊瑚和石灰建造房屋，并形成

图 4.1 非洲东部地图（标注了文中提及的主要地点）
绘制：斯蒂芬妮·云茵-琼斯

了该地区独特的城镇景观，其中包括清真寺、陵墓以及后来的豪宅，该沿海地区的居住人口日益密集（Garlake, 1966）。自始至终，斯瓦希里人通过广泛的联系网络，包括与印度洋沿岸其他国家之间的贸易、宗教往来和以血缘关系为基础的交流往来，与外界建立了多重联系。当然，这些联系是由更大范围的经济发展轨迹所造成的。8世纪时，巴格达阿拔斯王朝哈里发时期的贸易激增与斯瓦希里首次出现的贸易大幅增长相吻合。而且，可以看出该沿海地区定居点的数量增减与沿海经济的发展盛衰是一致的（Horton, 1987）。到 14 世纪和 15 世纪，这里的沿海城镇已经与波斯湾、红海地区的埃及法蒂玛王朝、印度西海岸的港口（尤其是古吉拉特），甚至中国都建立了贸易联系。15 世纪初，郑和下西洋，在斯瓦希里海岸的多个地方停靠过，相关证据源自这一时期的考古记录（Qin and Yu, 2018）。

铸币的生产和使用便是这些斯瓦希里城镇与伊斯兰世界往来的产物之一。斯瓦希里铸币创造之初的理念应该与斯瓦希里人对伊斯兰世界的认识有关，而且斯瓦希里铸币的某些特征也与伊斯兰领域有关。最显著的伊斯兰特征，也许是斯瓦希里硬币上不仅刻有阿拉伯文，还引用了安拉的名字、虔诚的美德和伊斯兰教所倡导的训诫等。然而，硬币的风格却是斯瓦希里世界所独有的（Brown, 1993）。硬币上并没刻印日期或造币厂的细节，却在正反两面都有一对押韵的联句，带有某个特定的统治者的名字，以及一句歌功颂德的短句。类似的硬币形式只出现在 7 世纪和 8 世纪信德（Sind）地区统治者的硬币（Hawkes and Wynne-Jones, 2015: 13ff）以及埃及的一些护身符中（Brown, 1993）。

造币厂和统治者

最早的斯瓦希里硬币应该是在桑加铸造的银币，其历史可以追溯到 8 至 10 世纪，并从此确立了在硬币上刻印与穆罕默德和阿卜杜拉有关的铭文的标准（Brown, 1992, 1996）。桑加的历史并未阐明这些人的地位，也没有说明这些人在桑加的权威性。这种硬币只有 20 枚，可能只在有限的范围内流通和使用。相比之下，非洲东海岸产量最大的造币厂位于基尔瓦，从 11 世纪起，这里已经生产了上万枚硬币。尽管其中不乏贵金属硬币，但这些硬币主要还是由铜合金打造而成。人们发现，奔巴岛的马塔布维·姆库（Mtambwe Mkuu）聚藏了 2000 枚银币，其中包括 30 枚阿里·伊本·哈桑（Ali ibn al-Hasan，基尔瓦目前已知最早的铸币发行者）硬币（见图 4.2；Horton Oddy, and Brown, 1986），这补充了关于基尔瓦早期硬币的罕见发现（Chittick, 1973）。阿里·伊本·哈桑铜币是该镇历史上数量最多且占首要地位的硬币（请参阅下面的讨论）。14 至 15 世纪，在这些早期硬币继续流通的同时，还新发行了一些其他的硬币（Fleisher and Wynne-Jones, 2010）。那时银币似乎已经不再继续流通了，在基尔瓦的考古地层及松戈姆纳拉和马菲亚岛的相关遗址中只发现了铜币。尽管在公元 1000 年后，其他地方也铸造硬币，但没有任何城镇的硬币数量和流通范围可与基尔瓦相媲美。基尔瓦型硬币是斯瓦希里铸币的典型代表，在东非沿岸的遗址中被发现。其

图 4.2　马塔布维·姆库聚藏的银币，印有阿里·伊本·哈桑肖像
来源：马克·霍尔顿（Mark Horton）拍摄并提供

中一枚甚至在大津巴布韦遗址中被发现，当时，这里是一个地处津巴布韦高原的贸易小镇，深入非洲内陆（Huffman, 1972）。

对基尔瓦型硬币的研究由来已久（Walker, 1936, 1939; Walker and Freeman-Grenville, 1956; Chittick, 1965, 1973; Freeman-Grenville, 1957, 1958, 1971）。最初，人们在一系列聚藏和收藏中发现了这种硬币，并通过与《基尔瓦编年史》（The Kilwa Chronicle）的比较来确定年代。《基尔瓦编年史》记录了基尔瓦的本土历史，是斯瓦希里海岸现存的最早被手抄誊写的少数几部编年史之一（Freeman-Grenville, 1962）。这部编年史原本以口头形式流传，在16世纪被葡萄牙编年史学家抄录。后来的一个版本——在大多数方面都与之前的那个版本相似——于19世纪用阿拉伯语抄录。《基尔瓦编年史》阐述了基尔瓦的起源故事，记录了几个世纪以来的统治王朝。关于如何正确看待并使用这些历史叙事仍然存在尚未解决的争论，其中一些历史叙事也许被视为寓言更合适；有些与被抄录时的环境有关；还有一些显然是准确的史实，因为已经通过其他资料得到了证实。从某种意义上来说，这些硬币为《基尔瓦编年史》提供了一种检验真实性的依据，硬币上发现的许多（尽管不是全部）名字都可以在《基尔瓦编年史》的叙事中找到。而另一方面，因为硬币本身并没有刻印日期，编年史则成了一种确定硬币相对日期的方式。将这一结果与发现硬币的考古环境进行比较，然后制成初步的年表。随着考古数据的完善和扩充，这张年表会随之修正（见表4.1）。

表 4.1　主要基尔瓦型硬币的年表

发行硬币的基尔瓦统治者	目前已知的造币日期（Perkins, 2013: 228）
阿里·伊本·哈桑	1100 年
达乌德·伊本·哈桑	1150 年末
西雅特斯	1150—1275 年
苏莱曼·伊本·侯赛因	1275 年后，因为其与苏莱曼·伊本·哈桑时期的硬币在风格上极为相似并出现交叉
苏莱曼·伊本·哈桑	1300 年
哈桑·伊本·苏莱曼	1330 年
达乌德·伊本·苏莱曼	1340 年
哈桑·伊本·塔鲁特	时期不确定
纳西尔·阿德顿亚	1350 年之后，1400 年之前

　　14 至 15 世纪，有大量不同的基尔瓦型硬币同时处于流通状态。形成这种多样性的部分原因是，硬币在被首次打造后似乎会在相当长的一段时间内被继续使用。这可能是因为人们持续铸造热门硬币或出于收藏的目的停止了其流通（Fleisher and Wynne-Jones, 2010）。但最近对铜合金进行的元素分析表明，在当时，造币是有时间段限制的，并且硬币的使用寿命非常长（Perkins, 2013）。因此，在这几个世纪中，数量最多的一种硬币是上文所讨论的 11 世纪带有统治者阿里·伊本·哈桑肖像的硬币，他在位期间有数万枚硬币被打造出来。除此以外，还有一系列其他类型的硬币，最著名的是带有哈桑·伊本·苏莱曼（Hasan ibn Sulaiman）肖像的硬币，他是 14 世纪早期的统治者，以慷慨大方而闻名。1331 年，伊本·巴图塔（Ibn Battuta）访问基尔瓦时，遇见的就是这位苏丹（某些伊

斯兰国家统治者的称号），而他的硬币多见于15世纪。

周围环境及考古学

硬币的发现贯穿于基尔瓦遗址的整个考古过程中，每个地层、各种环境中都散落着硬币。在基尔瓦遗址的挖掘过程中，考古学证据和钱币学证据相互印证彼此的正确性，但这种方法也存在一定的缺陷——就硬币在日常生活中的用途而言，这样的探索并不那么有用（Chittick, 1974）。主要问题是在发掘基尔瓦的矿床时并没有做足空间控制工作，只着重确定年代及其发展历程而没有考虑日常生活。因此，无法将考古现场发现的硬币与日常生活中的细节或实践联系起来。考古矿藏未经筛分就被大规模挖掘，意味着还有更多未被发现的硬币（珠子和其他小物件的发现也很少；Wood, 2000, 2011）。此外，该遗址大规模发掘的重点关注时期并未聚焦在14至15世纪，即基尔瓦财富和地位的鼎盛时期，其重点关注时期反而在基尔瓦的起源与发展阶段。直到最近，了解基尔瓦型硬币的最佳收藏品还是那些通常被称为"聚藏"（hoard）的硬币，它们实际上通常是殖民地官员的收藏品，直到20世纪才被用于考古研究（通常道路曲折；Perkins, 2013）。这些硬币收藏品提供了基尔瓦铸币的一个缩影，也让人们了解到这种硬币稀疏地分布于东非沿海的广大区域，主要聚集于基尔瓦领土的遗址之下，其中主要是松戈姆纳拉和马菲亚岛（Sutton, 1993, 1997）。

松戈姆纳拉是14至15世纪的一个城镇，坐落于毗邻基尔瓦的一个岛屿上。最近，在松戈姆纳拉的大规模发掘工作为这一古老地区的货币研究提供了新的发现（Wynne-Jones and Fleisher, 2010, 2011, 2016）。这些发掘工作探索了整个遗址的使用空间，并首次将硬币置于矿床环境中，从而使全面思考基尔瓦型硬币的用途和价值成为可能（Wynne-Jones and Fleisher, 2012）。对于以前的学者来说，这似乎是不言而喻的。但这次挖掘工作与以往有所不同，它将探索硬币的日常用途作为首要目的，而这些硬币在日常生活中并非仅仅被当作金钱使用。从已发现的硬币类型和目前已知不同类型硬币的发行比例中，我们可以发现铸币在某些象征意义方面的重要性，它们与某些统治者或具有影响力的人物息息相关。从世俗家庭场合到宗教仪式场所，再到完全退出流通领域的收藏品，这些都表明硬币在多个不同领域发挥了重要作用。

国际标准和三元金属体系

所有这些认知都与基尔瓦型铜币有关。基尔瓦型铜币是分布最为广泛，也可能是产量最多的基尔瓦型硬币。这类硬币属于包括金币和银币在内的三元金属体系。因此，斯瓦希里海岸的硬币应被纳入广义的伊斯兰世界货币体系中。因为在伊斯兰世界货币体系中，也是由金币第纳尔和银币迪拉姆，以及小面额的铜币三者共同构成国际价值计量的标准（Mitchiner, 1977; Broome, 1985）。非洲东海岸的金币和银币种类可能比我们现在所知道的还要丰富许多。通常，这些金属在考古遗迹中保存得并不理想。然而，在全球许多考古环境中都发现过金银铸币。如果金币和银币是非洲东海岸的通用货币，却找不到金银币存在的痕迹，这未免就很奇怪了。但斯瓦希里的贵金属铸币似乎更为罕见和特别。前文已经提到过阿里·伊本·哈桑的银币。尽管在 11 世纪的基尔瓦聚居区遗址中，也发现过零星的银币（Chittick, 1974），但发现银币数量最多的，还是在马塔布维·

姆库的聚藏中（Horton et al. 1986）。不过在接下来的几个世纪中，均没有发现这种硬币。这表明随着时间的变化用于铸币的金属可能会发生改变（Perkins, 2013: 205-218）。根据银币与铜币的不同分布来看，银币可能还拥有区别于铜币的其他功能。在桑给巴尔群岛的奔巴岛上发现的聚藏表明，银币的运输范围要比铜币远得多，虽然银币主要在基尔瓦附近使用，但也可能参与地区之间的交换。金币只出现在三个单独的案例中（Brown, 1991），而且三者都可以追溯到14世纪，都属于上文提及的那位富有的统治者哈桑·伊本·苏莱曼。众所周知，哈桑·伊本·苏莱曼曾向麦加朝圣，因此，布朗（Brown, 1991）认为，这些特殊的金币可能被用于沿途分发。这些金币的版面制式与铜币不同，使用的是哈桑·伊本·苏莱曼的绰号——"礼物之父"，而不是他的真实姓名。

因此，斯瓦希里海岸的三元金属货币体系与其他伊斯兰世界的第纳尔金币、迪拉姆银币和青铜硬币的等级划分体系不同。金币和银币的存在年代并不是连续的，并且显然与某种特定类型的交流互动有关，而与沿海地区人民的日常生活无关。在这个时期的这个地区，白银可能很稀缺（Perkins, 2013: 144），但黄金是基尔瓦的主要出口商品之一，而且黄金还有其他用途。

基尔瓦和黄金贸易

16世纪初，葡萄牙人抵达基尔瓦。根据葡萄牙人的记载，这是一个富饶奢华的小镇，从居民华贵的衣着可以看出他们在物质上富足有余。据记载，基尔瓦的妇女用黄金珠宝、珠子和精致的进口织物作装饰，极尽奢华（Pallaver, 2009）。一位曾于1505年在基尔瓦参与抢劫掠夺的葡萄牙水手说："我们从那里掠夺了黄金、白银、珍珠、金块以及各种贵重器皿等战利品，其价值无法估量。"（Vespuccius，引述自 Prestholdt, 1998: 38）从非洲东南部开始途经基尔瓦进行黄金贸易，是葡萄牙人在该地区的主要野心之一，葡萄牙人的最终目的是直接从莫桑比克海岸获得供给，削弱基尔瓦作为中间商的角色。他们在很短的时间内，参照国际标准评定了该地区的黄金价值，尤其是密斯卡尔（mithqal），其重量约为4.2克，相当于一枚开罗第纳尔的重量（Freeman-Grenville, 1962: 108）。

由此导致了一些人以为该地区一定有一个真正的三元金属铸币体系（Horton and Middleton, 2000, 92–94）。根据已知的基尔瓦型硬币的重量，霍尔顿（Horton）和米德尔顿（Middleton）计算出1：10：1000 的比例，试图将基尔瓦铸币放在已知的重量和尺寸标准范围内进行度量。但事实上，这种做法很难推行，因为斯瓦希里的不同硬币在重量上相差极大。布朗（1993）认为，基尔瓦型硬币的尺寸可能是其更重要的特征，因为它会受到所用模具的限制；而注入其中的金属含量各异，导致重量或金属含量缺乏统一的标准。这与标准化的铸币体系有明显的分歧，并且说明价值并非始终与金属含量挂钩（Wynne-Jones and Fleisher, 2012）。

与之相反，斯瓦希里沿岸似乎有一个极为完善的铸币体系。它与第纳尔、迪拉姆及伊斯兰商业体系有一定的联系，但又不属于该体系的一部分。斯瓦希里沿岸的硬币有多种不同用途。不同铸币之间，金属含量、铸造方式和使用方式存在差异。由铜合金打造的硬币似乎是唯一可以被当作货币的硬币，用于在日常交易中流通。如今只有通过从松戈姆纳拉获得的关于基尔瓦型硬币的使用和贮藏环境的数据，我们才能够探索这些货币在日常实践中的使用方式和人们对它们的认知。

硬币及其使用方式

如上所述,基尔瓦型铜币广泛分布于基尔瓦的部分区域。14 至 15 世纪,这一范围扩展到了松戈姆纳拉和桑吉亚玛乔玛,这两个地方都位于基尔瓦群岛,甚至可能属于同一城市(见图 4.3)。基尔瓦拥有广泛的影响力,它不仅控制了马菲亚群岛,以及岛上的爪哇(Kua)和基西马尼(Kisimani)两个城镇,还有莫桑比克海岸,基尔瓦的黄金就是从这里出口进行对外贸易的。在马菲亚和基尔瓦,已经发现了上万枚基尔瓦型铜币(其中并不包括莫桑比克,而这可能只是因为缺少对该地区的研究;Album, 1999)。正是凭借从松戈姆纳拉出土的硬币所呈现的硬币使用场景,使人们对 14 至 15 世纪这一地区硬币的流通和使用有了独特的认识(Wynne-Jones and Fleisher, 2012)。

自 2009 年以来,松戈姆纳拉共出土了 1 039 枚铜币。在整个遗址的挖掘过程中,这些硬币来自各种各样的环境(见表 4.2)。挖掘的重要目标是探索城镇建筑结构内部和外部空间的功能,而在被挖掘的各种类型的场所中都出现了硬币:房屋、清真寺、陵墓、垃圾箱、水井和空旷区域。硬币的这种广泛分布清晰地指向一个结论:硬币在该遗址范围内流通,并在某些特定场合较为集中。家庭环境中发现了大量硬币,尤其是在有沙质或泥土地面的地方。而在有灰泥地板的建筑结构中,发现的物件通常较少,硬币就更少了。据此推测,在有泥土地面的环境中,日常物品更容易丢失。此外,在室外的家庭活动场所,如水井周围或房屋墙外的垃圾堆中,也发现了硬币。因此,硬币显然属于世俗生活的一部分,已经融入了该镇的日常交易中。这一结论似乎是显而易见的,因为开展国际贸易正是

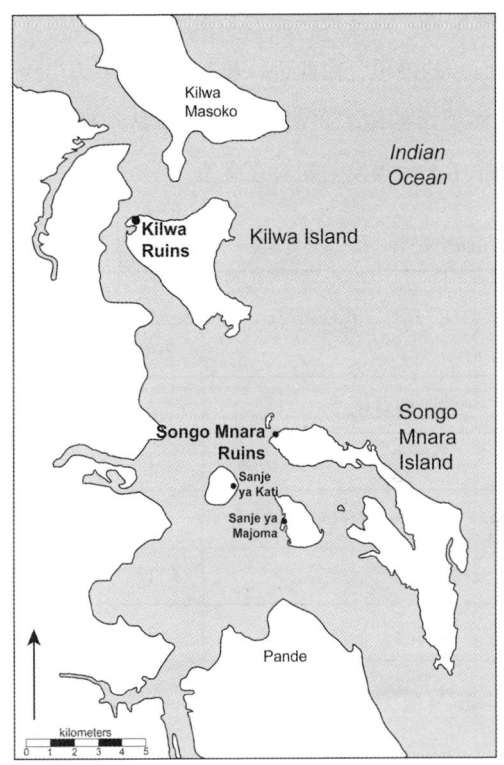

图 4.3 基尔瓦群岛地图，标注了基尔瓦和松戈姆纳拉的位置
绘制：斯蒂芬妮·云茵-琼斯

斯瓦希里海岸城镇的主要功能（参见"硬币入门"[①]，Horton and Middleton, 2000: 93；其中专门讨论了国际贸易领域中的斯瓦希里铸币）。因此，有必要说明一点：即使铸币是从国际概念和标准中衍生而来的，如密斯卡尔重量标准和哈里发造币厂，但它仍然是一种家庭生活中的常见事物，用于日常活动，而不属于国际贸易范畴。

[①] "硬币入门"，the approach to coins, Horton 和 Middleton 著作中对于硬币的介绍。——校者注

很多硬币曾被削剪，通常被一分为二或四等分。这么做的目的可能是创造更小面额的硬币，由此进一步显示了硬币与当地日常交易的关系。对小额硬币的需求再次表明，硬币是小规模现金交易的一部分，而并非用于大规模采购大宗商品。

表 4.2　松戈姆纳拉硬币挖掘时的不同环境类型

挖掘单位	描述	出土硬币数量		
		2009	2011	2013
SM002	墙边的石屋外	2	—	—
SM004	44号房屋入口处的房间	1	—	—
SM005	遗址中心的打铁区域	3	—	—
SM006	井	1	—	—
SM007	杂物间	3	—	—
SM010	44号房屋的后室	36	—	—
SM011	杂物间	8	—	—
SM012	陵墓	7	—	—
SM013	23号房屋的楼梯底部	2	—	—
SM015	23号房屋的房间	1	—	—
SM016	31号房屋入口处的房间（石屋）	—	8	—
SM017	31号房屋的后室（包括埋藏层）	—	378	—
SM018	靠近34号房屋庭院的房间（此前已清空）	—	0	—
SM019	房屋间的室外区域	—	5	—

续上表

挖掘单位	描述	出土硬币数量		
		2009	2011	2013
SM020	××房屋的外部庭院	—	10	—
SM021	××房屋与庭院相连的后室	—	6	—
SM022	南部开放区域的测试坑	—	1	—
SM023	40号房屋的后室	—	50	—
SM024	陵墓	—	5	—
SM025	陵墓	—	0	—
SM026	陵墓	—	0	—
SM027	陵墓	—	3	—
SM029	南部开放区域的探测单元	—	5	—
SM030	清真寺中心 南部开放区域的铲试坑	—	5 9	—
SM031/ SM035	杂物间	—	—	76
SM032	杂物间	—	—	157
SM033	18号房屋带有阶梯的房间	—	—	8
SM037	18号房屋入口处的房间	—	—	7
SM039	18号房屋的房间	—	—	1
SM050	清真寺西侧	—	—	2
SM054	西墙的门房	—	—	1

续上表

挖掘单位	描述	出土硬币数量		
		2009	2011	2013
SM055	18号房屋的房间 北部开放区域的铲试坑	— 	— 	1 12

硬币在该遗址中的分布说明了硬币在日常交易中的应用。除此以外，还有大量硬币被用于非交易活动中。最为显著的是，这些活动包括一些仪式典礼——硬币被用作松戈姆纳拉坟前的祭品，还被用于松戈姆纳拉一处石屋下面的地基中。这处地基（Perkins, Fleisher, and Wynne-Jones, 2014）中共含有360枚硬币，以及一串进口的红玉髓，这被认为是一种藏于房屋建筑物中的家庭投资。这在斯瓦希里海岸引起了特殊的共鸣，在这里，拥有并居住在一间石屋中是一个人享有声望和地位的关键标志之一（Allen, 1979）。因此，埋藏硬币和珠子恰恰是这种家庭投资的有力证明，某种程度上，这种行为可能也赋予了房屋价值（Wynne-Jones, 2013；另见Krmnicek, 2012）。

实现价值的多种路径

基尔瓦型硬币的质量及其使用场景表明，它们有多种不同的价值（Wynne-Jones and Fleisher, 2012）。印有不同统治者肖像的硬币分布极不均匀，其中较为突出的、数量占比超乎正常的硬币主要有以下两种。阿里·伊本·哈桑是最早发行硬币的基尔瓦统治者（与前述马塔布维银币也有联系）。他本人活跃于11世纪，但他发行的硬币占 15 世纪松戈姆纳拉可辨认硬币总量的 18.2%。14 世纪初的统治者哈桑·伊本·苏莱曼发行的金币在上文中已经讨论过，占可辨认硬币总量的 33.3%。除这两人外，其他统治者的名字则十分罕见（见表 4.3）。在基尔瓦的传统历史（多为口口流传）中，这两位统治者分别是设拉子和马赫达里王朝的创立者和主要领袖。他们的突出地位可能推动了其发行硬币数量的增长和价值的提升。而另一方面，印有其名字的硬币数量也有可能反过来影响了他们的历史地位，因为这些印有其名字的货币的广为流通，可以使他们在小镇人民的心目中占据一席之地。

表 4.3　基尔瓦型硬币上不同统治者的比例

	松戈姆纳拉	松戈姆纳拉（不含未知情况）	藏品A (Walker, 1936)	藏品C (Walker, 1936, 80—81)	藏品1 (Walker, 1939)	藏品2 (Walker, 1939)	藏品3 (Walker, 1939)
阿里·伊本·哈桑	9.4%	18.2%	25.7%	20.6%	32.3%	33.3%	—
达乌德·伊本·哈桑	—	—	2.6%	0.6%	2.4%	1.8%	—
哈桑·伊本·塔鲁特			0.1%			0.9%	
苏莱曼·伊本·阿尔哈桑	3.1%	6.1%	0.2%	9.4%	17.3%	17.5%	17.4%
达乌德·伊本·苏莱曼	1.6%	3.0%	5.6%	2.8%	6.3%	0.9%	—
苏莱曼·伊本·侯赛因	3.1%	6.1%	14.2%	—	0.8%	—	—
穆罕默德·伊本·苏莱曼	—	—	—	—	0.8%	0.9%	—
哈桑·伊本·苏莱曼	17.2%	33.3%	49.0%	22.8%	32.3%	43.0%	2.2%
未知	48.4%	—	2.5%	8.3%	7.9%	1.8%	80.4%
纳西尔·阿德顿亚	17.2%	33.3%	—	35.6%	—	—	—

硬币本身也具有使基尔瓦和松戈姆纳拉居民珍视它们的品质。

如上文所述，这些硬币上刻有阿拉伯语铭文和伊斯兰语，故而与伊斯兰世界息息相关。在斯瓦希里，这些联系受到高度重视，并与沿海地区文化中财富和文明的展现方式密切相关。制造硬币所用的金属或许也是构成吸引力的一个方面，因为铜在非洲东部一直都炙手可热，它与权力和王权有关（Herbert, 1984）。基尔瓦的金币和银币并不怎么受欢迎，但在这里，打造铜币可能需要颇费心思，以获得当地美学和价值体系的认同，并使之与非洲内部地区利润丰厚的贸易联系在一起。

斯瓦希里硬币是做什么用的？

约翰·米德尔顿（John Middleton, 2003）在探讨这片海岸沦为殖民地之前是如何开展贸易和交易的时候，曾讨论过斯瓦希里铸币的功能。他对硬币用途的分析受到了霍尔顿（Horton and Middleton, 2000: 93）和弗里曼-格伦维尔（Freeman-Grenville, 1971）的钱币学研究，以及有关价值来源的人类学理论（尤其是 Hart, 1986）的影响。与米德尔顿同时代的一些研究合作者也提供了有关其论点的具体信息。米德尔顿的研究结果是了解斯瓦希里海岸铸币原理少有的几次尝试之一，但很难找到能够支持他的论点的考古证据。米德尔顿讨论了三元金属体系，他认为这种三元金属体系"与整个印度洋和中东使用的金币、银币和铜币一致（也与葡萄牙的金币一致），因为三种货币的价值比例均为 1∶10∶1000"（Middleton, 2003: 515）。在某些重要方面，米德尔顿更进一步，比如他试图解释金币、银币和铜币的不同功能，铜币主要用于小额交易中。他认为贵金属硬币是由统治者流通至商人手中的，商人将贵金属硬币存放在自家房屋的密室中。这些贵金属硬币更像是某种形式的担保，而不是充当货币在国际交易中使用。它们是证明贸易谈判中"不同商品的价值标准各异，但具有可比性"的物理证据，从而使"直接进行商品交换变成可能而轻松的事"（2003: 515）。

笔者曾在其他地方提到过，斯瓦希里铸币社会价值的两个不同方面——符号价值和货币价值——之间的联系，实际上比米德尔顿所表明的更为紧密（Wynne-Jones and Fleisher, 2012）。最终，米德尔顿的论点由于缺乏足够的考古数据而显得乏善可陈。14至15世纪，根本没有任何证据可以表明贵金属的交易或储存；而且从数据来看，没有足够的证据支撑1∶10∶1000的硬币价值比例（Fleisher and Wynne-Jones, 2010），因此其与印度洋和中东地区价值体系的联系也是站不住脚的。但是，米德尔顿的分析将斯瓦希里铸币理解为国际铸币和国际贸易的一部分，这不失为一种合理的尝试。他还认为硬币不仅是货币，其使用方式和估价方式也可能与商品交易无关，这也不失为一个很好的想法。

如上所述，从松戈姆纳拉获得的数据为我们探索斯瓦希里海岸的硬币用途提供了更可靠的依据。在实际生活中，货币有很多用途。金币和银币显然发挥了更广泛的作用，并且似乎与动产及通过再分配来传播声望的做法密切相关。金币可能是某个特别富有的统治者在伊斯兰世界旅行时分发的礼物。铜币则用于更普遍的日常交易，可能包括购买日常商品等。然而，铜币并非仅仅用于城镇中小型交易的世俗物品。与更贵重的金属一样，除了使用价值和历史贡献，它们也具有象征意义和美学价值。

并非每一个斯瓦希里城镇都使用硬币。基尔瓦在铸币数量和广泛流传的铸币传统方面都是独一无二的，而其他地方的城镇只有零星的硬币生产。14 至 15 世纪，一些较大的斯瓦希里城镇并不铸造硬币，位于肯尼亚沿海地区的盖德就是一个典型的例子。在该遗址出土的进口物品的质量和种类表明，此处并不缺乏财富或贸易。但这里使用的可能是其他货币。遗址挖掘者表示，贝壳可能是殖民地时期之前的盖德的货币之一，因为在矿床中，到处都是贝壳（Wynne-Jones and Fleisher, 2015）。

因此，我们设想，在斯瓦希里及其周边，并非硬币有多种用途，而是各种日常物品的作用要依靠硬币来实现。为什么要用硬币来完成这些事情呢？硬币与国际重量和价值标准之间的联系一旦被打破，它们将如何适用于价值储存、权力象征和日常交易呢？针对这一问题，本章给出了一系列答案，这些答案都属于日常生活领域，都源于使用和拥有硬币的经验。

基尔瓦型铜币与伊斯兰教有着密切的联系，这是自古以来斯瓦希里保持自我认同的一个重要方面。各界公认的非洲东海岸第一座清真寺的历史可追溯到 8 世纪（Horton, 1991；另见 Fitton and Wynne-Jones, 2017）。在大约长达 1000 年的时间内，伊斯兰教在这一地区代表着一种繁华的沿海都市现象，沿海地区的精英阶层声称这是他们与内陆的异教徒地位差别的重要标志。因此，在伊斯兰世界的贸易中，物质文化始终享有很高的地位；而且铸币的概念起源于伊斯兰世界，这也是这一地区使用铸币的原因之一（Wynne-Jones, 2016: 186）。硬币与伊斯兰教由此产生了更具体的联系，而且硬币的铭文援引了安拉和前文所提到的统治者的名字，这都会使人们重视基尔瓦统治者的世俗力量与宗教力量之间的联系。

基尔瓦型硬币本身也具有重要的特征。泛着光泽的红色使铜凭借其美学特征脱颖而出，成为价值存储手段。另外，铜币在撞击时会发出响亮的声音,这一特征使之适合作为装饰物(见 Kus and Raharijaona, 2008,关于马达加斯加玛丽·特蕾西亚银元的可比性讨论)。许多基尔瓦型硬币都带有穿孔(见图 4.4;博物馆收藏品中的这一特征的平均占比为 4.95%,剑桥菲茨威廉博物馆中的一批收藏品中,穿孔比例高达 15.64%;Perkins, 2013: 265),这表明人们曾佩戴过这些硬币,硬币的这一功能将其美学特征和响亮的声音特征都融入人们日常的佩戴体验中。最后,所有的金属都拥有很高的地位。在松戈姆纳拉和基尔瓦的考古过程中,极少能发现金属物件,因为它们会被人们重视并保存起来,或者随着时间的流逝而进行重新加工,这意味着在考古记录中几乎没有能完整保存下来的物件。基尔瓦人铸造硬币的热情也因此显现出来,因为基尔瓦与矿产资源之间一直存在着联系,很早就有生产铁的证据;11 世纪,正式开始加工铜。基尔瓦是非洲东海岸最大的黄金出口国,这一角色不应掩盖它显然也在加工铜和银的事实,也正因如此,基尔瓦必定会与非洲内陆的矿产地区建立联系。在这些联系网络中,基尔瓦占主导地位,比其他任何一个城镇的影响力都大。因此,他们将金属资源用于日常生活中也就不足为奇了(就像其他地方可能会用贝壳或

图 4.4 带有穿孔的基尔瓦型硬币,松戈姆纳拉出土
拍摄:斯蒂芬妮·云茵-琼斯

珠子来实现这些功能一样；Pallaver, 2009; Wood, 2011; Sinclair Ekblom and Wood, 2012）。基尔瓦的矿产资源对其在非洲的地位至关重要，因为一直以来，金属及其加工技术在非洲大陆都受到高度重视（Herbert, 1984; Killick, 2009）。

东非和伊斯兰世界

如上所述，与伊斯兰世界的联系对于非洲东部来说极为重要。然而，斯瓦希里海岸始终不属于伊斯兰哈里发直接控制的范围。与其他大多数铸造和使用伊斯兰硬币的地区不同，非洲东海岸地区是通过与伊斯兰世界的贸易和往来，而不是通过被征服转变为伊斯兰教地区的。因此，沿海自治当局并没有要求铸币厂遵循伊斯兰铸币的重量或形制标准。实际上，基尔瓦铸币与伊斯兰世界的联系可能比我们所能看到的更广泛。铜质铸币尤其如此。

伊斯兰与伊斯兰铸币

伊斯兰铸币涉及的领域相当广泛，但只有为数不多的几篇可靠的概述，可以涵盖整个时期的所有伊斯兰教地区（请参阅 Broome, 1985）。关于伊斯兰钱币学的大多数学术研究主要关注的是最早的时期，即伊斯兰教初期几个世纪的倭马亚王朝和阿拔斯王朝的哈里发。正是在这一时期，可以将伊斯兰硬币作为一种更统一的货币来研究。初始阶段的尝试以伊斯兰教国家的早期原型为基础，建立了由第纳尔金币、迪拉姆银币和法勒斯铜币（*fulus*, sing. *fals*）组成的体系。公元 7 世纪末，倭马亚哈里发阿卜杜勒·麦利克（'Abd al Malik）统一了帝国的硬币。他统一了第纳尔金币的样式和内容，这一标准在此后的几个世纪一直被沿用，他还援引了安拉的名字，命令将其刻在硬币上，作为硬币合法性的一种象征（Maurer, 2005）。哈里发享有铸造金币的特权，阿卜杜勒·麦利克规定第纳尔金币的标准重量为 4.25 克，迪拉姆银币的标准重量为 2.85 克。而铜币的重量标准从未被统一过（Grierson, 1960: 246–247），可能因为铜币通常是由各地根据当地重量标准铸造的（Grierson, 1960: 254; Lowick, 1990）。到了 10 世纪，黄金和白银的铸造也逐渐开始遵循各地区当地的重量标准，这些标准由铸造硬币的造币厂设定，而非在整个伊斯兰世界范围内经由一个中心化的机构统一设定。从 12 世纪开始，主要的参照标准之一是由开罗造币厂设定的标准，其生产的第纳尔金币在整个印度洋世界中，被普遍用作密斯卡尔金币标准。实际上，从 14 世纪开始，基尔瓦金币的重量就非常接近开罗第纳尔金币的重量，这再次表明，斯瓦希里的统治者及其造币厂充分参与了伊斯兰世界的活动，并熟知国际惯例。

由此可见，非洲东海岸的不同寻常之处在于基尔瓦成熟的铜币铸造体系。其发行的铜币，或者说法勒斯，在整个伊斯兰世界可谓尽人皆知。如上所述，由于这些铜币往往是在当地生产，因此重量和样式都大不相同（Perkins, 2013: 119）。在倭马亚王朝时期，法勒斯铜币在风格上与金币和银币有所不同，因为上面没有刻造币厂或统治者的名字。后来，虽然增加了一些大面额硬币才有的元素，但与第纳尔金币或迪拉姆银币并不相似（Schindel, 2010）。阿拔斯王朝统治时期，法勒斯铜币的数量日渐稀少而且设计简单，倭马亚王朝统治时期使用的装饰性符号都被去掉了（Broome, 1985: 13–18）。后来，主要的伊斯兰造币厂似乎都不再铸造铜币了。目前已知的铜币中，并没有开罗造币厂生产的，它主要铸造第纳尔金币。

铜币是地方权威机构出于本地的需要而打造的一系列形色各异的铸币。关于它们的详细记录并不多，但士拉夫铸造铅币———一种使用贱金属铸造的独特的地方传统硬币，可能从侧面说明了铜币的多样性。因此，这些硬币的价值显然不是基于币种的价值，而是基于铸币法的理念，从而创造了本地的铸币体系（Lowick, 1985）。地方铸币体系也并非全然用于打造小面额硬币，实际上，15世纪的奥斯曼帝国铸造了一整套大面额银币用于大规模交易。

14至15世纪的伊斯兰硬币与日常生活

14至15世纪，伊斯兰世界强盛且具有多样性，东至蒙古，西至地中海世界的奥斯曼帝国，覆盖多个强大的经济中心。这些地区中，都有以伊斯兰标准和原型为基础的铸币形式存在。如上所述，铜币一直以来都比较多样化，因此更容易受到区域操纵的影响。在此期间，铜币在伊斯兰世界的各地并不通用。而在基尔瓦，铜币已发展形成了一种功能全面的货币体系，并在当地为了服务于多种目的而流通。这些硬币的多种使用方式以及它们创造价值的方式，似乎都源于日常生活。这些硬币的持续流通与权力强大的统治者有关，越来越多的人使用这些硬币，也再次证实了基尔瓦在历史上的地位。这些强大的统治者不仅在当地极具影响力，而且在国际上也很活跃，他们通过宣传其起源、举行朝圣活动，以及凭借其丰富的学识，与波斯湾和阿拉伯半岛建立了联系。实物硬币及相关联的物件也再次证实了基尔瓦与伊斯兰世界的联系。这些硬币因其所展现出的许多美学特质而被人们归为基尔瓦的珍贵财富和陈列品；而将硬币用作装饰和珠宝，则再次赋予了它们不同的价值。最后，在一些仪式性场合中，包括在房屋地基下的夹层结构或重要祖先的坟墓前，硬币还有另外一些被重视的价值和被理解的方式，它们不仅是用于交换的货币符号，也是潜在的价值存储手段和价值象征。在距离现代更近的时期内，铸币在这两方面的作用在非洲东部地区拥有同等重要的地位。在马达加斯加，葡萄牙人终止了这些硬币的流通，将其用作珠宝，这导致泰勒的引进遭遇了重重阻碍（Kus and Raharijaona, 2008）。后来，梅里纳王朝的土著铸币被当作接近和邂逅王室的一种手段，并在一些仪式性场合受到人们的青睐（Lambek, 2001）。这些都表明硬币在基尔瓦当地日常生活中的用途，或许这在 14 至 15 世纪充满多样性的伊斯兰世界中并不罕见，人们因共同的信仰、共同的习俗和物质世界的互动而团结在一起（Wynne-Jones, 2016）。很少有人从这个角度思考铸币，因为铸币通常被视为经济领域的一部分，而不是物质世界。但也有例外，例如，弗勒德（Flood, 2009）曾论述物品是如何在整个伊斯兰世界与其东部边缘地带的交流中充当中介的，他援引了艺术和建筑方面的证据，论证物品创造了一个互通的世界。基尔瓦铸币在地方传统方面得到了良好的发展，也许是因为铜在非洲的地位较高（Herbert, 1984）。然而，这可能反映了当时伊斯兰世界的其他一些地区传统。

回到本章最初的问题——"货币是做什么用的？"基尔瓦型硬币给出了一系列有趣的提示，这些提示在货币研究中可能不会一目了然地显现出来。硬币不仅是用作交换的符号，由于其美学和材料特质，特别是由于其交流作用，它们还有各种其他不同的用途。很少有研究者会考虑硬币在无文字社会中扮演的角色，或考虑在一个文字基本上仅与宗教和宗教精英产生关联的社会中，硬币所发挥的作用。在斯瓦希里海岸，人们始终重视与伊斯兰世界的联系，但事实上，文字具有更广泛的作用和影响力。在 14 至 15 世纪的松戈姆纳拉,居民通过铸币与他们的城市传统以及更广泛的学术、旅行、权力和互动联系在了一起,增强了自豪感和自尊心。因此,由于硬币在符号和物质形式方面可以引起多种共鸣,它们非常适合用作价值储存手段和价值象征。截至目前,我们已经探讨过硬币的"两面",硬币与权力和权威的联系(Hart, 1986)是其中一面,但正是在铸币的日常使用中,斯瓦希里海岸的居民发现了铸币的价值以及它所能提供的一切。

第五章
Chapter 5

货币、艺术与表现形式：文本、图像及信息

巴里·库克（Barrie Cook）

引言

1606年，《上一次东印度航行》（*The Last East-Indian Voyage*）在英格兰出版，这本书记录了亨利·米德尔顿爵士（Sir Henry Middleton）在那之前不久到东印度群岛的远征探险。书中描述了爵士与一位葡萄牙上尉的邂逅，当时这位上尉还没有意识到欧洲发生的巨大变化：

> 我们的将军约翰·罗杰斯（Iohn Rogers）给军营上尉写了一封信。将军的目的是向上尉证实女王去世的消息，以及英格兰与西班牙之间的和平。……为了更好地传达事实，将军将国王和王子的画像与国王发行的新款硬币一同寄给了上尉。在结尾处，他写道，我们的王子和臣民之间可以和平相处，他希望与上尉之间也可以如此，我们的到来是为了寻求与当地人的贸易，希望上尉不要拒绝他。（1606: 15–16）

这段特别的记录，阐述了硬币图案设计的作用，在这里是用来缓解紧张的关系，促进政治和商业利益的实现。硬币本身的图案设计和铭文并没有明确提及和平或战争。实际上，在那个时代，没有哪枚硬币能够提供这种特定信息。但它们确实提供了政权更替的明显证据，以支持英国的主张、消除葡萄牙人的疑虑（自1580年以来葡萄牙人一直是西班牙国王的臣民）。

即使在17世纪，这种逸事也非同寻常，它为硬币图案设计所发挥的作用提供了依据，而不仅仅是从硬币本身进行推断。这个例子表明，在欧洲传统中，硬币的设计所可能发挥的作用在1400—1600年发生了巨大变化。另外，发现硬币的地点也很重要。在地球的另一端，也发现了詹姆斯一世的硬币，在那里，欧洲的铸币遇到了同样古老却截然不同的货币传统（见图5.1）。

图 5.1 金币上的君主，詹姆斯一世，首枚铸币，1603—1604
版权 © 大英博物馆理事会

一枚硬币之所以能够成为货币，图文设计是其基本要素，来自官方的印章则可以将一块金属从商品变成货币（Cribb, 2009: 499-503）。一枚硬币的外观既可以反映出发行该硬币的统治者或国家的权力、权威和自我形象，也可以反映出当时的艺术潮流。但铸币是一种非常保守的媒介，人们对硬币所给人带来的信任和熟悉度的重视，要高于对硬币新颖性和多样性的要求。硬币不仅需要触感适当、重量合适，而且还需要看上去顺眼。除此以外的任何方面，比如硬币上的文字或图像的含义，可能都是额外附加的。硬币的许多使用者是文盲，他们不会自发地对这些图文的意象抱有期待。

尽管如此，所有的硬币设计都会期待其有一定的受众，这些受众会因兴趣、信任或赞赏而理解硬币的设计意图，并做出恰当的反应。每一种既定的设计都是发行者与使用者之间的一种交流手段，它依靠的是17世纪唯一一种可靠的大众媒介。发行者公然控制硬币的设计形式，其实也是在有意地影响使用者。此外，单个类型的硬币的设计总是与其他类型的硬币相互借鉴：大多数地区发行的硬币的价值通常各不相同，铸造硬币的金属通常也不同，使用一种通用设计涵盖所有面额硬币的现象比较罕见。新硬币也往往与由当前或先前政权发行的旧硬币混合使用。同时代的不同发行者发行的硬币也可能混合在一起使用，有时候是征得了地方权威机构的许可，但大部分未经地方权威机构允许。流通中的货币通常是复杂多样的，硬币可能被人们偏爱、被囤积贮藏或出口，也可能被人们拒收、毁损或熔化。虽然硬币的设计并不是在不断评估和选择过程中的唯一考虑因素，但它始终是其中的一个重要因素。

在中世纪晚期和近代早期，有四种主要的铸币设计传统。每种传统都具有其传承性和共性，在广阔的地域范围内，包括中国、印度、伊斯兰世界和欧洲世界，硬币的某种特征使得其管辖统治范围内纷繁复杂的铸币都有着相似之处。硬币的设计通常有三个重点，即政治权威、宗教信仰和艺术表达。硬币的表现形式主要有两种：一种主要依靠文本；另一种则为文本和图像的结合。1400年，伊斯兰世界和中国的硬币设计多以文本为基础，且这种传统历史悠久；而文本与图像的结合则是欧洲大多数地区和南亚许多地区的传统标志。

文本传统

在 1400 年的中东和亚洲，以文本为基础的硬币设计传统有着悠久的历史，且根深蒂固。在主要的伊斯兰和汉语国家，质疑这种硬币设计的使用者很少，但他们确实存在且具有一定的影响力。硬币设计的艺术性在很大程度上以书法为基础。书法是最高形式的艺术之一，用于硬币设计的字体形式经过设计处理，强调和谐、平衡和技巧。在这一时期，金属雕刻师已经可以很好地理解和应用这种方法，但铸币标准降低和书写技巧失败的情况仍有可能发生。

中国及其邻国

中国铸币的历史悠久、影响广泛，并且在设计上极为保守，在设计时，主要遵循传统（见图 5.2）。中国的硬币被称为"钱"（硬币）、"铜钱"（铜质硬币）或"文"（字面意思为文学写作）。这种硬币为圆形的小铜币，中央有一个正方形的孔，可以将 1000 枚硬币从中串在一起，便于携带和存储。硬币上的文字排列需要遵循固定的形式。

1368 年，由汉族统治的明朝取代了由蒙古族统治的元朝，这种古老的硬币形式得以保留下来。硬币上的文字排列顺序是从 7 世纪开始就已经确定的，以孔为中心，按照上下右左的顺序排列。前两个字为年号，意味着某段统治时期，后两个字（通宝）意指"流通

图 5.2 铜币，明宣宗（1426—1435）
版权 © 大英博物馆理事会

的宝藏"。对于任何使用者而言，无论他是否识字，都能立即将这些金属片认作硬币。从象征意义上来说，这种带有方孔的圆形硬币可以追溯到"始皇帝"秦始皇时期。公元前3世纪，秦始皇灭六国，统一了货币。当时的硬币虽然设计保守，却具有传承和象征意义。明朝建立后的几个月内，便发行了第一批制作精良的硬币，但由于发行的硬币前后不一致，硬币造假问题也随之出现。其中关键性的变革发生在1503—1505年，铸币者将铸造硬币的材料从合金改成了黄铜。[1] 1375年，明朝开始推广纸币，用硬币串计价的数量单位①也在纸币上以面值呈现出来。但明朝的纸币系统管理不完善，15世纪30年代就被全面废止了。白银取而代之成为一种人们普遍接受的货币形式，但白银是以压印的银锭的形式而非官方硬币的形式流通的。16世纪，西属美洲白银的流入进一步推动了白银货币体系的发展。

在整个清王朝时期（1636—1912），官方发行的黄铜硬币和非

---

① 即"贯"。

官方发行的银被继续沿用。满人发行的第一批硬币上只刻有满族文字。随后发行的硬币上既有满文又有汉字,文字按照一种固定的制式排列,正面是汉字(年号+通宝),背面用满文标注了造币厂的名字。直到 1678 年前后,在中国南部的汉人王孙贵族为抵制入侵的满人,仍继续发行明代风格的硬币。[2]

因此,中国铸币的设计元素极少且非常保守,但是遵循了古代传统。刻印的文字提供了基本的行政管理方面的细节,包括年号,通常还有造币厂的名字。但硬币上不包含宗教或意识形态元素,也没有描绘统治权威的图像。所有信息都通过硬币的形式和铭文来传达。然而,凭借其悠久的历史和声誉,这种硬币的形状,即带有方孔的圆形青铜铸币,决定了中国甚至远超中国以外的更广阔地区的硬币的样子,以至于人们一看到这种设计,就能立即认出这些硬币是带有中国传统元素的硬币。当邻国采用相同的设计时,能明显看出其发行机构既试图模仿中国硬币,但同时又想昭示自己独特的身份的意愿。统治朝鲜半岛的朝鲜王朝最初依靠进口中国硬币,直到 1625 年,才生产了具有中国风格的本国铸币。这些硬币上也刻有四个字"常平通宝","常平"是政府的食品供应稳定机构(发行者)的名字[①],而"通宝"(朝鲜语读作 tong bo)即与汉语"通宝"(tong bao,流通中的宝藏)相对应。其他政府部门后来也相继开始发行硬币,硬币反面带有复杂的标记系统作为标识。

13 至 17 世纪的日本,唯一使用过的硬币是中国的硬币或本地的复制品,并辅以金锭和银锭。1603 年,德川幕府上台,不久后便

---

① 常平厅,朝鲜时代管理储备粮食、布和钱的官邸,铸造货币后的钱也包括在其主要管理项目中。——译者注

恢复了当地的硬币生产，但仍旧保留了中国硬币的设计元素。与朝鲜一样，日本最具代表性的硬币是其在17世纪20年代首次发行的硬币，以中国硬币为模型的同时，体现了日本的身份特征。硬币上刻印的四个字为"宽永通宝"，"宽永"（Kanei）指的是时代名称，"通宝"（tsuho）为日语中的"流通中的宝藏"。像中国和朝鲜的硬币一样，日本硬币背面的铭文通常标注了造币厂的名字。宽永通宝一直流通到1868年。越南的部分领土时不时会被纳入中国的统治。在此期间，越南的硬币几乎都是从中国进口的，或者是本地发行的具有中国风格的硬币，同时通过铭文来表明独特的当地身份。

此外，后来被称为印度尼西亚的地区也进口了大量的中国硬币。在这里，人们将中国硬币与当地生产的带有阿拉伯语文字（来自爪哇和苏门答腊苏丹国）的金币和锡币混合使用。两种全然不同的货币同时混用的情况一直持续到19世纪。爪哇和苏门答腊苏丹们偶尔也会发行自己仿制的中国硬币，有时还会在上面刻印爪哇语或阿拉伯语文字。在环印度洋的大部分地区，甚至在非洲东海岸，都可能会看到中国硬币。这些中国硬币往往与当地其他传统货币一起混用，特别是伊斯兰教传统，但通常不会成为当地硬币设计的灵感来源。

1400—1670年的中国铸币包含许多矛盾之处，尤其是它的外观。尽管这些硬币设计源于一种先进的管理文化和高度发达的视觉形式鉴赏能力，但这对硬币设计的潜力几乎没有发挥什么作用。但这种明显的局限性被中国硬币形状的独特性所抵消——所有中国硬币都有着基本相同的外观，且几乎没有材料或面额的变化。硬币必须是这样的。意识形态内容在中国硬币的设计中所占分量极少，而且表达相当含蓄，或承认当前的政权，或暗示行政组织的构成，因此它至少是合乎时局的。尽管采取了这种极简主义的设计,但显然人们认为这种硬币具有政治意义,控制硬币铸造是合法政府的一项基本工作内容。汉族的王公贵族对满族入侵后的反应证明了这一点。他们在中国南方的抵抗在一定程度上是通过尽可能长时间地维持明朝风格的铸币来体现的;而满人的铸币上的文字向兼具汉字和满文的转变,体现出统治阶层对于自己在所统治的政治和文化世界中的地位的看法的转变。同时,中国的铸币跨越了帝国的边界,在其他地区被广泛使用,彰显了中国的实力和经济影响力。

伊斯兰世界:新帝国的信仰与权威

我们可以看到,伊斯兰铸币上有相当多的描述权威的词汇。通常是(但不全是)萨哈达或信经里的内容,如"万物非主,唯有真主;穆罕默德,是主使者"。同时还印有希吉拉日期(发行年份或统治者继位的年份)、造币厂的名字和发行人的头衔(见Wasserstein, 1993;虽然它侧重于伊斯兰的古典时期和中世纪时期)。到了15世纪,萨哈达通常以kalima(单词或标识)的形式出现在硬币背面。按照什叶派的传统,通常还会添加第三种元素,如"阿里是上帝领域的保护者",这些文字往往都是阿拉伯语,也可能是波斯语,而且这种情况不仅仅局限于伊朗。

这种铸币传统并不一定要求硬币包含明显的宗教语言,甚至在某些情况下根本没有宗教层面的内容。与此相反,有些王朝强调信仰的表达,并将其作为权威的主要代表。同样,尽管伊斯兰铸币普遍避免使用形象设计,但并非严格禁止它。无论伊斯兰铸币上有什么文字内容,它们在这段时期内都没有引起欧洲人的注意。欧洲人在问及奥斯曼帝国、萨非王朝和莫卧儿王朝的铸币时,都报以浓厚的兴趣和积极的态度，但他们实际上从未关心过这些硬币上的信息。[3]

15 世纪初，伊斯兰世界发生了历史上最具戏剧性的政治转变之一：帖木儿（Timur）及其后代的影响。1405—1500 年，帖木儿在以阿富汗和土耳其为中心的松散帝国内发行铸币，这些铸币使用前领主——喀喇汗王朝（Qarakhanids）的装饰性设计。[4] 帖木儿本人使用的家族符号为三个圆圈排列于一个三角形中，边框极为精致，框内有关于其名字、头衔及宗教信仰的文字。他还提到了察合台王朝（Chagatai）一位成员的名字，这个人是成吉思汗的后裔，帖木儿与成吉思汗有姻亲关系，而这个人的地位可以使帖木儿拥有蒙古可汗的绝对统治权。后来的帖木儿王朝，现在多称为察合台后裔，有时也采用三个圆圈的设计，但摒弃了另一位察合台统治者的名字。帖木儿王朝在造型宽大的银币上刻印优雅的草书阿拉伯语，将装饰性边框设计得更为精致，但造币厂常常因工艺粗拙而削剪掉这些造型优美的书法。然而，他们的书法风格对萨非王朝（1501—1732）和莫卧儿王朝（1526—1858）的继任者都产生了深远的影响。

这个时期产生了三个伟大的新伊斯兰帝国，即奥斯曼帝国、萨非王朝和莫卧儿王朝，它们之间相互影响，并通过硬币的设计向识字的臣民传达信息，以截然不同的方式将伊斯兰铸币的传统传给后世。在西方，帖木儿制造混乱以后，奥斯曼土耳其人以较快的速度开始了新的扩张。最初的硬币设计仍然与先前的设计保持了连续性，早期统治者通过采用卡利玛（*kalima*）和其他明显的宗教表述，模仿了该区域内以前的铸币风格。奥斯曼硬币上通常刻有头衔、统治者及其父亲的名字，并附有支持统治者的箴言。因此，穆罕默德一世（1413—1421 年在位）发行的银币正面刻有四行文字："宗教保护者，穆罕默德，巴耶济德之子。王国万岁"（Sultan, 1977: 52）。反面是卡利玛的文字内容。从 15 世纪 80 年代起，文字中通常还包含苏丹的头衔，而卡利玛的相关文字表述则消失了，诸如"祝您凯旋"或"愿王国经久不衰"之类的语句经常出现，象征着对苏丹的推崇日渐增强。从那时起，那些隐晦的上帝的训词成为奥斯曼帝国铸币上唯一的宗教元素。同时，从苏莱曼大帝时代（1520—1566；见图 5.3）开始，苏丹的头衔开始增加，不仅添加了波斯语头衔"*Shah*"（国王），还增加了短语"两地两海之主""辉煌的"，大多数硬币上都刻有其中一部分头衔。也许奥斯曼帝国最具特色和最典型的设计是图格拉（tughra），它是以阿拉伯语草书书写的统治者的官方签名。尽管图格拉作为奥斯曼帝国权威的艺术再现具有长期意义，但它最初仅应用于银币和铜币上，直到 17 世纪才被添加到金币上。然而，这的确意味着它在日常使用的货币中处于主导地位。

图 5.3 苏莱曼一世（Suleiman I）时期的金币
版权 © 大英博物馆理事会

随着奥斯曼帝国权力的扩张，它更广泛地影响了伊斯兰世界的铸币传统。奥斯曼帝国的硬币取代了许多当时流通的硬币，尽管有时硬币上依然会保留当地铸币的设计元素。因此，在15世纪的叙利亚，虽然带有框架和图案设计的马穆鲁克铜币被奥斯曼帝国的硬币所取代，但后者仍保留了一些当地铜币的设计元素。1514年，奥斯曼帝国向东扩张，在巴格达和摩苏尔兴建造币厂，生产体积相对较大的银币，这些银币上仍然保留了当地铸币的设计元素。直到17世纪，这里生产的硬币上才开始使用图格拉作为硬币设计元素。在也门，扎比德的拉苏里德王朝（到1454年）在阿丹①国开设了造币厂，其生产的硬币包含图形元素：15世纪时，在这里生产的银币反面带有动物图形，如鱼、狮子、孔雀等，这些通常被视作造币厂的标志。而在也门南部，拉苏里德王朝之后的塔希里德王朝（1454—1517），在硬币上仅使用了铭文设计。1538年，奥斯曼帝国攻占也门后，其总督发行了土耳其风格的刻字硬币，1517年，奥斯曼帝国土耳其军队占领埃及时，这种铸币风格传播到了开罗造币厂。在开罗，硬币上甚至去掉了宗教表述，苏丹被极力颂扬，如"苏丹塞利姆可汗，巴耶济德可汗之子，他的胜利是光荣的，他是光明硬币的制造者、权力之王、陆地和海上的强者"（一枚1517年生产的硬币上的文字）。

1529年，奥斯曼帝国占领了阿尔及利亚。从此，该地区开始使用土耳其风格的金币。由于进口非洲黄金，阿尔及尔造币厂的金币产量往往高于君士坦丁堡。再往西，突尼斯哈夫斯王朝的统治者生产铸币的时候（1237—1551），始终非常重视在宽大的金币上表达其虔诚的态度，他们的金币上刻有冗长的宗教铭文，赞美上帝、上

---

① 阿丹（Adan），今译作亚丁，故地在今亚丁湾西北岸一带。——译者注

帝的先知及上帝选中的人——马赫迪，且风格极为雅致。1534年，土耳其海军上将巴巴罗萨（Barbarossa）占领了突尼斯，随后该地区成为土耳其和西班牙交战的战场。直到1574年，突尼斯真正成为奥斯曼帝国的一个省，才设立了造币厂，开始发行世俗化的奥斯曼帝国风格的金币和银币。

奥斯曼帝国的强大对手——萨非王朝，从1501年开始统治伊朗。他们采用帖木儿王朝的铸币风格，硬币上刻有优雅的草书字体，并刻有狭长的立柱和错综复杂、冗长交错的铭文作为装饰。这些铭文所表达的内容与奥斯曼铸币的世俗化轨迹截然不同。作为坚定的什叶派十二伊玛目派，自第一个国王伊斯玛仪一世（Isma'il I）统治时代（1501—1524）起，硬币上就明确出现了什叶派的称呼，以及十二伊玛目的名字。什叶派的卡利玛上，先知和阿里的名字刻在硬币正面的中心位置，周围辅以装饰性框架。其他伊玛目的名字被刻在硬币的外缘，按时间顺序排列，或者两三个名字为一组按涡卷形或椭圆形排列。硬币背面刻有统治者的名字和头衔，并将其描述为伊玛目阿里的属下。从16世纪70年代开始，波斯文字取代了阿拉伯语文字，有时还会以诗歌的形式出现，这可能是为了进一步强调萨非王朝的权威和信仰。对于不同城市的造币厂，萨非还逐渐形成了在铸币上使用不同城市别称的习惯，如大不里士、伊斯法罕以及其他城市的别称是"君主座下"，德黑兰和沙贾汉纳巴德的别称是"哈里发座下"，巴士拉的别称是"城市之母"，亚兹德的别称是"科学之城"，等等。萨非铸币主要是银币，但也有大量以城市的名义而不是以沙（shah，旧时伊朗国王的称号）的名义发行的当地铜币，这种铜币上往往带有动植物图案设计。高质量的波斯书法篆刻是16世纪以来伊朗硬币的标志，很多大尺寸的萨非硬币对这种书法篆刻起到了帮助作用。

到15世纪，带有阿拉伯语铭文的伊斯兰铸币在印度北部已经占据主导地位。德里苏丹国的硬币上，文字周围辅以特殊且突出的方形边框。北部其他苏丹国纷纷效仿，并根据当地的情况做了一些修改。比如，孟加拉苏丹发行的大型银币上面，刻有装饰性铭文，以显示其信仰和头衔（"胜利之父，世界和信仰的荣耀，异教徒的战士，愿上帝保佑帝国万岁"）。他们的硬币上偶尔也会添加简短的孟加拉语铭文。戈尔贡达的库特卜沙希苏丹发行的硬币上面，还有一句独特的威胁性铭文，"上帝诅咒任何改变国王硬币的人"。

然而，从1526年起，随着莫卧儿王朝权力的扩张，莫卧儿铸币也随之广泛流通，并且在整个印度逐渐占据主导地位。作为帖木儿王朝的后裔，莫卧儿开始发行帖木儿/昔班尼风格的铸币。[5] 从拉合尔（Lahore）开始，第一位皇帝巴布尔（1526—1530）发行了这种带有阿拉伯语铭文的银币。随着时间的流逝，莫卧儿人还逐渐将阿富汗风格的硬币融入他们新占据的领地之中。这些铸币可能因地区不同而在细节上有显著的差异，有时似乎反映了人们对待非正统观念的态度和方式。阿克巴的铸币上面同时刻有波斯语和阿拉伯语铭文，"卡利玛"消失了，取而代之的是另一句话，"上帝是伟大的，愿他的荣耀增辉"（Allahu Akbar jalla jalaluhu），这是缓和宗教矛盾的极具争议的尝试之一。但这句话不过是一个文字游戏，称颂的还是他自己。阿克巴的继任者贾汉吉尔（Jahangir）则用一堆华丽的辞藻来形容造币厂，比如，把阿格拉称为"哈里发之城"，把苏拉特称为"祝福的港湾"。

莫卧儿人在保留铭文传统的同时，还曾多次尝试在硬币上使用各种类型的肖像，其中最著名的是从1619年开始使用的生肖系列，这种硬币的设计选取生肖的标识来表示发行月份，贾汉吉尔实施的这项古怪举措，显然会在硬币生产的实践中举步维艰（Liddle，2013；图5.4）。莫卧儿雕刻师用优雅的字体雕刻波斯语经文，通常这些经文的内容将统治者的权力与铸币明确地联系在一起。在整个伊斯兰世界的传统中，这种情况随处可见，在印度更是如此，莫卧儿人的先辈就曾使用过这种方法。比如，阿克巴时期的一枚莫赫（mohur）金币上印有"阿克巴的图像使金币更加明亮，他的名字在光辉中发光"；[6]贾汉吉尔时期的一枚金币上印有"阿克巴之子贾汉吉尔沙在阿格拉装饰了金币的一个面"；一枚卢比银币上印有"天空依然在转动，以贾汉吉尔沙之名，让这枚拉合尔的货币像它一样流通不止"；还有诸如"沙奥朗则布阿拉姆吉尔在世间打造的硬币形如满月"等。莫卧儿还发行过一系列礼仪硬币，包括用于向人群挥洒的小型硬币尼萨尔（nisar），以及呈献给王公和外国宾客的大型硬币。直到17世纪末，雕刻带有图案的大型硬币这一独特传统才停止了。从奥朗则布时代（1658—1705）开始，硬币上的宗教铭文也彻底消失，因为据说，皇帝认为不信奉印度教的臣民接触硬币时会玷污这些神圣的话语。

图5.4 贾汉吉尔时期的金币莫赫，阿格拉造币厂，托鲁斯
版权 © 大英博物馆理事会

伊斯兰世界：帝国之外

在奥斯曼帝国的统治范围以外，北非西部还有一些独立的伊斯兰国家。虽然从13世纪开始，摩洛哥信奉原教旨主义的穆瓦希德人的势力减弱，但无论政治风云如何变幻，所有竞争对手都会发行带有强烈宗教信仰的穆瓦希德式硬币（见图5.5）。15世纪，南部的萨阿迪·谢里夫（Sa'adi Sharifs）加入了纷争，并且取得了区域性胜利，然后从首都马拉喀什开始，他们逐渐铸造出有自己风格的铸币。他们保留了在铸币铭文中使用突出宗教元素的当地铸币传统，这与竞争对手奥斯曼帝国的做法截然相反。[7] 谢里夫·艾哈迈德·曼苏尔大帝（Sharif Ahmad al-Mansur, 1578—1603）以"奉宽容仁慈的上帝之名"发行硬币，并将自己描述为埃米尔·穆敏（Amir al-Mu'minin，信仰的指挥官），以回应他与哈里发之间的论述争议。而萨阿迪的继任者菲拉利·谢里夫（Filali Sharifs）则完全取消了宗教铭文，并使用西式数字标明日期。

图 5.5　穆罕默德·瓦利德·伊本·泽丹·纳西尔（Muhammad al-Walid ibn Zaydan al-Nasir），摩洛哥，1631—1633
版权 © 大英博物馆理事会

这一时期，环印度洋地区首次引进伊斯兰硬币，比引进欧洲货币稍微早一些。通常来说，新政权早期发行的货币是由一套更加成熟的铸币体系衍生而来的。马来亚的伊斯兰苏丹国中最早发行硬币的是马六甲。在1511年马六甲被葡萄牙人占领之前，苏丹穆扎法尔沙（Sultan Muzaffar Shah, 1446—1459）生产过一种小型锡币，这种硬币上用阿拉伯语刻印了其名字和头衔，其设计脱离了孟加拉苏丹国的影响。与此同时，在阿拉·阿尔丁统治时期（1527—1564），柔佛苏丹发行了伊斯兰硬币，其设计结构源于苏门答腊北部的那些苏丹国，并且这一传统一直延续到18世纪中叶。这些硬币大多是八边形的，这是其他马来苏丹国的地方特色。17至19世纪，吉打、北大年、吉兰丹和丁加奴苏丹国都生产过金币和锡币，但只有吉打生产了自己的银币，其他地方使用的银币都是来自西班牙的"八雷亚尔"硬币。同样，文莱苏丹国的铸币也始于16世纪，这种锡币的一面为歌颂苏丹的阿拉伯语头衔，如"正义的苏丹""公认的国王"；另一面为常规图案或动物图案。这种硬币的风格总体上借鉴了苏门答腊，但动物元素又表现出明显的地域特征（Barrett, 1988: 9—12, 20—40）。带有明确日期或特定统治者名字的硬币是从纳西尔·丁（Nasir al-Din, 1690—1710）时期才开始有的。

图像和文字：亚洲铸币的独立传统

在以伊斯兰铸币和中国铸币为主导的亚洲地区，还有其他一些拥有古老铸币形式的亚洲文化。但有些文化的铸币形式仍然鲜为人知。在某些地方，硬币的形状非常独特。在波斯湾和印度洋周围地区就有一种银丝硬币,被称为拉林(Allan, 1912)。17世纪,随着萨非王朝权力的扩张,他们曾以沙的名义将拉林(见图5.6)作为货币。17世纪,马尔代夫当地的苏丹国也使用过类似的拉林,最早的相关记载是易卜拉欣·西坎达尔(Ibrahim Sikandar, 1648—1687)时期的铸币,他的名字和"陆海苏丹"的头衔以阿拉伯语被刻在了硬币上。

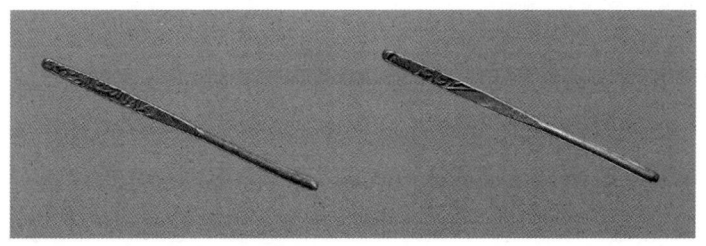

图 5.6 萨非沙塔马斯普一世(Tahmasp I, 1524—1576)时期的银币拉林,设拉子造币厂
版权 © 大英博物馆理事会

泰王国的历史从13世纪开始,其铸币以银圈为基础(见图5.7)。在北部的清迈王国,银圈是用方形银条制成的,并用泰语印上城市的名称和硬币重量,然后弯成圆环,对半切开,再弯曲露出切面,展示其纯银的材质。在南部的素可泰和阿瑜陀耶王国,银圈则由圆形银条制成,弯曲后切开并刻印一些小符号,如花朵、海螺贝壳和大象,其含义尚不清楚,但其中一些符号在庙宇装饰中也出现过(Krisadaolarn and Mihailovs, 2012: 83)。15世纪之后,这些银圈被锤打成一个结实的球——*potduang*("捆绑的蠕虫"),通常被称为"子弹币"。尽管后来政坛风云变幻,但子弹币的传统一直延续到19世纪。

图 5.7 泰国银圈货币，15 至 17 世纪
版权 © 大英博物馆理事会

根据 16 世纪的欧洲访问者记录，柬埔寨的吴哥王国曾发行过一种单面的小型硬币，设计元素多样，有些硬币上刻有真实的或神话中的动植物，但没有刻铭文。这种刻有小公鸡的硬币设计一直延续到 19 世纪。17 世纪时，到访琅勃拉邦和万象等老挝王国的欧洲访问者还发现了一种起源于泰国的当地铸币传统，即在银条上刻印大象和车轮等符号。

在印度南部，一个新的印度语王国维查耶纳伽尔传承了南印度铸币传统，发行的硬币正面刻有动物或神灵，反面是用印度语刻印的国王名字，由技艺娴熟的雕刻师打造而成。这一铸币传统历史悠久，体现了政治权威与宗教信仰之间的平衡。铭文通常以纳加拉字体书写。哈里哈拉（Harihara）国王统治时期发行的硬币上刻有猴神哈奴曼（Hanuman）；此外，维查耶纳伽尔的硬币上还出现过雄鹰伽楼罗（Garuda）、拉玛（Rama）或瓦拉哈（Varaha），他们都是毗湿奴（Vishnu）的化身（Dhopate，2002）。另外，还出现过代表富足与好运的女神拉克希米（Lakshmi）、帕瓦蒂（Parvati）和萨拉斯瓦蒂（Sarasvati）（Murthy，2002）。1565 年，维查耶纳伽尔在莫卧儿帝国的进攻中溃败瓦解。之后，其他地方统治者也发行过维查耶纳伽尔风格的硬币，但去掉了王室名字。在印度的最南端，这种在硬币的正面刻印动物和神灵，在硬币的反面刻印铭文的传统一直延续至 20 世纪。斯里兰卡曾长期沿用中世纪的铸币设计，硬币的一面为站立的国王，另一面为坐着的女神，但在 14 世纪，女神被一头斜躺着的公牛所取代。

在印度西部，库斯、纳瓦纳加尔和博尔本德尔的拉其普特统治者遵循的是古吉拉特苏丹的铸币设计，而西北山区诸王国（Cooch Behar, Assam, Tripura, Manipur, and Cachar）则发行了带有孟加拉语或其他印度当地铭文的硬币。其中，阿萨姆（Assam）使用的是八边形和曼尼普尔方形硬币。铭文类硬币占据主导地位，只有特里普拉（Tripura）使用带有神话动物或神灵的图画类硬币。在 17 世纪的中亚地区，驻扎在比贾普尔的马拉地人揭竿而起，反抗莫卧儿王朝的统治。然而，其发行的铸币却效仿莫卧儿王朝的银币和铜币，在他们所统治的南部地区还出现了带有那加里铭文的硬币，上面印有马拉地领袖（1664—1680）西瓦齐（Sivaji）的名字。

在尼泊尔，第一种具有重要意义的铸币出现在 16 世纪中叶的三个马拉王国，即加德满都、帕坦和巴特冈的坦卡（tankas）银币，其设计理念源自孟加拉苏丹国。硬币上排列混乱的阿拉伯语铭文是一个重要元素，尽管目前尚不清楚这是偶然的还是刻意标记的（Rhodes, Gabrisch and della Rocchetta, 1989: 56–58）。17 世纪 50 年代和 60 年代的铸币引入了独特的设计，如帕坦硬币上的"星星"、巴特冈硬币上的三角形和加德满都硬币上的弧形线（取自莫卧儿王朝的设计），这些硬币都将国王的名字与尼泊尔语铭文框起来或分隔开来。特殊情况下也会出现王后的名字，以证明其重要的政治作用。她们以配偶、母亲和祖母的名义担任摄政者，通常和国王的名字一同被刻在硬币上，有时则被单独刻在硬币上（Rhodes 等，1989: 136–137）。缅甸最早的本地铸币出现在 16 世纪末，当时的阿拉干王国开始发行孟加拉国风格的银币。这些银币上最初刻有波斯语和孟加拉语的铭文，后来逐渐采用当地文字。这些硬币上通常刻有国王的头衔，如"白象之王""金宫之王"或"正义之王"。

图像和文字：欧洲的铸币传统

中世纪晚期的铸币

1400 年，大多数欧洲铸币包含多种面额，并且由多种金属打造而成，融合了金、银和镀银等元素，后者逐渐演变为镀铜，但直到 1700 年，镀铜仍未普及（Grierson, 1991: 139–145）。而且，几乎所有的欧洲铸币都采用图像和文字相结合的传统设计，文字为拉丁语，通常带有宗教元素。有的硬币上只刻有"Dei gratia"（凭借神的恩典）或"DG"的文字，但通常设计更为复杂，尤其是在硬币的反面。除俄罗斯外，不使用拉丁语的欧洲国家很少。俄罗斯从 15 世纪开始重新发行铸币，而且一直使用西里尔字母，以大量的城市或王朝象征物——植物、动物、字母、武器和标志性建筑——为基础进行设计。另外，有些国家的铸币上采用统治者的艺术画像，有的是全身像或骑马的画像，但通常是半身像、侧面或正面肖像。守护神像是另一种形式的人像，在一些我们最熟悉的欧洲硬币中，这种人像占主导地位。比如，佛罗伦萨的硬币上有施洗者圣约翰及百合徽章，威尼斯的硬币上有圣马可和基督，匈牙利的硬币上有圣母玛利亚，德意志一些主教领地的硬币上有圣彼得。硬币的反面如果没有刻装饰性十字架，或者基督的手里没有其他装饰，那就是很不寻常的。诸如四叶形或连接起来的拱形结构会作为装饰性设计出现在硬币的正反两面。

文学作品中对硬币设计的记载最早见于 15 世纪的欧洲。英国的"贵族"（noble）硬币，其中一面是穿戴盔甲的国王手持剑和盾站在船上，这一形象最早出现在 1344 年的硬币上，但现在仍然不清楚这种设计产生的原因，以及人们对这种设计的理解和反应。一个世纪后，一位不知名的诗人提供了一种解释：

> 我们看到的"贵族"指的是四种元素，
> 国王、舰船、剑和大海的力量。
> 但爱德华国王围攻法国王室，
> 占领了城镇，占领了海洋，
> 因此他是贵族。
> 刻印在硬币上，以此为念。
> （Quoted in Baker, 1961: 285）

尽管如此，大多数铸币的设计目的仍需要做进一步推断。鉴于此，有些情况下，硬币这种媒介很明显地反映了新的政治环境。在英国，亨利五世（Henry V）被确立为法国查理六世的继承者之后，新发行的萨吕（salut）硬币上出现了天使报喜这一新设计，以迎接即将统治法国的兰开斯特王朝。1464 年，英国发行的天使硬币也有类似的意图，这种硬币上印有大天使米迦勒击败龙的故事，出自《圣经·启示录》，这一设计通过引用典故来隐喻政权的更替。有些硬币发行者会维持硬币设计风格的基本稳定，而另一些则不然。苏格兰在保持其银币设计一致性的同时，在金币上采取了一系列手段来体现权威性，比如带有纹章的盾牌、骑马的国王、圣安德鲁、独角兽（Bateson, 1997: 97–111）。1434 年，勃艮第公爵（Duke of Burgundy）在其低地国家封邑发行了一套通用铸币，这种单一的设计代表了一个新的政治统一体。但他相继使用了 3 种不同的设计来代表公爵的权威。这 3 种设计分别是 1434 年的骑马形象、1454 年的纹章狮子和 1466 年的圣安德鲁（van Gelder and Hoc, 1960: 9–17）。此外，还有通过硬币设计来强调纯粹的货币联盟的情况，例如，在莱茵兰，四位选举人联合发行了背面印有四个连在一起的盾徽的铸币。[8]

随着中世纪铸币设计传统的不断发展，1500 年前后，欧洲铸币在体现权威性的方式上也发生了变化。从古典主义中汲取灵感的现实主义肖像重新流行，纹章日益成为一种占主导地位的设计形式，这种变化趋势为货币带来了非凡的艺术效果。这种传统极具复杂性和多样性，从相对中央集权的王国到高度分权的政体，有许多不同的硬币发行者，从君主、教会领主到各个行政区，每个发行者都有自己需要表达的形象。他们几乎都采用了纹章，纹章盾牌上往往印有传统徽章。在某些重要的铸币中，盾牌成为代表权威的主要形式，例如 17 世纪以前的法国金币以及 16 世纪 20 年代的大多数西班牙铸币。除此以外，纹章盾牌通常会完全取代中世纪的反转十字架，或者会覆盖在反转十字架上。

另一个因素是机械化硬币锻造技术的出现。16 世纪，多个造币厂开始使用机械化铸币技术，17 世纪，该技术得以广泛传播（Adams, 1978）。螺旋压机及其替代设备对人们的吸引力主要集中在铸币外观的改进上。造币厂工人曾多次指出，这种早期的机械化工艺与传统铸币方法相比，并没有更加便宜或高效（Sellwood, 1986）。铸币往往会采用冲击力强的高凸浮雕外观设计，尤其是君土肖像。1662—1663年，英国完全实现了铸币机械化，塞缪尔·佩皮斯（Samuel Pepys）总结道："他们说，对于国王来说，这种方式比传统方式更昂贵，但铸造的硬币更整齐。"（Pepys, 1971: 147）

君主的表现形式

这些设计上的变化带来了铸币方面的"文艺复兴"，文艺复兴的核心是古典学习方法的复兴。而硬币作为最容易触及的历史产物，以现实主义的方式和技巧描绘统治者的形象，对于文艺复兴时期的艺术家和他们的资助者来说，既是一种表现模式也是一种挑战。古物的复兴体现在古典符号、装饰品和服饰上。然而，本质的变化是自然主义或现实主义的发展，这也是艺术技巧的主要目标之一，是一种与古代世界的货币铸造相匹配的现实主义。尽管自然主义并不妨碍理想化，但它为表现个人权威提供了新的概念框架。与此同时，硬币雕刻师的地位也从籍籍无名的工匠转变成了颇受尊重的艺术从业者。

还有另外两个因素也影响了1500年前后欧洲硬币的设计。第一个因素是金银条供应的增加导致了硬币尺寸的变大。尽管这些新硬币并不一定采用文艺复兴时期的设计特征，但它们确实为雕刻师提供了更大的发挥空间。除雕刻面积发生了明显的变化外，还可以使用更高的浮雕效果，也有利于肖像的刻画。第二个因素是许多硬币发行机构性质的转变，这种转变最初是意大利所独有的。大多数中世纪的意大利铸币都是在现有公民徽章的基础上设计的。14世纪末和15世纪，强大的家族控制了主要城市，并建立了自己的小国家。他们继续用艺术来支撑这种新兴的政权统治，并依靠硬币上的文字来代表新的政治秩序（Grierson, 1971）。

米兰的斯福尔扎家族就是利用铸币上的文字来彰显新政治秩序的大家族之一。1462 年,斯福尔扎家族的第一代公爵弗朗切斯科·斯福扎(Francesco Sforza)将自然主义的硬币肖像引入意大利(Crippa, 1990: 35)。据说此举是受到了他的人文主义顾问康斯坦丁诺·拉斯卡里斯(Constantino Lascaris)的启发,实际上,这明显是遵循了古代硬币的设计模式。当时的威尼斯也成为这一领域的先驱。威尼斯共和国的领导者们密切关注他们的总督形象是如何呈现在铸币上的。显然,尼科洛·特龙运用了秘密手段才得以发行带有其肖像的铸币里拉。里拉是勋章铸造师和造币厂总监安东尼奥·德拉·莫内塔(Antonello della Moneta)的作品,但其中的设计理念很有可能源自特龙(Stahl, 2001)。特龙去世后,参议院更改了总督的誓词,以防这种事情再次发生。后来,一位威尼斯作者评论道:"暴君可以将自己的肖像印在硬币上,但共和国的元首却不能。"在佛罗伦萨,第一代公爵亚历山德罗·德·美第奇发行了本韦努托·切利尼设计的硬币,其反面是美第奇的家族庇护圣徒圣科斯玛(Saints Cosmas)和达米安(Damian),而不是该城市的庇护圣徒圣约翰(St John)(Hipkiss, 1937)。同时,中世纪共和政体政时期的佛罗伦萨代表硬币弗罗林金币消失了,从此再也没有被重新投入使用。

意大利战争带来了一系列变迁与兴衰,米兰最终被划归为哈布斯堡王朝的领土,其铸币风格也全部变成了古典主义的图像化设计。这种铸币是由莱昂内·里奥尼(Leone Leoni)设计的,他将皇帝查理五世描绘成一位身穿铁甲、头戴桂冠的罗马人物(Leydi, 2012)。他最著名的硬币设计是于 1551 年发行的银币达克特(ducatone)。这种硬币的反面描绘的是丘比特击败泰坦的图像,暗指查理在穆尔贝格战役中大败德意志新教君主的经历（见图 5.8）。在意大利，达克特是第一种以固定大小规格铸造的硬币，其意义是为巴洛克时期的意大利君主（主要是哈布斯堡国家）确立了主流的硬币大小规格。

图 5.8　银币达克特，查理五世，米兰
版权 © 大英博物馆理事会

原则上来说，教皇的统治不能取代王朝的政权统治，因此每个教皇不得不制定特殊的印记。在东西教会大分裂之后，教皇们为了巩固权力，取消了罗马铸币中的公共元素，并首次纯粹以他们自己的名义设计了一种铸币。西克斯图斯四世（Sixtus IV，1471—1484年在位）在教皇铸币上刻印了肖像，肖像出自杰出的雕刻师埃米利亚诺·奥尔菲尼（Emiliano Orfini）之手（Hill，1930：202）。随后，尤里乌斯二世（Julius II，1503—1513 年在位）也在铸币上刻印了教皇肖像。他的继任者利奥十世（Leo X）乔万尼·德·美第奇（Giovanni de Medici，1513—1521 年在位）在教皇铸币乃至欧洲铸币上又添加了一种新的元素。他明确地表示希望自己的铸币尽可能地精致。与此同时，强有力的政治手腕让教皇的肖像得以遍布日

趋井井有条的教皇国家。他的创新在于自罗马帝国成立以来首次将带有某种主题的具体信息刻在了铸币上,比如,圣彼得大教堂的重建,这或许是他最引人为傲的成就(Muntoni, 1972: 1: 118–120)。第二位美第奇教皇克莱芒七世(Clement VII, 1523—1534年在位)延续了这一传统。一些杰出的艺术家也参与了铸币的美化工作,其中包括皮耶尔·玛利亚·赛尔巴蒂(Pier Maria Serbaldi)(Hill, 1930: 225-226)、瓦莱里亚诺·贝利(Valeriano Belli)(Attwood, 2003: 210-224)和本韦努托·切利尼。切利尼说,当他拿出一套模具征求克莱芒的批准时,教皇的秘书称:"教皇陛下可能会拥有比古代硬币更加完美的铸币"(引述自Attwood, 2004)。这些教皇硬币属于常用面额硬币,通常是朱利奥(giulio)银币,而不仅仅是大面额的泰斯托尼或金币。这大概源于规模经济的效应,因为罗马教皇造币厂的经营规模甚至比费拉拉(Manca, 1989)或曼托瓦都大,更不用说梅塞拉诺或卡尔马诺拉了,并且它有能力雇用一批技术娴熟的雕刻师来生产大量的精锻模具。

米兰泰斯托尼银币及其传承硬币的影响迅速蔓延到意大利以外的地区,在阿尔卑斯地区,也出现了一种更大的新型硬币,铸币的材料来自统治者自己的银矿。蒂罗尔的统治者,即哈布斯堡家族,可以直接获取施瓦兹山脉的矿山资源。他们在这座山附近开设了霍尔造币厂。他们铸造的一种硬币,价值与旧金币古尔登(gulden)相等,但是用白银制成的,因此体积更大,被称为古尔蒂纳或古尔登格罗森(guldengroschen)。波希米亚圣约阿希姆萨尔的矿山和造币厂曾铸造过古尔登格罗森,由此,这种新的银币便有了一个人们更为熟知的名字——约阿欣泰勒或泰勒/道勒(thaler/dollar)。1486年,蒂罗尔的西吉斯蒙德(Sigismund)发行了由霍尔造币厂牛产的第一枚古尔蒂纳银币，这枚硬币重 32 克（Moscr and Tursky, 1977）。在这枚硬币上，西吉斯蒙德呈站立姿势，身披铠甲，并没有明显的古典主义风格。但在萨克森选区境内还发现了其他银矿，其造币厂所生产的古尔登格罗森上具有意大利泰斯托尼风格的肖像，多描绘人物侧脸，身着现代装束，据说是雕刻家阿德里亚诺·菲奥伦蒂诺（Adriano Fiorentino）的作品，他是从那不勒斯和乌尔比诺迁居到萨克森的（Hill, 1930: 84–85）。1497 年，哈布斯堡王朝的嫡系一脉继承了蒂罗尔。马克西米利安一世（1486—1519 年在位）在铸币上刻上了自己的肖像，体现了他的勃勃野心。在他的统治之下，霍尔造币厂开始铸造名贵硬币，主要是杰出的雕刻家老乌尔里希·乌森塔勒（Ulrich Ursentaler, 1482—1562）的作品（Silver, 2008, 100–101, 199–200）。在硬币的设计铸造过程中，阿尔卑斯山以北的欧洲君主制国家汲取了意大利文艺复兴的经验。16 世纪 30 年代和 40 年代，普通货币泰勒的影响力不断扩大，仍然是肖像的理想载体，并为 16 世纪中叶硬币肖像在北欧的传播树立了典范。

女王的表现形式

尽管女性统治者在中世纪的欧洲史上并不少见，但将女性统治者刻在铸币上的例子屈指可数（Stahl, 1990; Monter, 2013）。由于许多女王长期在位，加之其肖像的传播，这种情况也随之改变了。首先是卡斯蒂利亚的伊莎贝拉女王（Isabella）。1469 年，她与阿拉贡的费迪南德（Ferdinand）结婚，统一了伊比利亚王国的大部分地区，卡斯蒂利亚王国的铸币成为整个西班牙的主要铸币。她在 1497 年的一项改革中创造了一种具有深远影响的铸币设计，即埃克赛伦提及其他女王（Crusafont, Balaguer and Grierson, 2013:

409–415）。硬币的设计与女王的主权和权力有关，通常，女王的丈夫会被授予国王头衔，而费迪南德本身就拥有王室头衔，如此一来，情况就变得更加复杂。硬币上，费迪南德和伊莎贝拉面对面，国王的肖像位于左侧以示荣耀，国王的名字也排在币面文字的最前面，但卡斯蒂利亚的主权仍归女王所有（见图 5.9）。中世纪的卡斯蒂利亚铸币上的肖像一般采用带有艺术效果的半身侧脸设计。埃克赛伦提也沿袭了既定的传统，因为不同肖像中显示出的个人特征并不一致。也就是说，它们并不是具有新文艺复兴风格的真实肖像。这种设计在中世纪的某些年代极具影响力，每当遇到与伊莎贝拉女王相似的情况时就会使用这种设计。此后，硬币的设计中也出现了一些个性化肖像风格，如英格兰的玛丽·都铎（Mary Tudor）和西班牙的腓力（Cook, 2017）、苏格兰的玛丽·斯图亚特（Mary Stuart）、弗朗西斯二世（Francis II）、达恩利勋爵亨利（Henry），以及纳瓦拉阿尔布雷特家族的珍妮（Jeanne）和波旁家族的安东尼（Antoine）。

图 5.9 4 埃克赛伦提金币，费迪南德和伊莎贝拉，塞维利亚造币厂
版权 © 大英博物馆理事会

在铸币上为未婚的女王统治者绘制单幅肖像更为容易，尽管这

种情况更加罕见。玛丽·斯图亚特自1553年以来曾在不同时期的硬币上使用同一幅肖像。玛丽·都铎在英国开创了一个先例,并被伊丽莎白一世沿袭下来。伊丽莎白一世的统治超过40年,其铸币产量之大,为女性统治者的货币学研究留下了一笔永恒的财富。直到17世纪90年代的货币大重铸,手工锻造的货币才终于不再流通。这两位女王显然都参与了其硬币的设计。伊丽莎白是英国第一位委任硬币雕刻师职务的统治者(Challis, 1978: 18; Symonds, 1910: 89)。

17世纪,除瑞典的克里斯蒂娜(Christina)外,主要的女性统治者都在一定形式上分享主权,采用了与男性君主共同执政的方式。如西班牙尼德兰的艾伯特(Albert)和伊莎贝拉(Isabella)、英国的威廉(William)和玛丽(Mary),都采用了另外一种通过硬币设计来表达主权的方式。[9] 在这两个例子中,君主都分享了主权,男性君主拥有行政权。硬币上,两位君主的肖像并排,面部朝着相同的方向,地位较低者排在后面。这种并排的风格起源于希腊王国,到罗马帝国时期这一风格已经广为人知,这与联盟式的君权有关。到威廉和玛丽时代,罗马帝国的铸币风格已经完全融入许多欧洲君主制国家的铸币之中,这种表现形式也就显得更恰到好处了。17世纪末,货币设计中已经形成了一种既定的视觉语言来描绘女王,不管她们是专权还是共享主权,这主要得益于君主制国家将统治者的现实主义肖像作为铸币默认设计形式的转变。唯一的限制是不能选择军事形象,无论现代的还是古典的,这种权力仅对男性非教会统治者开放。

城市的表现形式

在某些情况下,王室成员的肖像并不适合刻印在铸币上。荷兰共和国采用了一种新的方式,通过确定硬币自身的视觉语言,即将类似的肖像与纹章进行结合,从而在各行政区的特定细节和不同行政区通用的总体设计之间实现了有效平衡。热那亚和威尼斯等共和国有现成的硬币设计,可以继续使用。同样,欧洲中部地区的自治城市也可以使用由来已久的公共标志或地区标志,特别是那些先进的纹章样式标志。另外,神圣罗马帝国和波兰普鲁士的城市在描绘、命名或为那些抵抗周边强权、维护自身地位的皇帝或国王歌功颂德时,也会通过已有的硬币设计来实现。但是,其中一些却为硬币设计添加了新元素,如城市景观。

因此,从16世纪中叶到19世纪初,欧洲的一些大城市将描绘城市景观的艺术传统应用到硬币设计中。[10]这使人们的城市自豪感和公民的权利在金币和银币上得到了具象的表达。城市景观本身在16世纪初就已经成为了一种艺术流派。到17世纪,几乎所有重要的城市都有各种各样的地形图。钱币学中的城市景观首先出现在奖章上,但奖章的制作数量较少,而且往往是为了突出某种主题。作为图像媒介的城市景观,先被刻印在奖章上,然后被刻印在硬币上。城市景观之所以能被刻印在硬币上,有几个条件不可或缺,其中一个条件是大型硬币的存在,另一个条件足够娴熟的雕刻技艺,以创建微缩的城市形象。但最重要的一点是,需要政府委托相关机构承接此事。

奖章上的城市景观设计起源于16世纪的意大利,但推动其发展的真正动力却来自其他地方。16世纪70年代,荷兰人脱离了西班牙国王的统治,并打造了勋章来纪念他们的成功,景观通常描绘的是他们突破重重围攻的城市或是从西班牙收复的城市。因此,城市景观的设计诞生于危难之时产生的集体安全感和公民的自我意识。

1618年，三十年战争爆发之时，城市景观设计从奖章转移到硬币上，这些硬币通常是神圣罗马帝国各城市发给士兵或是攻陷城市后庆祝成功的特殊硬币，一般以庆贺为主要目的；自治城市发行的硬币则强调其在皇帝合法权力之下的自治权。城市景观设计的繁荣时期是在17世纪后期和18世纪初。那些在奖章和硬币上大量使用城市景观设计的城市在三十年战争之后的和平时期也沿用了这一方法（见图5.10）。

图 5.10　10 达克特金币，汉堡，1675
版权 © 大英博物馆理事会

在硬币上描绘一座城市景观的方法有很多。可以从大海、河流或内陆方面来展现一座城市的面貌；可以夸大其建筑物的高度，来塑造紧凑而林立的城市外观；也可以扩展视角，就像从更远的地方眺望，凸显城市的辽阔。硬币上的这些城市景观图往往是高度主观的，强调某些方面而忽略其他方面。一个城市的舰队、农业、防御工事、教堂都可能被用来突出强调某种特定的信息，如突出军事或商业力量、财富、实力，以及最重要的方面——神的护佑和支持。

文艺复兴的局限与传承

文艺复兴时期的硬币在欧洲各国的影响各不相同,这表明新设计和新型硬币之间存在一定的联系。英格兰亨利七世发行的泰思通(teston)是第一种面值为一先令且印有精美肖像的硬币(Grierson, 1972)。这幅肖像也被用于面值较小的普通硬币格罗特和半格罗特,且极具个性。令人惊讶的是,1509年亨利七世去世以后,其儿子亨利八世发行的铸币在长达17年的时间内仍然使用了这幅肖像。这可能意味着,只要重量和纯度合乎标准,没人会特别在意铸币上刻了什么;也可能意味着它展示了非凡的工艺;还可能是因为这种激进的硬币设计风格比肖像代表的个人更为重要。在现代西班牙也发生过类似的现象,查理五世统治期间仍然使用刻有费迪南德和伊莎贝拉肖像的铸币,直到1520年才停止使用。在泰思通出现之前的几年,英格兰的铸币中出现了第二种面值的新币,即最早的一英镑硬币。这种硬币的风格应该是最"哥特"的,因为它样式老套、书写潦草,带有王室图像却不是国王本人的肖像(Grierson, 1964; Challis, 1978: 47–49)。因此,铸币上使用的并不一定都是清晰的、连贯的君主形象,而是任何看上去能代表强有力的王权和权威的形象都可以。

法国的铸币也采用了这种方法,在保留传统的同时融入了新的发展元素。意大利文艺复兴对法国造成了深远的影响,对法国文艺复兴时期的铸币也产生了至关重要的影响。路易十二(Louis XII)效仿意大利的做法,引入了带有肖像的泰思通,不过,直到1514年他去世前不久,才施行了这一措施。弗朗西斯一世延续了这一创新性举措(Drappier, 1978)。在同等面值的泰思通上,一系列肖像记录了弗朗西斯的衰老过程。但这些肖像也从侧面反映了法国分散式造币厂打造铸币的技巧并不一致,有些肖像几乎是漫画(17世纪时,模具生产技术的发展已经较为成熟,完全可以做出精细的肖像硬币,并不存在这样的技术局限)。另外,16世纪上半叶的其他法国铸币变化并不大。这一体系以长期存在的带有盾形纹章的金币埃居为基础,直到1548年亨利二世才将肖像添加到金币中。但他的继任者们又重新使用了旧的盾牌设计,直到17世纪金币上才继续使用肖像。

事实上,文艺复兴的影响几乎无处不达,但历史悠久且一直颇受人们青睐的铸币可能难以随着艺术潮流的变化而轻易改变。随着一流的硬币雕刻师因技艺日益获得认可而成为炙手可热的杰出艺术家,这些硬币的设计可能更加倾向于自然主义。伟大的艺术作品也应运而生,如莱昂尼(Leoni)的米兰式硬币和切利尼委托制造的硬币,都极负盛名,但数量有限。雕刻师可以参与铸币,这确保了造币厂可以雇用为数不多的技巧娴熟的雕刻师,他们可以将美学、质量和批量生产的实际要求充分结合起来。即使在意大利,完全属于文艺复兴风格的铸币通常也是一种贵重的硬币。时尚和娴熟的技艺被融入铸币的新外观,在屈服于强大的霸权主义邻国之前的短暂时光里,专制君主得以通过硬币表达自己的个性和野心。还有一种限量发行的铸币为带有文字信息的硬币,即宣传用硬币,只有少数人能够发行这种硬币,特别是教皇。17世纪后期,教皇发行的硬币上带有纪念民生发展和教皇政治举措的文字,硬币的水准得以提高。带有某种主题的铸币,其经济性遭到了强烈质疑。随着设计的频繁变更,制作大型铸币模具的成本不可避免地成为阻碍其生产的主要不利因素。

这个时代取得的巨大成功是自然主义的肖像在硬币设计中的

发展，作为一种适当的表现形式，肖像最终确立了君主权力和个人主权的地位。甚至连神圣罗马帝国的教会国家也转而使用其大主教和主教的肖像，有时甚至在背面刻绘守护神。16世纪末和17世纪，尤其是在哈布斯堡王朝，硬币肖像达到了客观的现实主义水平，这是罗马帝国早期以来的最高水平。17世纪中后期也是肖像明显古典化的一个伟大时代：护胸铁甲、月桂花环、王冠、军事披风和古董帷幔经常出现在硬币上，而往往不再使用16世纪和17世纪早期的现代服装。路易十四的国际地位具有重大意义，导致其他许多王国都受到他所发行铸币的启发而采用了这种风格。斯堪的纳维亚帝国的国王和君主们都采用了这种风格的铸币；1662年，查理二世也采用了这种风格的铸币，英国统治者还将其延续到了维多利亚统治时期（Cook, 2019）。

人们带着自我意识审视硬币，将硬币的外观视为一种艺术媒介，对硬币的设计和设计中所包含的信息给予同等的重视。也许久负盛名的硬币传统的发展最好地体现了这种态度的变化。对于硬币本身而言，是用于展览还是用于统治者赐予其宠臣，这其中的差别并不大，但这些用途却有力地反映了硬币是如何日益成为一种既可以使用又可以观赏的事物的（Cook, 1995）。

新世界

在被奥斯曼帝国征服之后的16世纪，伊斯兰世界吸收了欧洲主要地区既有的铸币传统；而欧洲以外的其他地方却是首次真正意义上向铸币业开放了一个新世界。西班牙殖民者在加勒比海、墨西哥、中美洲和南美洲发现了大量的新银矿，并开设造币厂，西班牙随之在以上地区进行了殖民扩张。除了墨西哥银矿，墨西哥城还获得了从玻利维亚波托西矿床开发出来的大部分资源。波托西矿床于1545年被发现，有"银山"之称，波托西造币厂始建于1573—1575年，该造币厂生产的铸币包括马库基纳（macuquinas），或者叫银块币（cob）——铸造粗糙的银片，大部分被运往欧洲重新进行铸造。

尽管当时有大量的美洲白银被出口到欧洲和亚洲，对这两个地区产生了深远的影响，但仍然有很多白银留在了美洲大陆，被制成了美洲的第一种硬币。这种铸币的设计在18世纪之前并没有什么特别之处。它复制了当时西班牙硬币的外观和面值，继续沿用哈布斯堡盾形纹章、卡斯蒂利亚国王的狮子和城堡。西班牙风格的美洲硬币在使用硬币的美洲殖民地中占主导地位，远远超出了西班牙直接统治的范围。而北美新兴的法国和英国殖民地当地没有金银条可供铸币，从母国转运而来的可用货币也很少。在17世纪，出现了几枚本地铸造的硬币，是该时期仅有的本地硬币设计的代表。最著名的是马萨诸塞州的一系列银币，最初使用首字母缩写NE来代表新英格兰，然后使用了一系列高大乔木的形象，有柳树、橡树和松树，尽管大多数硬币上刻印的日期是1652年，但是，这些硬币实际铸造于1652—1682年（Mossman, 1993: 79–90; Salmon, 2010）。再早一些的铸币有1616年百慕大或索莫斯岛的"霍格钱币"（Hogg Money），这可能是北美在西属墨西哥以外地区制造的第一种铸币——带有猪的图案（见图5.11）。

从15世纪中叶开始，葡萄牙人可以直接获得非洲黄金，这给他们的铸币带来了深刻的影响。从雷亚尔银币到其他一系列铸币，包括大量的金币，如克鲁扎多，以及带有国王新头衔"几内亚国王"的大面额硬币，都发生了变化。

图 5.11 百慕大"霍格钱币"
版权 © 大英博物馆理事会

葡萄牙人是最早在今印度、斯里兰卡和马来西亚定居并开展商业贸易的欧洲人,他们为了便于结算、促成交易而生产铸币。马六甲(葡萄牙人于1511年占领)是最早生产这些铸币的地点之一。与马六甲的苏丹一样,葡萄牙人用锡打造铸币,以曼努埃尔一世(Manucl,1495—1521年在位)的名字拼写为基础设计了球形和十字形图案,后来又添加了葡萄牙的纹章。马六甲一直使用相似的硬币设计,包括后来的银币,一直沿用至1641年荷兰占领马六甲。果阿是葡萄牙在印度的主要定居地,硬币上时常带有圣多马(到印度的基督教使徒)的肖像。而在斯里兰卡,葡萄牙人从17世纪初开始发行自己的铸币,其中,银币和铜币与果阿硬币较为相似。1649年以后,葡萄牙人转而使用从果阿进口的硬币(Cook,1998)。

荷兰东印度公司(成立于1602年)是葡萄牙在印度洋的竞争对手。他们效仿葡萄牙,生产当地铸币,尽管是以该公司的名义而不是以荷兰政府的名义。他们生产的早期铸币符合当地的传统,不过通常将该公司的 VOC 字母组合作为显著标识。在17世纪后期的斯里兰卡,荷兰人和康提国王联合驱逐葡萄牙人,进而出现了受荷兰影响较多的铸币，最早的是用荷兰语戳印 VOC 字母组合的当地货币。从 1660 年开始，他们开始铸造自己的硬币。这些硬币的两面都带有面额标记，在 18 世纪后期才添加了 VOC 字母组合和日期。

新世界的白银越过太平洋到达了菲律宾的西属殖民地。1565 年，第一艘"马尼拉帆船号"越过太平洋。此后，每年都有船只运送白银，许多西班牙硬币进入中国。在那里，它们可以被盖上当地商人的戳印。英国人和荷兰人试图发行与强大的西班牙"八雷亚尔"相抗衡的硬币，但因后者早已深入人心而以失败告终。同时，亨利·米德尔顿曾用英国硬币来安抚亚洲的西班牙人，最终这个英国人放弃了在东方发行与西班牙铸币相抗衡的铸币的念头，一位消息人士称："因为其他国家在此之前就伪造西班牙的'八雷亚尔'硬币，这使得东印度人怀疑我们的硬币，尽管找不到原因"（Wodak and Pridmore, 1957）。这种说法是不实的。西班牙硬币的竞争对手之所以失败，并不是因为人们怀疑西班牙硬币，而是因为人们已经接受了这种硬币。在整个南亚和印度洋周边，西班牙的"八雷亚尔"就像与之共同流通的伊斯兰硬币和中国硬币一样，即便使用者不知道其设计细节的实际含义，但它看起来就是硬币的样子。

1400—1680 年，硬币设计经历了一系列转变，以适应地缘政治、宗教、商业和技术的发展，尽管在此期间的变化可能不如货币历史上其他时期的变化那么显著。它的新颖之处在于，多种不同的传统相互碰撞，对这些不同传统的认识不断提高，并且，硬币广泛地流传至世界上其他全新的地区。这些发展在（不久后的）将来会产生全面的影响，且已做好准备，蓄势待发。

第六章
Chapter 6

货币及其阐释：近代早期的两宗交易

大卫·J.贝克（David J. Baker）

近代早期的英格兰的货币数量非常少，在很大程度上，这是影响人们对货币的理解的一个最重要的事实。流通中的英国硬币有皇家造币厂发行的便士、先令、金镑和天使硬币。每种硬币都根据当时的官方标准，将金或银与贱金属（通常是铜）混合铸成合金。16世纪40年代，从西属美洲矿山进口到欧洲的黄金和白银开始大量流入英国。伊丽莎白一世统治时期，皇家造币厂的产量大幅提高，但这还远远不够。这一时期，虽然有大量外国金属涌入英格兰，硬币供应量增加，但英格兰仍然面临着严峻的硬币短缺问题。似乎与此相矛盾的是，正是16世纪20年代后的人口增长推动了贸易的发展，从而导致了硬币短缺。双重压力推动了贸易的增长（也促进了价格的上涨，以及随之而来的螺旋式通货膨胀），以至于在伊丽莎白一世统治末期，在她的英格兰臣民中进行交易的硬币数量是其最初登基时的两倍。正如经济史学家克雷格·穆德鲁所说的那样，"16世纪末，对货币的需求可能增长了约500%，而供给却仅增长了

63%"（1998: 100）。英国人所拥有的硬币与他们所需要的硬币之间存在着惊人的差距。1600年后，英国的贵金属流入有所回升，但仍不足以弥补这一缺口。一项估计显示，直到17世纪，现金仅占该国支付手段的一半左右（Mayhew, 2013: 26）。英国人当时的经济事务中固然有硬币的身影，但人们并非在任何场合中都使用硬币。在大多数情况下，如非必要，人们是不会使用这些价值符号的。

货币短缺问题带来了两个更严重的后果。首先，短缺问题驱使英国人民及统治者采取多项权宜措施来调整他们所拥有的硬币的价值。如今，当我们谈论"货币"时，往往会先想到硬币和纸币，但实际上，货币的存在形式有多种。当今，如果某种事物满足以下三个主要条件，我们就将其视为货币——既可作为流通的交换媒介，又可作为价值存储手段，还可作为"记账单位"（也就是说，它可以作为一种价值尺度）。当时的英国铸币满足了上述所有条件，却没有我们现在所预期的一致性和可预测性。在英国人民之间流通的硬币多由皇家政府发行，有不同的面额。（英国没有官方纸币。直到1694年，英格兰银行才成立；直到1833年，其纸币——最初是手写版本，随后付诸印刷——才成为法定货币。）这些硬币的价值倚仗王室的权威，有时造成硬币价值浮动的正是王室本身。1541—1562年，亨利八世颁布的货币政策导致了后来的货币大贬值。他让皇家造币厂的官员减少英国货币中的贵金属比重，但仍加盖王室肖像。（由于这些硬币外面的一层银经常因为磨损而露出其中的贱金属，亨利八世也因此获得了"老红鼻子"的绰号。）供应白银的臣民以硬币的形式取得酬劳，而硬币的内在价值却越来越低，皇家金库也因此赚得金钵满满。不断恶化的通货膨胀使英格兰陷入了世纪中期的经济衰退，并摧毁了英格兰在海外的金融声誉。这些政策在亨利八世去世后仍被继续沿用，直至被终止之时，"银币先令的标准精度已从 11.1 盎司（硬币总重 12 盎司）降至 3 盎司"（Landreth, 2012: 20）。一些面额较低的硬币如格罗特，已经不再是法定货币了。伊丽莎白一世登基时，将挽救因她父亲而贬值的英国铸币作为其首要任务之一。若这一举动大获成功，便是她在位时最骄傲的政绩之一。然而，要做到这一点，她不仅需要将英国铸币的白银含量恢复到原来的水平，还必须禁止臣民的一些改变硬币价值的行为（当然是为他们自己牟利）。伪币猖獗，且伪造的硬币很难被发现，尤其是当他们模仿的许多官方硬币本身的质量就很低劣时。比较常见的伪造货币做法是"切割"硬币，即从硬币上切割或剥落少量贵金属，将刨下来的金属屑收集并熔化，制成伪币或金银条（见图 6.1）。虽然这项罪行被判处死刑，但这一惩罚措施收效甚微，造假活动仍屡禁不止。

图 6.1 后中世纪被切割过的银币，可能是伊丽莎白一世时期的先令
来源：由汤姆·布林德尔（Tom Brindle）拍摄，伯明翰博物馆信托，可移动文物计划／大英博物馆保管委员会提供（维基共享资源）

此外，粗制滥造且价值不稳定的英国硬币并不是在英格兰王国内流通的唯一硬币。正如斯蒂芬·登所说的那样，这段时间是"货

币主权"（最初的重点）概念出现之前的一个时期。直至19世纪，欧洲的各个国家仍然允许其他国家的硬币在本国境内流通。据说，1614年，"有400种不同的硬币在低地国家流通，有82种硬币在法国流通"（Deng, 2009: 19）。在英格兰，除了本国硬币，还有威尼斯达克特、德国泰勒、法国克朗和西班牙的八雷亚尔硬币在流通，它们都是公认的交换媒介。英国的货币当然也被作为一种价值储存手段，但其价值是波动的，受一些意外事件的影响，而这些意外事件大多超出了英国人的控制范围，甚至他们完全无法理解。

硬币的匮乏还导致了另一个后果。是什么弥补了缺失的硬币？一个词：信用。正如穆德鲁所言，由于硬币数量不足，近代早期的英国发展了一种现金和信用并行的经济，但两者的比例并不相同。硬币被用于"陌生人之间的非常小的交易……在买卖双方可能只会不定期见面的市场销售中"。而在"更大规模的交易"中，"在伦敦市场上，地主与商人进行交易，地主使用硬币来支付各种票据，而商人则需要硬币进行海外贸易……政府也以硬币征收税收"（Muldrew, 1998: 101）。有时，人们也依靠硬币的替代品，例如，商店老板发行贸易代币，在自己的商店中使用。"1649—1675年，大约1500个地方的6000多名商店老板"采用了上述做法，"以此来代替顾客在进行小额采购时所需要的零钱"（Wrightson, 2000: 248）。协议的签署可以采用正式形式，如票据、债券、收据等（见图6.2）。

然而，很多交易并非如此。人们认为，在任何情况下，诚信交易的真正"保证人"是"信任"。无论在理论上还是实践中，英国的交易都是通过互惠的债券来承购的，或者是通过穆德鲁所说的"声誉货币"来进行的（1998: 3）。正如他所强调的那样，很大程度上，

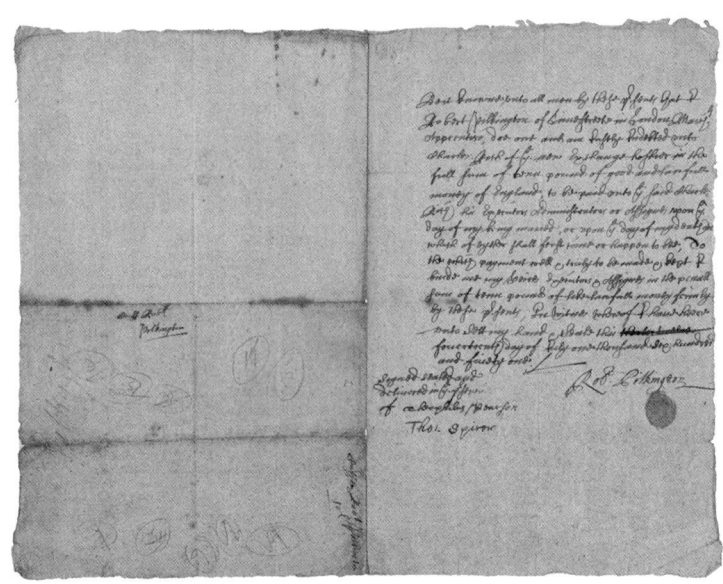

图 6.2 10 英镑借据，放款方：伦敦莱姆大街的罗伯特·皮尔金顿（Robert Pilkington），借款方：新交易所的查尔斯·里奇（Charles Rich）
来源：福杰尔·莎士比亚图书馆

这是一种社会经济。很多交易是面对面进行的，买卖双方所关心的问题都涉及其他参与方的品性。他言而有信吗？她欠债必还吗？他的债权人怎么看待他？她的债务人对她的评价如何？因为一项交易中的大多数参与者都会欠他人钱，同时也会有另一些人对这些欠他人钱的参与者负有债务。声誉，即人们对一个人的可信度、邻里关系甚至虔诚度的综合评判，是至关重要的。正是这种社会指标使近代早期的英国人能够预判他人可能做出的经济行为，这种预判比更为抽象的利润得失计算（我们称之为会计）发生得更早。对于英国人来说，日常商业往来中涉及的主要"阐释性"问题是其他人以及他们的动机、忠诚度和意向。

这很容易让人们得出这样的结论——因为近代早期的英国人在大多数交易中都依赖信用以及因信用将彼此联结在一起的关系网——他们的日常交易中不存在混淆或不确定的因素。但不幸的是,事实恰恰相反。正如笔者在其他地方所说的那样,在英格兰的信用经济中,违背诚信的行为和不正当的金融行为极为普遍,而这恰恰是因为它"确实"严重依赖信贷(参见 Baker, 2009)。要想参与英国的市场交易,就要首先使自己陷于承诺、欠款、已承诺的商品和延期付款的大网中。但因为这张网扩展得非常大,而且在这张网中的每一个点上,买卖双方都仅仅被信任所束缚,所以交易很容易土崩瓦解或因意料之外的麻烦而失败。"很多交易……在各参与方的记忆中并不一致,而且支付给第三方的款项也可能无法实现合理地流转,"穆德鲁说,"也有丢失票据和忘记付款的情况。关于合同性质的争论和破损或劣质商品的争端时有发生。"(1998: 199)正如他所言,结果就是关于不良商业交易的诉讼在此期间数量激增。也就是说,信用经济与它所赖以生存的硬币经济一样难以解释。困扰近代早期英国人的经济"阐释性"问题始于硬币本身,但并没有就此结束。

可以说,并不是所有近代早期的英国人都拥有足够的处理经济事务所需的硬币。换言之,对他们来说,硬币是稀缺的。众所周知,稀缺是经济学研究中的基本问题。就像现在一样,由于资源有限而无法满足全部需求,人们才不得不做出选择,来决定在哪里以及如何分配他们所拥有的资源以获得他们想要的结果。铸币是一种稀缺资源,信用也是。那么,随之而来的问题是,近代早期的英国人是如何同时使用这两种资源的,这对于我们理解以下问题至关重要。他们看重什么?他们是怎样理解自己所生活的经济世界的?或者换句话说，他们是如何阐释这个经济世界的？在本章中，笔者思考了英国硬币的匮乏及其对英国人日常经济生活以及描绘这些日常经济生活的文学作品的影响。近年来，有一些优秀的研究探索了硬币在同时期文学中的作用。例如，当大卫·兰德雷斯在为他的项目构建框架时，他"考虑到了有硬币存在或无硬币存在时产生的话语效果"；他说，"预付现金"是他所坚持的做法（2012: 36；另见 Deng, 2011）。值得注意的是，尽管如此，在实践中，这些研究往往关注硬币的存在及硬币存在时产生的"话语效果"，而不会关注硬币不存在的情况。

在此，我们可以这样思考，把硬币从这个问题中剥离出来，在近代早期的经济类文本中，当硬币不再流通或只是部分流通时，会产生什么"话语效果"。为了强调硬币的缺失，笔者以一种特定的交易（一段买卖的情节）为例。这段情节最早出现在托马斯·德洛尼（Thomas Deloney）的近代早期小说《文雅的手艺》（第一卷）(*The Gentle Craft, Part I*, 1597）中。德洛尼在此书中详细地描述了一位谦虚的制鞋匠西蒙·艾尔（Simon Eyre）发家致富的故事。他将一堆布料转化为财富，继而成为伦敦市长。我们有充分的理由认为，这一情节在近代早期的英国人中产生了共鸣，并引起了他们的兴趣，因为它后来以另一种形式再次出现。托马斯·德克（Thomas Dekker）从《文雅的手艺》（第一卷）中获得了灵感，并围绕它写作了一部剧本《制鞋匠的假期》(*The Shoemaker's Holiday*, 1600），该剧广受欢迎。笔者认为，这些作品之所以谈到该时期的货币问题，并非因为它们体现了铸币或好或坏的影响，而是因为它们包含了硬币和信用的问题以及经济问题，读者或观众们每天都遇到这些问题，并花费很长时间试图解决这些问题。因此，我们可以想象这些作品的受欢迎程度。如果我们感兴趣的是这段时期的"货币及其阐释",那么,笔者认为在这里,即硬币和信用的交点处,我们可以找到我们自己的阐释。

我们所讨论的情节与这位名叫西蒙·艾尔的人物有关,这个人物大致是以 15 世纪一位名叫西蒙·艾尔的商人为原型,无论在德洛尼还是德克的版本中,他都是一名制鞋匠,"而且并非最好的那种"(Deloney, 1961: 148)。一位已经出师的学徒工告诉他有一批"细麻布、麻纱及其他亚麻布"的布料。他还得知"这些商品在当时的伦敦非常罕见",但他需要"3000 英镑的现款"来购买这些商品(这在当时是一大笔钱,现在也是),然后再将商品销售出去。但这笔钱从哪里来呢?他在房间踱来踱去,"脑海中酝酿着这个问题的答案",直到他的妻子走进来,问他在想什么。他据实相告,艾尔夫人建议他"给货主半打天使硬币",每一枚天使硬币价值 10 先令,并承诺"货物交付完 28 天后……还清剩余的钱"。艾尔十分惊讶。"但是夫人,您觉得货主会相信我的话,并把货交给我吗?这些货值一大笔钱,而除了我的保证以外,再无其他保障。"(Deloney, 1961: 142, 143, 144)为什么人们会仅凭几句话就将一大笔财富交付给一个中等收入的人呢?究竟是为什么?然而,货主却真的相信了他。他妻子的计划是让他乔装打扮,故意行骗。这种做法的确奏效了,而且凭借这种诓骗的手段,艾尔成了一位富有的商人,并最终当上了伦敦市长。

现在,需要说明的是,如果我们只跟踪整个故事情节中货币的流向,那么无论在《文雅的手艺》(第一卷)还是《制鞋匠的假期》中,都不会有多大进展。我们不妨试一下。这真的令人捉摸不透。起先,艾尔和他的妻子对他们必须要筹集的巨额资金感到无措。

艾尔夫人提出向朋友借 40 先令，并动用"结婚以来积攒的几枚克朗"。但笔者在前面提到过，她的丈夫需要"3000 英镑的现款"，并且期望从中获得"3300 英镑的利润"。也就是说，他希望自己的投资能够获得双倍的收入，尽管眼下他甚至拿不出"3000 便士"（Deloney, 1961: 143, 144）。但艾尔夫人想出了一个主意：欺骗货主，并向其分期付款。突然间，他们似乎就变得很富有了。不久以后，人们就称赞他可以"一下子处理价值 5000 英镑的生意"（Deloney, 1961: 147, 148）。

这个故事中最重要的东西，以及由此引发的对于近代早期读者来说可能最重要的东西，似乎是艾尔多么受欢迎，他能够以多快的速度将意外之财转化为社会地位。艾尔变得富有，是因为他采纳了别人狡猾的建议，而并非因为他本人是一个精明的市场参与者。甚至可以说，他是恰巧赚了钱。交易完成后不久，他被邀请去现任市长家中用餐。此处，德洛尼大力渲染了细节，如邀请了谁，坐在哪里，桌边的谈话，谁偷听了谁说的话。而对这场让艾尔从粗野的制鞋匠摇身一变成为受人尊敬的商人的交易，即其购买布匹的交易，却只字未提。这个故事只是一件逸闻趣事，其中，为艾尔提供资金支持的社会交换被置于重要的地位。很显然，对于德洛尼及读者来说，在很大程度上，信誉很重要。这是当然的。另外，操纵他人的能力以及对个人所获得利润的期望也很重要。我们在这里讨论的也许只是从文学作品中窥探过去的市场，在那里，"货币媒介"还不是"最关键的"，正如让-克里斯托夫·阿格纽（Jean-Christophe Agnew）所言，在当时的市场上，对利润的追求"首先会受到其他认知和情感因素的束缚"（1986: 27）。

在《制鞋匠的假期》中，对艾尔取得成功的方法的描述更加模糊不清。货币不仅以某种神秘的方式流转并制造奇迹,而且会以令人困惑的数量和各种形式出现。在这部剧本中,货主是一位荷兰船长,只是因为他将提货单交给了艾尔的一个雇员拉西,便在英格兰的海岸遭受了无妄之灾。(他以为拉西是他的同乡。在当时那种身份混乱的时代背景下,这样的认知恰如其分,但实际上,拉西只是乔装打扮成了英国贵族。)艾尔的另一名雇员菲尔克站在一旁,估算了一下这批货的价值——"二三十万英镑",随后他又假装表现出一副不屑的样子,称其为"小事一桩"(Dekker, 1990: 34, vii, 14–15;见图 6.3)。然而,实际上,这在当时是一个"巨大的数字",大到令人难以置信,一位编辑推测"德克原本写的可能是'二三百',然后打算将'百'修改为'千',但打印机并没有删除'百'这个字"(Dekker, 1990: 34)。

图 6.3 船上的装备,W. 霍拉(W.Hollar)绘
来源:福杰尔·莎士比亚图书馆

那么,艾尔用于支付预付款的硬币从何而来呢?另一位雇员霍

奇可以拿出这些钱,但我们最后一次见到这些钱是在拉西的叔叔将它们送给拉西时。"听,"霍奇说道,"它们在我的口袋里叮当作响,像圣玛丽奥维的铃铛一样。"这些硬币是如何从一个人的口袋到了另一人的口袋里的?目前尚不清楚,甚至菲尔克自己似乎也对货币的来源感到困惑。这些硬币是一种葡萄牙金币"portagues","葡萄牙金币也被称为'克鲁扎多'"(Deng, 2009: 270),他却把它们叫作"porpentines"(Dekker, 1990: 35, vii, 23–25, 23)。对货币的命名偏差很能说明一些问题。正如登所言,这种偏差揭示了"平民菲尔克对外国硬币一无所知"(2009: 271)。但是无知,无论是真的无知还是假装的无知,不仅体现在此时菲尔克对硬币的困惑中,在整部戏剧中都体现得淋漓尽致。"这是用来交定金的葡萄牙金币。"霍奇将定金交给其老板时说道。"如果这个交易成了,"他预言道,"您至少也会成为一位地主,这是毋庸置疑的。"在这部戏剧中,就像小说中的同名人物一样,艾尔似乎一头扎进了财富中。在进行任何交易之前,总会有一个身穿"天鹅绒外套和高级市政官长袍"的男人出现在舞台上,这就是艾尔。艾尔成功了,但并非靠自己的奋斗取得的成功(见图6.4)。周围的每个人都在筹谋,才使他变得富有。而且在大多数情况下,人们之所以这样做,似乎是因为钦佩他、欣赏他的勇气和诚实厚道。就像他的雇员所说,艾尔并没有"选择"在市场上经营,也没有"选择"成为一个"非常成功的得利者"。金钱是他成功的标志,但这似乎是偶然所得,因为不需要进行真正的买卖。"哎呀,现在您看起来就像您自己,老板!"当艾尔穿上他的"丝缎"长袍时,他的管家喊道(Dekker, 1990: 38, vi, 94–96, 21, 114, 108)。金钱使他成为有钱人,他也似乎一直都是有钱人。

图 6.4 人物肖像，马尔腾·梵·海姆斯凯克（Maarten van Heemskerck），1529
来源：公共领域（维基共享资源）

当然，这些情节都不是近代早期金融交易的真实案例，它们都是为了娱乐而创作的。但我们仍然无法忽略现金流动所产生的奇怪而曲折的轨迹。似乎有大量硬币出现、减少、消失，然后又无缘无故地增长。诚然，当涉及硬币时，这两部作品中都有一些相当荒谬的情节。我们的总体印象是：就货币及其相对价值，以及货币的流通方式而言，近代早期的英国人认为并不需要精确地了解，特别是当硬币的数量较多或者人们对面额不熟悉时。从财务的角度来说，德洛尼和德克作品中的交易并不符合逻辑。

如果我们不是将这一故事情节看作硬币文学史中的一个片段，而是将其视为在因硬币缺失而导致的硬币和信用共存的经济体中的一项指标，会发生什么呢？历史学家卡尔·温纳林德（Carl Wennerlind）也提出了这样一种说法。在其权威著作《信用事故》（*Casualties of Credit*）中，他引用了卡尔·马克思（Karl Marx）

提出的一个著名论断,然后对这一论断进行了修改,不仅解释了现金对经济的影响,还阐述了信贷的影响。与马克思一样,他的兴趣点在于,大多数交易发生时所使用的媒介和这种媒介促进或阻碍人们产生的某种意识之间的关系。而且,与马克思一样,他认为当时人们普遍使用的媒介会引起某种"不解",而导致人们(也许是无意识的)拒绝承认有关经济运行方式的一些基本事实。马克思曾提出一个著名论断:以现金为主导的经济带来了一种特殊的模糊主义。他认为,当大多数交易都以货币为媒介时,有用的东西(他称之为"商品")似乎具有了自身的价值,而不是因为某人的劳动赋予了它这种价值。这样的经济模式允许(一些)人"忘记"(其他)人曾通过劳动来生产他们所消费的东西,而这种劳动往往是繁重而无利可图的,因此"对于他们而言,人与人之间的一种明确的社会关系……表现为事物和事物之间的'美妙的'社会关系"(他称之为"商品崇拜")。当货币是衡量万物的标准时,这是一种障眼法,人们看到了这些看似"被赋予生命的独立事物",却湮没了背后的辛苦劳作和剥削的现实(Marx, 1906: 83)。

现在看来,马克思的论断与近代早期英格兰经济之间的相关性值得商榷。正如我们所看到的,这一时期英国人的交易行为中确实存在某种现金经济,但现金经济并不是他们唯一的选择。而且,现金还没有达到马克思所假定的市场交易饱和程度。也就是说,英国的交易并没有被"货币化"到货币能将其他交换媒介排挤出去,致使大多数社会关系变成纯粹的财务关系的程度。同样,这是硬币稀缺的一种直接后果。正如穆德鲁所言,在近代早期的英格兰,货币"并未得以大规模使用,从而将经济交换从马克思所说的'现金关系'意义上的社会交换中剥离出去"。货币被用作"经济交易的度量手段",但"在实际使用中,货币就像一层油脂,是更庞大的信贷机制的润滑剂"(Muldrew, 1998: 101)。马克思的"商品崇拜"概念可能在某种程度上适用于近代早期的英国,因为当时的英国人确实拥有货币化经济,准确地说,这一概念也许仅限于这种程度;但"商品崇拜"并不能解释当时英国人的普遍心态,因为这一概念的经济前提并不适用于英国。英国人的生活被错综复杂的现金和信贷所支配,无论我们想探讨的是他们在商业事务中的盲目性还是洞察力,都必须追溯到这些现金和信贷。

温纳林德就是这样做的。他认为,在像近代早期的英格兰这样的经济体中,还有与商品崇拜并存的另一种观念模式,即所谓"信贷崇拜"。他说,因为存在商品崇拜,"17世纪的伦敦人在用一枚银币购买一杯甜咖啡时,无须考虑生产白银、陶瓷、咖啡和糖的社会环境"。而信贷崇拜与商品崇拜一样,也涉及"精心构建一种社会想象",这不是要"有意或蓄谋隐瞒重要事实",而更多的是"基于对世界的特定理解而产生的一种无意识或潜意识的盲目"。对于那些主要从事信贷交易的人来说,与现金交易一样,有些事情就是无法看到的,"即使经过仔细的考虑,也无法看到"。这两种崇拜理论的分歧在时间轴上。商品崇拜是回顾性的,它"使人们摆脱了对过去的生产条件的思考"。但相反,信贷崇拜是前瞻性的,"它认为仔细考虑未来的生产条件并将其生动地想象出来是有必要的"(Wennerlind, 2011: 230)。

温纳林德对这些崇拜理论的评论很简短,我们可以拆开来看。当货币成为最主要的交换媒介,并且当允许某些人占用他人劳动的社会结构根深蒂固时,那些"忘记了"他人所提供的便利,并把市场想象成纯粹是"以货币为媒介的商品集合"的人就是其中的受益者（Wennerlind, 2011: 229）。当糖被端上餐桌时，你大概不会去思考糖的来源，更不会专门去了解这些糖产自哪个种植园。但正如我们所看到的，在信贷经济中，情况截然不同：为他人思考正是你取得成功的必经过程，而要做到这一点，你必须从你现在对他们的了解中推断出他们未来可能做出的行为。也就是说，要想取得成功，你必须总结对自己所参与的买卖双方构成的链条的看法，或者你可以由此进行推断，并仔细思考其中每个人的意向。接下来，你需要在脑海中勾勒一幅画面：如果我这样做，其他人会怎样做？信贷崇拜是面向未来的，因为它首先依赖于社会理解，它并不是将市场理解为一种抽象的东西，而是把那些通过相互的义务和相互的依存关系而捆绑在一起的人们进行分类。

至于这两种崇拜使人们"忘记了"什么，温纳林德没有说，但我们可以推测。用一句话简要概括：商品崇拜使我们忘记了我们正在剥削的人；信贷崇拜使我们忘记了我们在剥削他人。正如我们已经讨论过的，在信贷驱动型经济中，最重要的之所以是诚信和声誉，恰恰是因为这些方面往往存在争议。在依靠信用的社会想象中，礼让和忠诚是至高无上的，这是经济关系的必要条件。穆德鲁就曾提醒我们，"这个世界充满了讨价还价和相互竞争的欲望，错综复杂，矛盾重重。市场关系……强调了信任和履行义务的重要性"。近代早期的英格兰面对的无疑就是这种情况（1998: 125）。在那些崇拜信贷的人的想象中，这些相互竞争的欲望被抛到脑后，而好友汇聚一堂、共同谋取利益这一精心谋划的场景被置于台前。这是货币和信贷作为经济元素有所不同的原因之一，它们"促成了不同的抽象实践和不同的崇拜观念"（Wennerlind, 2011: 230）。

我们可以看到，在许多文学作品中，特别是在《文雅的手艺》

（第一卷）和《制鞋匠的假期》中，很多近代早期的英国人在讲述其经济生活的故事时，不仅敏锐地发现了这些社会关系，还持有一些怪异的狭隘观念。尝试通过这些小说来追踪现金的流通路径并不会有多大进展，而如果我们用温纳林德的"信贷崇拜"理论来分析这些文学作品，我们的收获会更多。这两部作品都隐晦地提出了一个问题，即一个社会地位较高，且总会拥有一些资源能够任他随意支配的人是如何变得富有的。但这个问题的提出方式和得到的答案在这两个作品中的差异却很大，这不仅仅因为这两个作品一个是小说，另一个是戏剧。《文雅的手艺》（第一卷）对艾尔和他周围的人物以及他们之间的互动都做了相当细致的描述。德洛尼细致入微地描述了这种赠予和接受的关系，在角色对话中"诠释"了读者所熟悉的市场，这种市场结合了信贷经济和现金经济，于是就自然而然地拉近了与读者的距离。关于这个市场，他们所知道或不知道（或选择不知道）的都在作品中反映了出来。因此，即使在今天，我们也可以遵循从前信贷崇拜的运作方式来探究其中的机制，就如同他们为我们展示的那样。在两部作品中，艾尔都在扮演天真无邪的人，对经济问题不得要领。在《文雅的手艺》（第一卷）中，他最终学会了其中的道理，这在很大程度上要归功于他的妻子，她教会了他如何利用社会信用来获取财富。而在《制鞋匠的假期》中，艾尔夫人则扮演了相反的角色，她一直不得其中要领，反而时常需要周围的人（通常是她丈夫的雇员）进行纠正。德洛尼为我们引入了（即便不是"分析"）近代早期的信贷崇拜这一概念，然后做了详细介绍。他鼓励读者参与到"精心构建的社会想象"中。尽管如此，德克对德洛尼的改编很难说是谨慎的。他的信贷崇拜观点非常激进，歌颂了突如其来的财富，认为只要善良便能生财，只要互助便能守财。

请记住信贷崇拜盛行的原因。一方面，它淡化了货币在金融事务中的作用；另一方面，当信贷崇拜横行，社会幻想形成时，它夸大了信用的作用，尤其是信用在"未来"的作用。在《文雅的手艺》（第一卷）中，这两方面均有所体现。艾尔最初打如意算盘的时候，脑子里盘算的只有他的硬币。他知道他需要"3000英镑的现款"，但他还没有足够的钱，他所能想到的就是他还需要更多的钱。最初，艾尔的妻子所想到的来钱路数跟他想到的一样。我们看到，她提出"向朋友借40先令"，自己再拿出两克朗（Deloney, 1961: 143；见图6.5）。请注意，即使在这里，寻找资金来源的重点还是放在社交上，这符合近代早期读者的猜想和信贷崇拜的要求。艾尔夫人首先想到的是会借钱给她的"朋友"，他们之所以借给她钱并不是因为他们看到了一项不错的投资，而是因为他们信任她。当我们深

图6.5 7枚金币
来源：福杰尔·莎士比亚图书馆

入探究德洛尼在这段故事情节中所展现的经济模式时，便可以发现这一时期英国人的交往始于将硬币作为体现诚意的方式。当他们想到硬币时，就像这段故事情节一样，他们难免会考虑自己所积累的信用，以及他们可以利用这些信用获取多少现金。

与此同时，通过这一故事情节，我们看到，单单依靠手头的现金是不够的。如果艾尔和他的妻子只停留在靠他们自己和熟人之间的硬币流通上，那么，他永远不会成为伦敦市长。要想获得成功，他们就必须在"投机"的路上铤而走险，投机这个词具有双重意义：在没有确凿证据的情况下构想出一种假设，在没有特定回报的情况下进行投资。眼下，他们必须采用的投机思维与算计他们在熟人之间积累的信贷和债务的思维有所不同。他们须在不超出英国人所理解的信贷经济的范围内运作——怎么能超出呢？——只是这一范围的规模更大了，你可以看看他们接下来发生了什么。"现在"，艾尔夫人提醒她的丈夫，他们"付得起工钱"，而且"没有债务，足够养家糊口"，她"已经心满意足"。但丈夫问道，如果有人称她为贵妇人，她是否能担得起这个称呼。她回答道："说句实在话，不是我吹嘘，如果您的钱够多，我自当做好充分的心理准备。"至于她的丈夫，他更想做那种"心有多大，租金就有多少"的人（Deloney, 1961: 143）。像许多企业家一样，艾尔夫妇都意识到，要想致富，他们首先必须改变他们的思维方式。

但《文雅的手艺》（第一卷）之所以能成为一部典型的近代早期著作，原因就在于书中的角色做到了这一点。他们没有考虑任何一种通过筹到"3000 英镑现款"来购买"细麻布、麻纱"等货物的方法。实际上，他们完全放弃了使用硬币的方式，或者至少艾尔夫人放弃了这种方式，因为在这一故事情节中，阐明底线的话出自她口中。尽管艾尔所说的话表明他在逐渐理清思绪,但他根本不知道该怎么做。他的妻子反而是一个精明的市场经营者。当她听到交易涉及的金额时,她"充满了欲望",因为"女人(大部分)是贪婪的"——德洛尼持这种观点(1961: 143)。这种贬抑女性的观点意在说明,其丈夫可以免受贪婪所累,可以在无意之中发家致富,并且没有任何难以言喻的贪婪之心。实际上,对艾尔夫人的诋毁恰恰体现了这段故事情节中的信贷崇拜。艾尔本人完全处于迷茫状态,而艾尔夫人生动的想象恰恰符合信贷崇拜的要求。而且,正如温纳林德所言,她的计划包含对未来的精心规划。当她盘算着丈夫如何一步一步将几枚硬币转化为一笔财富时,脑海中剖析的是每个买家和卖家的意向和行动。例如,她确信,这位货主会愿意接受先付首付,一个月后,"或者至少三周后"付清余款的方式,她猜得不错,因为货主没有要求预先支付现金(Deloney, 1961: 144)。另外,她还料到货主不会在意艾尔粗鄙的装束,只会将其视为"一个小心谨慎的人,不会死要面子,强撑门面,而是穿着得当,与现下的交易相得益彰"。果然,当艾尔后来穿着市政官员的服饰出现时,货主并未质疑(Deloney, 1961: 145)。她说,她早知道会是如此,因为她简直可以想象到这样一幅画面。她告诉艾尔:"在我的脑海中,我已经看见您……穿上这件昂贵的衣服,您看起来就是一位市政官员"(Deloney, 1961: 146)。

在这段故事情节中,正是崇尚信用的艾尔夫人在当前社会的各种可能性中汲取了未来的货币利润。可一旦她做到了,德洛尼似乎就不再需要她了。事实上,当艾尔夫人所有的预言成真,她和艾尔受邀参加市长的晚宴时,她突然对自己的社会地位缺乏信心,难以融入当时的情境之中。她"局促不安","在晚宴上,只吃了点肉,她想表现出举止谦逊、端庄得体，实际却心潮澎湃，愉悦和满足溢于言表"（Deloney, 1961: 148）。第二天，她一直念叨着谁对谁说了什么。此后，即便没有她的帮助，艾尔也顺利迈入精英阶层。很快，他就身价"12 000 至 13 000 英镑"（Deloney, 1961: 154）。在后来的一段故事情节中，艾尔在"家里的饭桌上"敲定了一桩生意（Deloney, 1961：157），而她则成为那个需要被他指点的人。头脑精明的艾尔夫人并没有彻底消失是有一定意义的。相反，在艾尔取得成功之后，埃尔夫人虽然会安静地用餐，但内心充满喜悦，德洛尼想让近代早期的读者也体会到这种喜悦。她（和他们）知道在信贷经济中必须精打细算才能胜出，必须一丝不苟地追求利润动机。但在小说中，这一动机先是被搬到了艾尔夫人身上，然后彻底消失了，读者在品味艾尔发家致富的故事时，却"忘记"了他成功背后的那个女人和那些算计。

而在《制鞋匠的假期》中，艾尔夫人（在该剧中的名字为玛格丽夫人）几乎不了解她周围的经济问题，这也不足为奇（见图 6.6）。实际上，她还是个累赘，因为她提出了拙劣的建议，妨碍了丈夫的生意。她责骂工人，要求工人一天到晚地干活，不能闲逛、喝酒或唱歌。相比之下，艾尔就显得随和友善多了。他认为，如果他的雇员将工作视为一种娱乐，他的业务反而会进行得更加顺利。"这么唱下去，难道会变聪明吗？"她对工人们说道。艾尔则会出面调停。"安静点儿，你这唠唠叨叨的绣花枕头，一边儿去，一边儿玩儿去，"他打趣道，"不要与我和我的工人争吵……该喝酒喝酒，该干活儿干活儿。"（Dekker, 1990: 35, 36, 37, vii, 30, 38–40, 80）如今，我们认为玛格丽夫人可能觉得艾尔的利润将直接与其雇员的努力挂钩。而在德洛尼的《文雅的工艺》（第一卷）中，我们看到，一位精明

图 6.6 《制鞋匠的假期》或《文雅的手艺》
来源：福杰尔·莎士比亚图书馆

的商人成功的标志就在于其掌握了预测经济的诀窍。艾尔夫人之所以成了她想要成为的贵妇人，就是因为她有先见之明，为未来的成功铺好了路。

小说改编为戏剧后，信贷崇拜发生了一些有趣的变化。在德克的故事中，同样存在某种先见之明，但预测的却是有人与市场步调不一致。简而言之，在《制鞋匠的假期》中，至少对于那些知悉内情的人而言，并没有经济上的未来成功；在德洛尼的故事中，那些预计会在未来取得、并且后来也真正实现了的成功，在德克的故事中往往都只是当下正在发生的事情。我们再来看一看描写菲尔克欢欣鼓舞的段落：这笔交易"可以让我的老板购买价值二三十万英镑

的货物"。"菲尔克,事实是,"霍奇说道:

> 货主不敢露头,
> 因此,由船长代为出面,因为汉斯的面子,
> 给我老板艾尔一次交易机会。
> 他会有一个合理的付款日,届时他就可以出售这些商品,
> 赚得金钵满满。(Dekker, 1990: 34, vii, 13–21)

先来看看戏剧中错综复杂的社会关系。德克无缘无故在这群人中添加了一个角色,即周旋于货主和艾尔之间的船长。然后,为了提高社会关系复杂程度,又加入了一个人物关系,即汉斯和船长之间的关系。但我们也要注意这段对话中提及的时间差。当前,工人给艾尔运来了一船货物。同时,船长给了"艾尔一次交易的机会"。而在交易达成之前,霍奇就已经知道交易会达成,艾尔"有"一个"合理的"付款期限,到那时,他将高价售卖所有商品。从句法上讲,艾尔此时此刻就已经"赚得金钵满满",因为字里行间已经将明天挪到了今天。玛格丽夫人一直认为高成本意味着低利润。因此,当有人恰到好处地扭转了时间时,她无从反驳。当艾尔的工人因为汉斯会用外国人的"小玩笑"逗他们开心而想雇用汉斯时,玛格丽夫人则认为他们"人手充足",不需要再雇人。但弗克和霍奇却纠正她道:"天哪!夫人,如果我的老板听从了您的劝告,那么他就要少吃点牛肉了。"有汉斯在的话,"我们的工作效率会更高"(Deloney, 1990: 25, iv, 53, 55–56, 48–49)。但关键是,从会计的角度而言,这确实没有意义。利润以及追求利润的动机在"社会想象"的市场中被"遗忘"了,这种市场纯粹依靠善良来运作,是由无止境的信任驱动的无摩擦的经济。在《制鞋匠的假期》中,我们

看到,《文雅的手艺》(第一卷)中出现的信贷崇拜的逻辑得以加强和巩固。小说时不时地承认推动经济成功的动力——艾尔在与市长共进晚宴时吹嘘"那艘大船上的所有商品都是我的"(Deloney,1961: 147),并揭示了取得经济成功所需的筹谋和算计,但这些内容在剧本中都被抹去了。当然,德克从德洛尼那里受到了启迪。从某种意义上说,《制鞋匠的假期》是《文雅的手艺》(第一卷)的一部读后感。当他把精明的市场分析师艾尔夫人换成精打细算而又骂骂咧咧的玛格丽夫人时,这位剧作者做的便是小说作者做过的事,即把她变成一件传递经济思想的工具,必要的时候可以说话,不需要她时,便可以噤声。

这两部作品对近代早期英格兰更宏观的货币问题及其阐释产生了哪些启迪?首先要记住的一点是,当我们阅读诸如此类的作品并思考其中描写的经济行为时,正在进行阅读的是"我们"。而且,正如穆德鲁所言,我们生活在一个"功利主义世界"中。在这个世界里,大量的经济知识支撑着一系列体系的运行,这些体系使经济机构的行为模式变得可预测,以保持经济稳定并使经济增长向着功利主义的方向发展(1998: 6)。在某种程度上,艾尔和他的妻子是我们所熟知的经济活动的参与者。艾尔对供需有着敏锐的洞察力(他知道什么在伦敦是"稀缺的"),他的妻子也毫不含糊地致力于实现赚取利润。但最终,这些角色的所作所为与我们的预期并不相同,因为他们所处的市场与我们现在所处的市场不同。在艾尔夫妇的筹谋算计中,我们探索的是几乎完全沦为"特殊的动机语法"之前的经济行为,这种"动机语法"被阿格纽称为对当前经济思维的"享乐主义计算"。相比之下,生活在当下的我们几乎无法避免"动机语法",这是因为,我们将对社会信任的需求转移到了由中央银行、信用调查机构、政府组成的一系列机构中，这些机构承担了声誉在此前发挥的作用。实际上，正是这些机构使我们至少成为经济活动的参与者。它们周旋于我们自己与他人之间，使我们在进行买卖时互相理解。这种经济活动在没有引起我们太多关注的情况下进行着。（当你使用信用卡或从 ATM 取款时，你是否曾想过此次交易会涉及多少人？日常的信贷崇拜使我们"忘记"了他们。）换句话说，在大多数情况下，我们所处的经济环境在涉及货币时只需要较低程度的"阐释"。

近代早期的英国人进行买卖的经济环境，则需要最大限度的"阐释"。在此应该立即指出的是，这种关于货币的思考大多沿袭了传统思路。当今的很多学者都证明，硬币是这一时期一系列连锁争论的焦点，这些争论涉及硬币的内在价值、高利贷道德以及贸易和商业的道德意义（参见 Hawkes, 2001, 2010; Landreth, 2012; and Deng, 2011）。在这些问题上，当时的学者，即神学家、道德学家和各类原始经济学家，都有很多话要说，他们的争议甚至可以追溯到中世纪甚至更早的亚里士多德时期（参见 Wood, 2002）。我们也曾讨论过这一点，当时我们试图找到日常的经济经验，并像一位批评家一样问"市场感觉如何"（Leinwand, 1999: 5，最初的重点）。《文雅的手艺》（第一卷）和《制鞋匠的假期》中所体现出的市场参与者的经济意识不能简化为知识分子通常所说的货币。相反，这种经济意识更加复杂微妙，并且难以确切地进行阐述。正如历史学家基思·赖特森（Keith Wrightson）所言，我们不应该指望这段时期内的市场参与者能提供一套系统的知识体系。他说，这些人"并没有作为一个整体参与到他们自己想象的经济体系中，尽管他们对经济动态影响自己生活的方式了如指掌"。相反，他们"并没有集中精力寻找经济事务的意义,而是致力于解决更加现实的谋生问题"(2000: 335)。事实确实如此。但笔者要补充一点,德洛尼和德克要告诉我们的是,即便只是探索寻找经济事务中的意义和谋生之间的区别也没那么简单。在他们的作品中,我们目睹了英国人确实是在谋生(有些人不止于此)。也有人在寻求财富的过程中,不仅投入了金钱,还搭上了自我。在故事主人公所生存的硬币和信贷共存的经济体系中,对硬币形式的货币的"阐释"始终取决于对信贷的"阐释",而相应地,这需要对参与其中的所有人物始终进行全面的分析:分析他们自身的定位及目标,他们是否背负未偿债务(货币或其他形式),以及他们可以索取的各种形式的信用。

我们已经认识到,即便是这般复杂的阐释也有其盲点,加之"社会想象"的作用,既使人们认识到了一些经济问题,也使人们忽略了一些经济问题。如果我们不能将这种经济阐释的结论称为"知识",那么也许我们应该考虑另一个词——"无知"了。凯瑟琳·艾格特(Katherine Eggert)将其定义为:"熟悉某个事物,同时却又对它一无所知。"这个看似前后矛盾的表述认为,近代早期的"无知"是一种推理手段,这种特殊手段可以确定哪些事物属于"已知"的范畴,哪些事物属于"未知""不可知"或"不值得知道"的范畴。她将这一时期的动机性认知归为"英国人的已知范畴",因为他们"承认并清楚地说明了……人文主义的问题,但与此同时,继续运用这一认知,就好像其中没有任何问题一样"(Eggert, 2015: 3, 40, 17)。也许德洛尼和德克想告诉我们的就是,这些看似前后矛盾的认知并不局限于英国的知识分子阶层,它们也出现在大众文学作品中,出现在出身卑微的作者为普通观众所写的作品中(德洛尼曾经是一名织布工和民谣歌手;德克是一名雇佣剧作者,长期负债累累,并因贫困而身陷囹圄)。在这些文学作品中,日常经济生活中的一些思维习惯,无论好坏,都可以使某些矛盾走出书本(或舞台),促使人们关注其他更有益的想象。实际上,除了这种想象,这段时期渗透经济主题的作品都很难理解。当时的市场现实,有些可以言明,但有些只可意会(隐晦的)或体会(感同身受的),不可言传,而这些作品便在意义的明晦之间摇摆。也许现在是时候将我们的研究转向无知了。

德洛尼的另一部小说《阅读的托马斯》(*Thomas of Reading*,1612)中的一则笑话说的(差不多)就是这个。故事是这样的,11 世纪,一群裁缝来到亨利一世面前,诉说了他们的委屈,并向他请愿,要求进行"改革"。首先,"服装尺寸"没有权威标准,"每个城镇都有各自的尺寸,难就难在这儿,他们记不住,或者不知道怎样换算"。其次,太多有"裂缝"(残破或损坏)的货币在流通,人们用这些钱买东西,却不愿意接受此类货币,"虽然它是货真价实的白银"。因此,"裁缝赚不到钱"。作为回复,国王测量了他自己手臂的长度,规定"整个英格兰都不得使用其他测量尺寸,人们将按此服装尺寸的标准进行买卖"(他称之为一"码")。那么那些有裂缝的货币呢?"只有带有裂缝的钱才能用作货币,"他说道,"全国所有的货币都带有缝隙,这样你们就不会遭受任何损失了。"国王的判决令他们欢欣鼓舞,他们决定在当地的一家小酒馆举办一场宴会,费用"就从有裂缝的硬币中补回来吧",大概"每人 40 先令"(Deloney, 1961: 285, 286, 287)!

当然,在这则笑话中,与其说是国王的慷慨令裁缝印象深刻(在 17 世纪初,40 先令虽然算不上一笔横财,但也是一笔可观的数字),不如说在这一时期的数年间,情况少有变化。毕竟,德洛尼时代的英国人仍然在使用码进行测量,更重要的是,铸币仍然无法获得他们的信任。在历史故事中,随处都可以听到可疑的硬币的声音,买卖双方必须竭尽所能来区分硬币的好坏(见图6.7)。但与此同时,人们似乎使用了不同的硬币价值标准。公众认为硬币的物理条件应该起决定性作用,大量硬币仅仅因为外观有些瑕疵就被直接拒收。而裁缝们认为硬币的内在含量高于形式,他们认为白银的比例应该起决定性作用。(因此,他们信奉硬币的"金属理论",认为硬币"因其贵金属成分而具有某种固有的内在价值"。)于是,这些裁缝手里就积攒了大量花不出去的硬币。

图6.7 被切割过的先令
拍摄:迈克·皮尔。详见 http://www.mikepeel.net/(访问时间:2016年6月6日)。由知识共享提供

通过权威机构进行仲裁的情况非常普遍。但就仲裁本身而言,事实证明,它与经济本身一样都有些武断。亨利一世的手臂长度碰巧成为一个王国境内的衡量标准,国王轻率地改变该国的货币供应量,让贬值的货币得以继续使用。残缺的货币将得到尊重,真是反其道而行之!随后,他提出要收回英格兰的硬币并进行统一整改。

这使亨利一世成为"符号理论"的拥护者,硬币"仅是一种人造的价值衡量手段,其有效性是由政权所赋予的(Wood, 2002: 72–73,两种理论,详见 72–76)。尽管德洛尼使用了反讽的语气,但这听起来更像一种货币反乌托邦。对于英国读者来说,其中有些情节是再真实不过的了。他们的货币中也有很多价值(类型)各异的硬币,他们也需要非常敏锐地区分这些硬币。在他们的经济生活中,也有很多不同的货币理论,并且容易受到反复无常的干预措施的影响。(德洛尼没有提亨利八世和"货币大贬值"所造成的负面影响,但在读者心中,这些似乎是挥之不去的阴影。)笔者认为,德洛尼的逸事就像一则寓言,一则关于货币及如何理解货币的寓言。他似乎在说,硬币的价值是不断变化的。它取决于公众舆论的导向、学者的争论以及统治者的一时兴起。仅仅凭一纸法令,就可以使它变得分文不值。硬币的价值非常模糊,但又如此重要,需要"计算",需要阐释。

第七章
Chapter 7

货币与时代：铸币、主权及想象的流动性

布莱恩·施尔因（Brian Sheerin）

货币是可以虚构的，这意味着什么？如果真的存在虚构的货币，这种货币是怎样发挥作用的呢？借助这些比较宽泛的问题，我们可以从理论上探讨英格兰和欧洲文艺复兴时期产生的一些具有深远影响的"时代问题"。实际上，毫不夸张地说，这一时期，货币的本体状态是"真实的"还是"虚构的"，与真理本身的定义有关。米歇尔·德·蒙田（Michel de Montaigne）[①]在其1580年发表的题为《论拆穿谎言》（*On Giving the Lie*，1603年被John Florio译为英文）的文章中，清晰地阐述了其中的联系：

> 在这个堕落的时代，我们应该相信谁呢？因为我们可以信任并愿意与之交流的人寥寥无几，甚至是没有，我们便也没有兴趣撒谎了……如今，真理并不是真实的，人们

---

① 米歇尔·德·蒙田（1533—1592），文艺复兴时期法国思想家、作家。以《随笔集》（*Essais*）三卷留名后世。

信以为真的事物才是对的。我们所说的货币并不仅仅指那些名副其实的货币，还包括伪币，这样说才对。（1603: sig. Llr–v）

蒙田的这个观点很复杂，因为他不仅仅是抨击世界上普遍存在的撒谎者。相反，真正令他感到沮丧的是，已经没有人在乎真与假的区别了。只要谎言在大众舆论中被认为是"对的"，如同伪币被当作一种良好的货币来使用，那么，它们就可以像真理一样发挥作用。这恰恰是货币的问题，只要人们愿意接受被贬值的硬币和伪币作为支付手段，那么，它们的价值就与"真正的"硬币相同。弗朗西斯·培根借鉴了蒙田的观点，他后来在一篇名为《论真理》的文章中提出了一个更加奇特的关于民间商业的观点。培根声称，"真假相混则有如金银币中杂以合金一样，也许可以使金银用起来方便一点，但是却把它们的品质弄贱了"（1625: sig.B3r）。尽管在这篇文章中，培根试图在真假之间作出明确的区分，但他以货币为论据不免提出了一种令人困惑的悖论：当假象不仅起到与真相相同的作用，而且在某些方面甚至比它所代替的真相更有效时，会发生什么？

正如蒙田和培根所言，关于货币真实性的讨论永远不会脱离主权国家而存在。确实，有些君主使本国货币贬值的尝试引发了许多有关本体论的困惑，困扰着文艺复兴时期的思想家。忽视伪币的流通可能是一回事，但当伪币也被保证真币具有合法性的机构制度化时，会发生什么呢？当"内在的"金属价值与"外在的"面值产生矛盾时，人们会认可哪一个？货币历史学家指出，大多数货币的社会功能都取决于"头"（head）和"数"（tale），也就是说，人们用硬币的"数"来计算或结算债务，但通过"头"或者说是人脸，通常是当权者的面部，硬币被赋予了一种来自官方的"价值"。[1]这样一来，我们就可以看出实际的货币价值与当权者的面貌之间的关系了；那张脸在何种程度上证实了硬币的价值大小，又在何种程度上创造了硬币最初的价值？

为了解决这些问题，本章将文艺复兴时期的货币视为一种物质的象征。在君主制的政治背景下，抽象的货币和意识形态中的货币展开了一场拉锯战，试图找到真假之间的平衡。最终，笔者希望说明的是，随着文艺复兴时期硬币上的当权者头像与硬币数值之间的矛盾日渐尖锐，在与政治力量之间的冲突中，"虚构的货币"的利益发生了怎样的变化。

铸币和信任困境

大卫·兰德雷斯曾中肯地指出，只有当硬币的作用失效时，人们才开始关注其发挥作用的方式。在产生交易摩擦时，它们"非完全物质化"的属性突然变得显而易见了（2012:13–15）。因此，探究伪币的盛行现象是了解真实货币之谜的最佳途径之一。当然，伪造货币现象并非始于文艺复兴时期，但在16世纪，由于某些其他因素的存在，可以说这一问题比以前更加有趣而复杂。这些因素之一便是可用于日常交易的货币普遍短缺。许多经济历史学家的研究已经充分证明了这种短缺。C.E.查利斯（C.E. Challis）在对英格兰都铎王朝时期的铸币进行研究时，得出的结论是："在实践中，流通媒介中包含能满足国家需要的足够零钱的可能性必定是极小的"（1978: 202）。实际上，在某些时期，用于铸造小面额硬币的白银数量仅为全部货币产出的1.2%。造成这种情况的原因错综复杂，包括人口增长、全球贸易上涨、贵金属周期性短缺,以及政府普遍不愿铸造小面额硬币等。即使在征服了美洲,黄金开始流入欧洲(主要是通过西班牙)的情况下,这种新金属也大多直接进入了高利润的外贸和货币市场,或者被用来打造对于大多数日常交易而言并不实用的大面额硬币。在这种情况下,伪币就有机可乘,当真币缺乏时,伪币就派上用场了(见图7.1)。

图 7.1 伊丽莎白一世时期的六便士——铸造伪币,正面
拍摄:约克博物馆委托人员。由约克博物馆提供(维基共享资源)

当然,伪币的来源、制造动机和质量水平不尽相同。伪造过程中,通常只在贱金属坯盘上涂一层薄薄的银,然后用锤子敲打,戳印仿制的图案。剧作者克里斯托弗·马洛(Christopher Marlowe)曾因与一名金匠一起用这种方式"铸造"了少量货币而被捕,尽管罗伯特·西德尼(Robert Sidney)在关于此事的报告中指出,"我认为他们并没有大量使用这些伪币,因为这种硬币使用的金属呈淡淡的青灰色,一眼就能看出是假的"(引述自 Nicholl, 1992: 235)。与之相比,英国大部分伪币的仿造都由更为专业的海外工匠完成,他

们会用较为廉价的金属仿造官方硬币，然后再售往英国以获取利润。无论哪一种情况，尽管我们很难计算有多少伪币掺杂在真币中，但可以肯定的是这种情况很普遍，人们也并非总对它嗤之以鼻。正如格莱恩·戴维斯（Glyn Davies）^①所言，"相对于不断增长的需求，硬币持续短缺……这样伪币就很容易介入以填补空白，从而在实际上（如果不是有意的话）履行公共服务的职能"（2002: 170）。这也表明，即使制造伪币罪被视为一种可以判处死刑的叛国罪，但学者们指出，陪审团通常不愿对这种罪犯判处死刑。² 这虽然明显助长了伪币的传播，但对于缺少货币的民众来说，却有助于满足其实际经济需求。对此，人们可能会产生强烈的矛盾情绪，这不难理解。

同样地，代币，即内在价值较低或没有内在价值的硬币或票据，也可以存在于货币与伪币之间的地带（见图 7.2）。这种货币通常

图 7.2 铅制代币，六瓣花朵装饰，带有铸口
拍摄：德比博物馆信托，雷切尔·阿瑟顿（Rachel Atherton）。由可移动文物计划 / 大英博物馆理事会提供（维基共享资源）

---

① 格莱恩·戴维斯，英国经济学家，著有《从古到今的货币》（*A History of Money: From Ancient Times to the Present Day*）。

由商店老板制作，在当地社区中流通，维持在相对较小的交易圈。在商人中间，票据具有类似的作用。尽管严格说来，票据作为一种信用凭证，仅仅代替货币发挥了作用，但票据可以转让给第三方。据此，银行得以发行纸币。正如一位英国商人在谈及这些票据时所说，"我们在这里看到的东西，有些是真的，有些是假的。但如果您都当真，那么所有这些东西都会产生同一种效果"（Malynes, 1622: sig.K2^ r）。由于这些代币和票据经济可能完全不在主权管辖权之内，并没有得到官方授权，因此，人们往往对此不屑一顾或持怀疑态度。16世纪一位英国观察员曾毫不犹豫地批评该国的"西部地区"：

> 酿酒商、杂货商、经销商、倾卸工和其他零售商都各自制作了许多铅币，并用其代替了便士、半便士和法寻，这对王国来说是莫大的耻辱，也为女王陛下的臣民带来了不便。因为上述铅币只在制作这些硬币的商铺之间流通，其他地方并不使用。[3]

虽然欧洲部分地区，包括威尼斯、那不勒斯和荷兰，就代币开展了一些相对成功的试验，但大多数统治者对公开支持"伪"币持谨慎态度。例如，英格兰提出了多个提案，包括生产一种国家代币，以在货币短缺的情况下促进小规模的交易。但在16世纪，这种计划从未得到批准；虽然伊丽莎白女王试着允许布里斯托尔等城镇管理自己的代币，[4]但她没想过要在全国范围内推广（见图7.3）。一方面，生产这种代币所需的劳动力成本远远高于代币的"价值"，这对于政府来说，根本没有利润可得。另一方面，当一种货币明显缺乏内在价值时，承认其合法性也会令她深感不安。

1613年，詹姆斯一世终于认可了"法寻代币"（见图7.4），但他难以掩饰实施这一举措的矛盾心理。在宣布发行这一代币时,他首先承认了在缺乏零钱的情况下此类代币存在的"必要性",特别是对于"比较贫穷的人"而言更是如此。通过发行这一代币,"可销售的物品……也许可以方便地购买和出售,而不必迫使人们购买更多用不着的商品"(James I, 1613: n.p.)。但公告的剩余部分几乎都表达了他的疑虑。很明显,他面临的问题是,无论他是否批准,代币都会流通,因为代币的使用既至关重要又非常广泛,已经难以

图 7.3 后中世纪贸易代币:布里斯托尔市方形代币
拍摄:牛津郡议会,安妮·拜厄德(Anni Byard)。由可移动文物计划/大英博物馆理事会提供(维基共享资源)

图 7.4 GLO-160256 詹姆斯一世时期的法寻代币
拍摄:布里斯托尔市议会,库尔特·亚当斯(Kurt Adams)。由可移动文物计划/大英博物馆理事会提供(维基共享资源)

禁止。在没有获得君主批准的情况下使用这种货币"有损工室特权",就好像"任何事物,不论真假,要成为一种买卖中的度量手段,就应该与我们的货币相似"。与蒙田一样,令詹姆斯感到震惊的是,一方面,货币的形式将更多地取决于"什么是对的",而不是由(合法化的)真实性所决定;货币更多由数值决定,而不是由货币上的人物肖像决定。另一方面,承认代币的真实性似乎从一开始就是对主权合法性的嘲弄。这种两难之境导致公告的结尾部分显得自相矛盾,詹姆斯一世既批准代币的制作,同时又表明自己并不支持代币。在批准代币制作时,他宣称,他"仍然无意将其视为货币或钱币"。此外,没有人会"被迫接受使用代币付款,除非他们自愿"。代币是货币,同时也并非货币,只有对于那些选择承认代币合法性的当权者来说,代币的价值才具有合法性。

随着伪币和代币的日益增多,如何使货币"货真价实"的难题更加突出,但这些关于本体论的疑问在许多方面都是由当权者自己引起的。即使这一时期的大多数君主在发行代币时都持怀疑态度,但在令自己发行的货币贬值时却往往毫不犹豫。货币贬值的方式多种多样,比如,当前使用的硬币价值可能会因君主的许可而被"夸大",因此虽然硬币没有发生任何实质变化,但其外在价值会突然增加;保持面值不变的同时,减轻硬币重量;在不影响官方购买力的同时,在铸造硬币的金属中"掺杂"其他物质(通常是黄铜或青铜)。早在16世纪之前,以上这三种方法就均已被使用过,而且由于硬币变动得很小,也不频繁,因此没有引起足够的关注。这些方法中的一些极端情形,尤其是掺假,引起了人们的焦虑和哲学反思。当硬币的外在("面")价值保持不变,而其内在的金属属性下降时,感觉就像主权国家开始伪造自己的货币一样。

在欧洲，中世纪的硬币经历了各种掺假行为，这种行为随着贸易的发展愈演愈烈。铸币机构为了谋取利益争相贬低货币价值的行为已经屡见不鲜。9 至 13 世纪，法国和米兰的银币最终贬值至其最初价值的 1/5，威尼斯的等价硬币降至其最初纯度的 1/20（Davies, 2002: 171）。欧洲大陆出现这种趋势之后，关于货币理论的讨论随之而来。意大利法学家吉罗拉莫·布蒂格拉（Girolamo Butigella）是最早开始思考发行法定货币可行性的知识分子之一，他的理论以对罗马法的解读为基础，但备受争议。[5] 16 世纪，查尔斯·杜莫林和弗朗索瓦·霍特曼等法国思想家提出了"唯名论"的货币假设理论，这一理论后来在英国极具影响力，认为货币的价值源于其用途，即"记数"或"数"，而不是其内在属性。然而，只要是关于钱币学的讨论，大多数都受到了亚里士多德的影响。在 17 世纪之前的文艺复兴时期，唯名论中较为激进的观念就基本消失了。例如，杜莫林固然具有其先进性，但他仍然坚持认为货币价值绝不应与其内在金属价值相差太大。另外，他还谴责了君主出于利益使货币贬值的行为。让·博丹的"货币数量论"对货币与内在金属之间关系的理解也同样相对保守。

在探讨经济变革与宏观理论发展之间的关系时，英国提供了一个很好的研究案例。16 世纪的英国在货币上极为保守，但同时英国社会正发生着激进的变革。16 世纪初，英格兰（包括威尔士）之所以与众不同，是因为它避免了在整个中世纪时期发生的多种类型的货币贬值，相对于其他欧洲货币，便士保持着较高的价值。可以肯定的是，这种差异让不列颠岛上的人们引以为豪，尽管他们并没有因为坚持货币纯度而迎来经济的稳定和发展。相反，由于不愿操纵货币，英格兰遭受了严重的经济动荡和发展不足。有时硬币极为稀缺，而且对于小型交易而言，英格兰硬币的面值通常太大。正如戴维斯总结的那样，仔细观察英国历史就会发现他们倾向于"禁止……伪造和损害硬币，一贯坚持'货真价实的货币必然有助于经济发展'的传统，尽管这种传统对经济发展是有潜在危害的"。实际上，他继续说道："我们至少应该提出一个问题，即中世纪的英格兰是否被钉死在了未贬值银币的十字架上。"（2002: 172）在中世纪，人们没有想到的是，那些货币贬值最严重的国家在经济上的表现反而往往更加出色。

英格兰对于高质量货币的坚持也成了16世纪铸币遭受身份认同危机的关键因素。随着其他国家开始加强对货币的把控，以国有化的方式管控本国货币，西班牙开始从美洲进口黄金，英格兰日益发现自己迫切需要现金。此外，英格兰与法国的战争连绵不断，使得现金短缺问题更加严峻。在这种情况下，亨利八世开始实施臭名昭著的铸币变革，即所谓"大贬值"，在接下来的一个世纪，这一举措对英国民众产生了深远的哲学和情感影响。虽然此前，英格兰历来都有一些使货币略微贬值的手段，但在16世纪40年代中期，当掺假变成了一种为王室谋利的财政政策时，一切都发生了变化。查利斯指出，仅最开始实施的十个月，货币贬值举措就为政府带来了36 000英镑的总利润（1978: 88）。这一时期的货币贬值之所以意义重大，还因为英国王室曾试图掩盖这一举措的实施过程。他们不仅在公众毫不知情的情况下就发行了这种贬值的新币，甚至在1546年之后——这种掺假已经变得很容易甄别时，他们还给新硬币涂上一层薄薄的银层，试图以假乱真（见图7.5）。换句话说，亨利政府开始使用（卑劣的）造假者曾经使用的手段来欺骗公众。

从政府的角度来看，虽然货币贬值这一举措确实使现金得以大

图 7.5 后中世纪硬币，亨利八世时期第三种铸币格罗特
拍摄：西约克郡考古局，艾米·道恩斯（Amy Downes）。由可移动文物计划 / 大英博物馆理事会提供（维基共享资源）

量流入，但这是一场收益递减的游戏。长期以来，人们已经习惯了硬币的面值和内在价值具有可预测的对等性，一旦政府掺假的行为暴露出来，钱币的意义突然遭到破坏，就会给人们带来极大的不安全感。一种恶性循环形成了：为引进制造硬币的原材料，政府不得不提高其购买金银条愿意支付的价格；购买的金银条是用贬值的新硬币支付的；人们越来越不愿再买入金银条；金银条价格上涨以吸引更多的原材料（Challis, 1978: 92–93）。这种模式以一种愈加令人绝望的速度继续发展，直到人们对硬币的信心几乎耗尽。在短短的六年内，英国银币的纯度已经从 92.5% 降至 25%。在亨利的继任者爱德华六世（Edward VI）的统治下，银币纯度再次下降，降至 17%（Mayhew, 1999: 46）。在交易中，人们越来越不愿意接受这样的贬值硬币，迫使硬币的内在价值和外在价值形成了对峙。人们在进行交易时应该选择相信哪个，是硬币的金属含量还是国王宣称的硬币面额？当然，归根结底，这一矛盾关系到政府本身的利益，正如斯蒂芬·登总结的那样，"一旦公众知悉了货币贬值的行

为,英国政府便不得不迫使臣民使用其硬币"(Deng, 2011: 91)。

当欧洲贸易将多种不同货币推入大规模借贷、投资和货币市场的新时代时,英格兰突然发现,自己不仅在宗教方面与欧洲大陆渐行渐远,甚至还失去了对货币保持尊重这一主要品质特征。由于这次重构凸显出货币的"身份政治",与每个人都密切相关,因此围绕货币与价值之间的联系产生新的内省就不足为奇了。在许多人的心中,法定货币不仅与以往有所不同,有些甚至采用了最低劣的造假手段。主教拉蒂默(Latimer)在回应1549年的货币贬值时说"你的银币就是渣滓",这与先知以赛亚所说的"这不是制造,这是伪造"有异曲同工之妙(Tawney and Power, 1924: 181)。赖斯·沃恩(Rice Vaughan)是17世纪20年代早期的货币理论家,他在回顾这一事件时的说法更加犀利,"君王的肖像或者说公共认证的权威标识被刻印在假币和伪币上,还有什么比这更加丢人?如果还要从中获利,那显然有违公共信仰"(Vaughan, 1675: D3r)。那么,当权者认可伪币的行为意味着什么?从某种意义上说,这个问题与代币所处的两难困境一样——如果伪币被接受为"流通货币",那么它究竟在多大程度上可以被认定是伪造的?

针对亨利时代的货币贬值,英国臣民很快就提出了其本体论的影响。在这些述论中,最清晰(且被广泛引用)的论点出现在《论英格兰的公共福利》(*A Discourse of the Commonweal of This Realm of England*)一书中,该书写于1549年,作者是托马斯·史密斯(Thomas Smith)。这本书在英国知识分子中广为流传。32年后,在经历小幅改动后,该书出版,大获成功。这本书由各个身份地位不同的英国人之间的对话构成,然后经一位知识渊博的博士稍作润色,其中广泛涉及与"公共福利衰败"相关的问题〔1969

（1581）：11〕。基于此，书中的论述不断地围绕着铸币面临的困境展开。其中有一位骑士特别渴望淡化货币"内在价值"这一属性的必要性。他问道："重要的是我们彼此之间交换的是什么样的硬币，它可以从一个人的手中流通至另一个人的手中，那么如果这些硬币是用皮革制成的呢？"〔1969（1581）：34〕由此，这位骑士引入了一种早期的代币，或者说是名目主义货币理论。这种货币理论认为"货币属性"与交换媒介以及与使用者的感知假设无关。从这个角度来看，君主的作用仅仅是稳定和加强一系列价值，这些价值对社会至关重要，但归根结底都是专制的。实际上，作者在这里所描述的是亨利铸币改革的一种形式，其中，硬币的"流通"价值仅仅取决于国王的想象。

按照同样的逻辑，正如这位骑士后来感到疑惑的那样，人们越是认为铸币的"内在"价值可以被客观地衡量，对君主权威的需求似乎越小。骑士的疑问是这样的：

> 国王和君主为什么要用金属或其他东西来打造硬币？只是因为他们需要硬币（无论其价值如何）来体现币面上的价值吗？如果他们打造的这些金属铸币在价值衡量上并没有起到更好或更坏的作用，那么他们是在白费力气，因为我已经有金条银片，这完全可以满足国外的交易了。
> 〔1969（1581）：75〕

换句话说，如果一枚硬币的金属含量足够可靠，完全可以起到记"数"的功能，那么，根本不需要硬币上的"头像"。但博士很快纠正了这种离经叛道的论据。他认为君主的肖像并非为了赋予硬币一种实际上不"存在"的价值，而是为了确保硬币实际存在的价值。如果每笔货币交易都需要分析交换媒介中的金属价值，肯定会造成不便。因此，君主可以通过"向接收者确保"其硬币"不低于官方重量"来促进货币流通〔1969（1581）：76〕。至少，硬币应该是通过这种关联来发挥其作用的。根据博士的说法，铸币贬值从根本上有损币面肖像的重要性，使其无法发挥担保的作用。从这个角度来看，皇家铸造的代币发挥的作用恰恰相反，君主不再是价值的决定者——它从一开始就否定了君主的全部观念。

然而，随着博士进一步解释他的论据，其钱币学理论出现了一个奇怪的悖论。尽管他打算将铸币分为客观（内在价值）与主观（外在价值）、真实与虚构，但他对亨利时期货币改革的描述（用以说明这些分类依据）明显模糊不清。他解释说，对"君主"的不信任感日趋严重，因此需要就铸币重新进行解释：

> 当时，君王在其臣民中的信誉是毋庸置疑的。一旦他们反其道而行之，试着将半磅标记为一磅，将半盎司标记为一盎司，他们的信誉就损坏了银币的信誉。一经发现，两个半磅就远远低于之前一磅的价值了。〔1969（1581）：76〕

一个令人不安的问题出现了，如果民众从未真正发现自己的货币被掺假了怎么办？正如博士在上一段中所言，只要君主的肖像还有"信誉"，这种货币实际上就可以发挥作用。直到民众"发现"这种诡计，才真正改变了其作为交换媒介的货币属性。在1581年的版本中，此段落的边注中有一个极具说服力的概述，即"损失信誉之后，其他损失接踵而来"。的确，即使博士极力为"真实"货币辩护，"信任"也不得不成为这种对真实性的痴迷所依赖的支点。

货币想象和主权权威的局限性

亨利八世对硬币的操纵在某种程度上是对君主专制的一种考验，这一考验关系到主权权力在定义价值方面的极限。他强迫铜发挥"真正的"货币的作用，这一行为取得了不光彩的成功，并引发了一系列思考，即人们开始考虑想象的巨大潜力——在君主批准或不批准的情况下，想象力还能做些什么。伊丽莎白登基之后就立即宣布按照亨利时期之前的金属比例重新铸造货币，这在很大程度上是由于猖獗的造假行为引起了混乱。她在1560年宣称，"没有什么事情能比基础货币受损、扰乱和破坏这个王国的状态和良好秩序更为严峻的了"。"因为基础货币受损，大量的伪币漂洋过海而来"（Tawney and Power，1924：196）。对于伊丽莎白来说，将白银的纯度恢复到92.5%花费了大量的政治努力。因为这些努力，她直至去世时（及以后）都备受称颂，即使她在统治末期偶尔也会采取货币贬值的措施。然而，尽管伊丽莎白似乎使事情"恢复正轨"，16世纪末，货币本体论的裂缝依然变得巨大而不可逆转，其中部分原因就在于早期君主的干预。

17世纪初期，即使是最纯粹的货币铸造也带有了神秘色彩，或者说是有一丝神秘主义，或者至少可以说，此时人们越来越公开地讨论这种神秘性了。詹姆斯一世时期的试金师杰拉德·德·马林斯曾经说过，即使是他的铸币权威同僚们，对于金属如何达到特定的可交换价值也知之甚少。以下场景是马林斯与另一位试金师的谈话，极为典型：

第七章 货币与时代
铸币、主权及想象的流动性　217

"您如何看待黄金和白银的纯度？"我首先问他，"我怎么看待纯度？"他回答道，"这是一个谜题，而且有关这个谜题的研究像改变教皇圣礼一样复杂，您看造币厂的主管与造币厂的老板在先令标准上意见不一就会了解了。"（1622: sig.Bb2v）

货币的铸造与圣餐变体论之间的联系来源于英格兰新教，即使是可靠的硬币，也显然受到了这种迷信神秘主义的影响。从这里可以看出，内在价值标准也纯粹因复杂的计算而受到困扰，尽管马林斯后来竭尽全力向读者保证，事情并不像看起来的那么困难。黄金和白银的价值与双金属比率紧密相关，但很少有人知道如何维持这种比例，以及这种比例是怎么得来的。金属之间的理想比例关系通常用炼金术语来解释，以天文比例为基础。根据沃恩的记录，黄金的价值是白银的12倍，因为月亮（银）相对于太阳（金）的"运动"比例为12∶1（1675: sig. Elv）。尽管试图在具有政治色彩的铸币领域策划并加强其实际应用并非易事，但直觉上确实是说得通的。毕竟，在文艺复兴时期的经济中，双金属比率几乎从未与这一理想比例相吻合，所以往往通过指责其他国家的操控来解释这种偏差。直到17世纪，重商主义学者都一直在争论这种兑换比率的变动在实际操作过程中的可控程度。[6]

然而，早期的炼金术本身就对主权与货币的关系提出了一些令人费解的问题，所有这些问题在17世纪似乎变得更加尖锐了。例如，鉴于硬币的长期短缺问题，英国理论家不禁思考是否可以用炼金术来提供一种补救措施。通过这种炼金术来解决货币供应问题意味着什么呢？在1622年的论著中，马林斯称赞炼金术是一门"令人非常愉快且充满期待的科学"，尤其是因为它将"一小笔费用变成非常丰厚的利润"（1622: sig.Z2v）。同时，哈特利布圈子（Hartlib Circle）也积极寻求通过炼金术来解决货币短缺问题的途径。从某种意义上说，这项提议并不像看起来那么激进。毕竟，皇家造币厂本身就是一个将金属进行神秘混合并转化为货币的实验室，长期以来一直与炼金科学密切相关。君主历来都会雇用炼金术士来协助造币厂运作也不是什么秘密。[7] 甚至到了1696年，艾萨克·牛顿也参与了炼金术，这使他成为威廉三世时期铸币主管的候选人之一。只有在通过运用炼金术去进行货币生产是独立于王室的情况下，这种行为才是危险的。毕竟，自亨利四世统治以来，私自炼金在英国一直是重罪，并非因为它是一门伪科学，恰恰因为它不是一门伪科学。任何在没有政府监督的情况下生产贵金属的行为，都可能对君主控制货币的特权构成潜在威胁。因此，大多数经济理论家在建议国家运用炼金术改进货币时都比较谨慎。[8]

另外，政府直接参与操纵铸币的行为使炼金术与货币贬值之间存在一种挥之不去的联系。1626年，罗伯特·科顿（Robert Cotton）在国会上发表讲话，他通过将货币操纵与炼金术联系在一起，谴责了先前君主实施的货币掺假行为。"因此，我们看到，是亨利六世在废除《措施》之后，贬低货币价值，然后授权米森登（Missenden）和其他人利用炼金术，为其造币厂提供服务。"科顿继续说道，当亨利八世试图效仿时，他"遭受了触礁沉船似的失败"（1856: 126）。炼金术与钱币想象的这种联系在民间也有着广泛的吸引力，雅各布的戏剧《向东！》（*Eastward Ho!*）就证明了这一点〔1973（1605）〕。这部戏剧由罗伯特·科顿和本·琼森（Ben Jonson）共同撰写，讲述了一位名叫快银（Quicksilver）的金匠学徒的故事。故事中，这位学徒运用了炼金术的修辞来详细解释其制造伪币的工艺：

> 我将告诉您如何巧妙地将铜漂白，使铜币看起来像银币。使用砷，也称雄黄（实际上是普通的鼠尾草），将其提纯 3~4 次，然后将提纯物放入玻璃杯中，再加入乳糜菌，加热 24 小时，使二者完全混合。最后取出这种混合粉末放在纯净的铜上，这样您就拥有了点金石。〔1973（1605）：4.1.208–215〕

由于快银在此处描述的漂白过程与亨利八世"货币大贬值"期间造币厂使用的方式相似，因此，通过贬值和炼金术打造的神奇货币与伪币猖獗之间存在着明显的界限。

然而，从某种意义上来说，这一时期还有一种货币"炼金术"极为盛行，似乎体现出人们对货币本体论的好奇心与日俱增，这一"炼金术"就是信用。这让我们想起《论英格兰的公共福利》，它总结了亨利时期镀金伪币的矛盾之处从根本上说是一种"信誉"的窘境。也就是说，只要人人都认为这些伪币与真币没什么不同，这些伪币似乎就可以发挥作用。碰巧的是，当新兴的信用经济进入货币领域，信用问题也成了核心问题。当然，"信用"和"信誉"这两个词在拉丁语中都具有"信任"或"信仰"的含义，而且经济人类学家也已经证明：即使是在群体凝聚力的最原始形式中，信用经济也占据中心地位。[9] 再次重申，文艺复兴时期的金融值得注意的不是借贷文化本身的出现，而是它们正逐渐转变为一个大规模网络，脆弱而相互依存，并具有新的全球意义。

尽管在这一时期，大多数人都没有放弃过基于真材实料的贵金属打造的货币的概念,但在货币的实践上却日益脱离了金属的物质属性。当然,长期以来,商人一直是潮流的先锋,在进行海外交易时,他们倾向于使用比硬币更时髦的票据。对于贸易范围仅限于国内的公民来说,高利贷法律的发展也使得通过债务和信贷网络开展业务变得更加容易("容易"并不是指存在的问题较少)。同样,投资和新兴的冒险资本主义等行为似乎能够变无为有,获得大量金钱,只要相信一个人具有财务生存能力,那么便能够使之变为现实。[10] 正如卡尔·温纳林德所言,哈特利布圈子中的某些人(他们已经试图通过利用炼金术的原理来改变英国货币)甚至还计划发掘信贷体系中类似炼金术的发展潜力。这些理论家认为,与炼金术一样,信贷可以从基础材料——甚至是纸——当中创造出无穷无尽的价值。"除了为同一个问题提供解决方案,炼金术和信用货币最基本的基础理念都是通过货币存量的扩张来推动经济持续变化、改善和发展的过程"(2011: 68)。在货币管制方面,它们都可以降低对主权治理的需求。

威廉·波特(William Potter)是最早提出在整个英格兰推广使用信贷货币的思想家之一。在1650年的一篇论著中,他坚持认为,由于货币短缺是贸易和商业的主要障碍,因此在全国范围内被认可的信贷货币可以通过促进快速交易来极大地推动经贸往来增长。波特的论断在当时是走在时代前列的,他认为:"除了货币以外,人们只有借助信用才能频繁而便利地出售他们的商品。"此外,由于"货币本身具有的全部价值就在于它是人们可随意获得商品的价值符号或票据凭证",因此,完全由承兑票据构成的货币应该可以与"真正的"货币一样发挥作用(1650: sigs.L1v, M1r)。他继续解释道:

> 鉴于我们不能想要多少货币就得到多少货币，我们没有其他可行的方法来促进贸易的发展（正如我之前说过的），只能通过增加商人之间既有的良好信誉来促进货物的交换。（1650: sig.M1r）

波特的灵感来自欧洲已经建立的大型信贷机构，尤其是阿姆斯特丹银行。这家银行成立于 1609 年，它借鉴了意大利的公共存款银行模式，在这里可以将信贷货币化。也就是说，可以通过银行信贷本身来偿还个人之间的债务。因此，开户之后可以在账面上抽象地进行资金转移，而非使用现金。正如哈特利布圈子支持的另一位理论家亨利·罗宾逊（Henry Robinson）所言，能够催生这种信贷货币的银行将"有能力增加国家的（货币）存量，这关系到永无穷尽的贸易。简言之，这是灵丹妙药，或者说是点金之石"（引自 Wennerlind, 2011, 69–70）。

这种从想象中创造出的经济形式之所以产生了如此巨大的威胁，不仅因为它们被认为是"虚假的"，更重要的是，它们有可能独立于君主权力以外。正如真正的炼金术若不受国家管制就会被禁止一样，具有炼金术性质的多种经济创新形式也是政府眼中的"嫌犯"。17 世纪，君主曾多次试图干预商人间的信贷经济以及大规模存款的银行系统。[11] 实际上，通过虚构的抽象手段来创造价值比通过炼金术来创造价值更令人不安，尽管这两种技术在人们心中显然是密切相关的。即使马林斯公开支持商业票据的货币化，也对炼金实验深表同情，他还是对启动大规模信贷和银行经济的想法感到畏惧。他所担心的不是放贷或获取利息的做法，而是交易双方为了维持这种暂时的交换媒介而必须付出的大量诚意。银行家加强了对真实货币的把控，而他们的客户必须依靠虚幻的关系维持生计。"这种信用是什么？"他嘲笑道，"或者银行支付的是什么？几乎是，甚至完全是想象或虚构的东西罢了。"在这种情况下，经济交易只是巧妙地转移债务，"约翰向威廉付款，威廉向其他人付款，但没有任何一笔交易涉及货币，货币仍然在银行家手中"（1601b: sigs. C3v–C4v）。

罗伯特·梅森（Robert Mason）在其1609年的专著《商人的镜子》（*A Mirror for Merchants*）中，也从直接讨论货币演变（这是一种合理的科学，追求"合并和增长的自然过程"）转而讨论通过信贷增加货币量（1609：sig. F5v）。在下文引用的语段里，梅森抨击了通过借贷利息创造货币的方式，他解释说：

> 在赤裸裸的构想和实物真理之间，在言语和行动之间，存在着很大的不同。一个善于思考的人可能马上就会想到数千个地方，并在短时间内在脑海中呈现出数千个构想，在航行一万英里的旅行中，想到方方面面，但行动起来，就必须找到人来执行。一个人可想象将一亿分给十万个人，但要付诸行动，他的钱包里必须要有钱。仅靠言语在市场上买不到任何东西。（1609: sig. F6v）

这一段论述非常精彩，梅森急切地渴望保护货币交易免受任何形式的想象带来的损害。对他来说，这恰恰就是信用（尤其是与高利贷有关）与炼金术的区别。就炼金术而言，从业者实际上是使用金属"物质"，而不是仅仅使用"概念"。在论述的过程中，梅森甚至似乎将想象的货币与虚构的叙述联系起来。"它属于艺术……通过幻想、想象力或任何新的手段来创造或增加利益，这些手段像梦一样具有欺骗性"（1609：F7r）。他声称，故事只能像影了一样，就像信用无法跨越本体论边界成为实质的货币一样。

信用的故事：虚构的利润

尽管梅森坚持认为，想象的货币永远无法真正兑现，但大量相反的实例却激发了人们对艺术"幻想"究竟可以做什么的好奇心。实际上，笔者希望说明，以上讨论的 16 世纪货币的身份认同危机，也可以被认为是货币变得富有文学特征的现象。也就是说，货币突然不得不证明它（至少一部分）是虚构的，其意义只是一个"故事"。沿着这条思路，16 世纪的货币环境使人们重新关注决定价值的主观力量，一种带有人类想象力的新的魅力开始以我们现在所说的文学理论的形式出现，这似乎就并非巧合了。与货币创新一样，关于想象性写作（有时亦称为"诗歌"）是否具有社会价值的争论始于意大利，然后一直向西延伸到英国。尽管诗歌和铸币似乎并没有什么共同点，但实际上，它们所讨论的内容是一样的。从根本上说，二者都在努力解决如何利用人类的想象力而又不失真理的两难问题。从某种程度上讲，由于君主进行了货币贬值，在经济进程中，共同信用（即集体信任）在货币概念化方面的作用变得越来越显著，信任的阴影如何影响具有真正价值的物质？这一问题的实质恰恰是文学理论要解开的难题。

文艺复兴时期，文学理论的难题本质上是一个本体论问题，即伪装成真实的事物如何在信贷中被当作真实的东西。就像托马斯·史密斯在《论英格兰的公共福利》中论述的那样，困境的根源在于"信誉"的运作。也就是说，只要人人都愿意相信贬值的货币或人为设定功能的代币与真正的货币并无二异，它们就能与真正的货币发挥同等良好的作用吗？斯蒂芬·戈森（Stephen Gosson）是16世纪英国作家的典型代表，他对想象性写作持谨慎态度，因为有这种写作风格的作家具有将虚假事物伪装成真实事物的能力。此外，他用来警示危险的隐喻通常与货币相关。在其专著《骗人学校》（*The Schoole of Abuse*, 1579）中，不良艺术始终与不良财务行为联系在一起。例如，在一些无聊的小说中，"佳句"往往仅被用作"装饰"，以便作者可以"毫无疑问地卖掉这些华而不实的东西"。诗人也与伪造的行为有关，"毁坏印章，伪造新的肖像，创造奇怪的箴言"。最重要的是，戈森谴责的艺术家往往都向易受骗的买家出售虚幻的事物，破坏了良好的"信誉"（1579: sigs. A2r–v, B2v）。

正如罗伯特·梅森用虚构的诗词或故事来描述似是而非的货币形式，人们可以很容易发现，对想象性写作的抨击常常与货币问题联系在一起。这些训诫通常有两类。在实践中，道德家担心无知的公民很容易上当受骗。艺术家向读者和戏迷许诺一些有价值的东西，而最终，无知的读者和戏迷只能得到一文不值的东西。在威廉·普林（William Prynne）1633年参与的一次著名谈话中，人们发现，在对戏剧进行批评时，金融犯罪已经占据了话题的中心地位。普林称："上帝禁止基督徒追求那些不盈利的虚假事物，因为它们是徒劳无益的。基督徒决不能将钱花在生计以外的事物上，不能在那些无法满足自我的事物上花费精力"（1633: sig. R4v）。在这里，不仅仅是有形的货币与虚假空洞的想象形成对比，人们也可以看到诸如"利润"之类的词开始成为道德和财务上的必要条件。在这些辞藻之下，舞台表演者自己也"随波逐流，并非靠自己的慷慨，而是靠巧舌如簧和轻率来赚钱，巧于掩饰，善于作假"。简言之，"他们用空洞的辞藻来讥讽我们，我们却付给他们大笔的钱"（1633: sigs. S3r, T3v）。对于普林而言，文学小说的作者不仅可以与伪造者相提并论，而且可以与将硬币兑换成空头支票的放高利贷者或银行家相提并论。

同时，伴随着第一种恐惧，人们产生了另外一种更耐人寻味的担忧，即现实与模仿之间的界限（实质与虚假之间的界限）将不再清晰。舞台剧（和其他诗歌）真正的危险之处并不在于它们可以欺骗观众，而是模仿者与被模仿者之间变得难以区分。戈森一度怀疑"任何一种损害现象是否会愈演愈烈，而戏剧会使这种现象与日俱增，因为通过模仿来表现罪恶，会让我们从虚假中看到具有相同的实质的东西"（1582: sig. G4r–v）。在戈森的影响下，普林明确指出了货币欺诈与戏剧作品的本体论威胁之间的联系。这些焦虑的内容本质上是柏拉图式①的，但它们与同时代经济中的当务之急交织在一起：

> 演员表演序曲的最终目的只是通过不真诚的手段骗取人们的钱，而不是等价交换……（因为）各个人物、各方、手势、场所、行动、热情……无论是在体育运动中，还是在其他表现形式中，都是虚伪的……现在，这种伪造的人、感情、举止、恶行、性别等，与演员的表演密不可分，因为演员演的并不是自己。因此，就像所有虚伪的行为一样，它把欺骗灌输给了灵魂和身体的各个部分，外表看来是一回事，而内里并没有真实存在。（1633: sigs. X3r–X4r）

---

① 柏拉图认为，理念是世界的本原，是先于世界上所有具体事物存在的一种来源。

这种异议的核心并不仅仅是艺术家与消费者之间缺失的"等价交换",还包括似乎没有人介意用真实换取"伪造物"。

从事想象性写作的作家对此类指责做出的回应都比较微妙。他们所犯的错不亚于柏拉图本人的罪过。对于诸如此类的控诉,小说如何自辩?其中一个辩驳直接指向了其出处,试图证明(但或许很令人费解),好的诗歌实际上比柏拉图本人意识到的还要与柏拉图主义相一致。此番论证之下,想象性写作(在最好的情况下)完全没有产生误导作用,而是创造了一种理想的真理,超越了我们所处的平庸而虚假的现实。用菲利普·西德尼(Philip Sidney)的话来说——他本人借鉴了意大利丰富多彩的诗歌理论传统——"只有诗人……凭借自己的创意中衍生的智慧,催生了另一种状态,使事物变得比大自然创造得更好,或者创造了一种大自然中从未有过的新事物。"按照这种逻辑,想象性写作的"最终目的"是"能够引导并吸引我们走向完美,因为我们灵魂因尘世而堕落"(1595: sigs. C1v, C4v)。

然而,尽管这种论断对于某些人来说是振奋人心的,但对于一个与柏拉图主义背道而驰的思想理论来说,这种论断只能屈居其后了,因为在笔者所探讨的本章范围中,对财务背景的研究更加重要。第二种方法依赖贺拉斯(Horace),而不是柏拉图,并以"享受"和"指导"可以充当同一枚硬币的两面为前提。西德尼沉迷于他所创作的理论性辩论,并再次以此为前提,揭示文学想象力正是通过其主观有用性来传达真理的,而不是通过它的客观真实性。他承认,尽管哲学家和历史学家确实可能追求一种真理,但他们的真理几乎是毫无价值的。也就是说,哲学家迷失在"模糊的"抽象中,而历史学家却忙于应付意义不大的事实。只有诗人会通过优先考虑真理在读者和听众之间的传播来赋予它意义。西德尼总结道："与教学相比，感动更有意义，因为如果没有被打动，谁会有意愿去接受教育呢？……真知并不是成果，实践才是"（1595: sig. E3v）。从这个角度来看，人类的想象力并不一定要与"现实"形成对比（好像它只能制造"空中楼阁"）。相反，它创造现实，将零碎的观点连接在一起，这是创造利润的必要条件（1595: sig. C2r）。[12] 在西德尼撰写论著后的几年间，他的仰慕者乔治·普滕纳姆（George Puttenham）将其观点发扬光大。在《英国诗歌的艺术》（*The Art of English Poesie*, 1589）中，普滕纳姆几乎完全将价值从真实的成分中分离出来，"一件引人入胜或绝妙的事物，除了比其他事物更令人高兴以外，其产生的结果并不比最真实的少，反而往往更多"（1589: sig.F4v）。我们绕了一个圈子又回到培根的悖论上。在培根的悖论中，"伪造的混合物"（如"金银币中的混合物"）贬低了其物质材料的价值，却也加强了货币的作用。

实际上，这就是"数"本身的悖论。"数"既有故事（story）之意，又有记账（tally）之意。这个词的文学含义和货币含义几乎具有相同的词根。同样，这两种含义也都与代表君主统治的"头"之间存在着令人不安的关联。代表君主权力象征的"头"坚持认为它们对于硬币来说是不可或缺的，以便首先理解硬币的"数"所传递的信息。在没有合法授权的情况下，人类想象力的产物是否能进行有意义的会计计算？在这方面，想象性写作也具有炼金术的矛盾性。正如许多文艺复兴时期的理论家明确承认的那样，诗人通过不断完善想象力的过程，改变自然，这也是一种炼金术。普滕纳姆声称，"诗意的'艺术'不仅是大自然的助力和帮手，也在改变大自然，甚至在某种程度上超越了大自然的力量……因此，炼金术士也伪造金币、银币和其他金属硬币"。至关重要的是，炼金术和诗歌的共通之处在于，它们拥有通过明显非自然的手段来提高价值的能力。普滕纳姆继续说道，像艺术家一样，炼金术士"也因其手艺而受到赞誉，他们的功劳不言而喻，只能说他们所带来的结果和效用完全是人为产生的"（1589: sigs. Ll1v–Ll2r）。就像炼金术士一样，诗人的作品如果越过了君主的底线，可能会令人深感不安。这将产生不受控制的想象，绕过了国家的合法化权力，随之而来的是社会混乱和道德困惑。[13]

但事实真的有那么恐怖吗？让货币学家和文学理论家着迷的是，人们日益认识到，"实践"（用西德尼的术语）确实不一定与真实保持一致，至少不是那种具有稳定的内在属性的真实。货币成为一种文学虚拟物的过程，与加深真实和虚假、本质和外表之间根深蒂固的分歧的过程是相同的。对集体"信用"现象的思考揭示了一种生产性的信念，尽管这种信念可能曾经是脆弱的，但它可以存在于本体论的中间地带——其中，虚假的事物可能与真实的事物发挥同样的作用。君主尝试货币改革，发行类似合法货币的伪币，旨在加强君主权威，其最大的讽刺意味在于，它们非但没有达到最初的将此类货币合法化的目的，反而削弱了这些"头"的权威。[14]如果这些"头"所代表的主权不能成为"内在价值"的保证，那么人们真的还需要它们吗？抑或是由更为复杂的互信网络确定货币面值的合法性？换句话说，也许货币的价值属性仅仅在于其有关债务和义务的故事的可信度。培根再一次完美地体现出文艺复兴时期英格兰和欧洲文学交汇处的矛盾情绪。一方面，和他那个时代的大多数人一样，他迫切地渴望将真理从反复无常的语言主观性中抽离出来；另一方面，他也承认，"文字和著作"尽管没有实质性意义，但仍然是我们通向"知识造币厂"的最佳之路。他继续说道,"文字是通行证,是通俗易懂的代币,正如货币是价值的象征,'而且'人们并非不知道货币可以是金银以外的其他形式"(1605: sig. Pp4r)。如果不是金银,那么是什么呢?至少在这一刻,它已经出现在故事中了。

 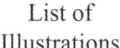 

图 片

第一章

1.1	弗朗西斯一世时期的法国金币埃居	21
1.2	500雷亚尔金币（"克鲁扎多"），葡萄牙塞巴斯蒂安国王（1557—1578年在位）	23
1.3	25达克特，特兰西瓦尼亚，1681	24
1.4	格奥尔吉乌斯·阿格里科拉《矿冶全书》中的版画，巴塞尔，1556	25
1.5	约阿欣泰勒，1525	27
1.6	《火法技艺》中的图画，1558	29
1.7	德川硬币——天承判金	32
1.8	"八雷亚尔"，波托西，1770	36
1.9	玛瑙贝贝壳	49

第三章

3.1	恺撒的归恺撒，马尔腾·德·沃斯绘，1602	83
3.2	按才受托的比喻，蚀刻版画，卢卡斯·范·杜奇（1530—1584）刻	93
3.3	《死神与吝啬鬼》，扬·普罗沃斯特绘，16世纪初	96
3.4	约翰·加尔文，匿名（汉斯·霍尔拜因？），16世纪50年代	99

第四章

4.1	非洲东部地图（标注了文中提及的主要地点）	113
4.2	马塔布维·姆库聚藏的银币，印有阿里·伊本·哈桑肖像	115

4.3　基尔瓦群岛地图，标注了基尔瓦和松戈姆纳拉的位置　　123

4.4　带有穿孔的基尔瓦型硬币，松戈姆纳拉出土　　131

第五章

5.1　金币上的君主，詹姆斯一世，首枚铸币，1603—1604　　138

5.2　铜币，明宣宗（1426—1435）　　141

5.3　苏莱曼一世时期的金币　　146

5.4　贾汉吉尔时期的金币莫赫，阿格拉造币厂，托鲁斯　　150

5.5　穆罕默德·瓦利德·伊本·泽丹·纳西尔，摩洛哥，1631—1633　　151

5.6　萨非沙塔马斯普一世（1524—1576）时期的银币拉林，设拉子造币厂　　153

5.7　泰国银圈货币，15至17世纪　　154

5.8　银币达克特，查理五世，米兰　　161

5.9　4埃克赛伦提金币，费迪南德和伊莎贝拉，塞维利亚造币厂　　164

5.10　10达克特金币，汉堡，1675　　167

5.11　百慕大"霍格钱币"　　172

第六章

6.1　后中世纪被切割过的银币，可能是伊丽莎白一世时期的先令　　176

6.2　10英镑借据，放款方：伦敦莱姆大街的罗伯特·皮尔金顿，借款方：新交易所的查尔斯·里奇　　178

6.3　船上的装备，W.霍拉绘　　183

6.4　人物肖像，马尔腾·梵·海姆斯凯克，1529　　185

6.5　7枚金币　　190

6.6　《制鞋匠的假期》或《文雅的手艺》　　194

6.7　被切割过的先令　　200

第七章

7.1　伊丽莎白一世时期的六便士——铸造伪币，正面　　205

7.2　铅制代币，六瓣花朵装饰，带有铸口　　206

7.3　后中世纪贸易代币：布里斯托尔市方形代币　　208

7.4	GLO-160256詹姆斯一世时期的法寻代币	208
7.5	后中世纪硬币，亨利八世时期第三种铸币格罗特	212

表 格

第四章

4.1	主要基尔瓦型硬币的年表	117
4.2	松戈姆纳拉硬币挖掘时的不同环境类型	124
4.3	基尔瓦型硬币上不同统治者的比例	127

注 释

概述

1. 在关于这一时期的学术研究中,学者们开始用"近代早期"这个术语来指代"近代"世界的一些特点,如资本主义和全球化的出现,而不再使用"文艺复兴"这一术语。"文艺复兴"的概念也日益以欧洲为中心,首先特别关注意大利的成就,其次才是欧洲其他国家的成就。在本册书中,除了以欧洲为中心的"文艺复兴",我们还将货币分析的范围扩展至欧洲以外,包括亚洲、非洲和美洲的货币。

2. 在此以前,中国明朝已经开始使用纸币。例如,详见戴维斯(2002:181–184)及其随后的讨论。

3. 在库克所撰写的章节中,他提到了很多非国家实体发行硬币的例子,如梵蒂冈的"教皇货币"、中世纪意大利以公民徽章为基础的公有铸币、朝代发行的铸币、荷兰的"城市景观"铸币、荷兰东印度公司以公司名义生产的地方铸币。另见第一章,阿图罗·吉拉尔德斯探讨了1524年中国明朝官方机构批准发行流通的私人铸币。当然,"国家"的范畴有待讨论。《近代早期英国文学中的货币制度与国家形态》(2011)一书中,由笔者所写的章节"国家形成的方方面面"中也探讨了这一问题。

4. "小额零钱"短缺的另一种解决办法是将一枚贵金属硬币切割成两份或四份。例如,详见本书中斯蒂芬妮·云茵-琼斯在其撰写章节中探讨的斯瓦希里海岸的做法。吉拉尔德斯讨论了这一时期被用作货币的其他商品,例如珍贵的玛瑙贝贝壳,这种货币主要在亚洲和非洲流通,在非洲主要用于奴隶贸易,另外还有非洲的可可豆、马黛茶、烟叶。许多中国皇帝用带有商人印记的银锭子代替硬币。

5. 在这些金属中,一种金属供应量的变化都会影响其相对价格("双金属比率"),因此刺激人们更多地关注某种其他金属。例如,吉拉尔德斯在其撰写章节中指出，当非洲和美洲的黄金涌入欧洲，其相对价格下降，人们就希望获得白银，中欧和日本的银矿产量就会增长。云茵-琼斯探讨了铜在东非的重要性，它是一种与"权力和国王权威密切相关"的金属。

6. 虽然人们普遍反感货币贬值，但我们仍然看到在1440—1760年，整个欧洲的铸币贬值呈现长期趋势，吉拉尔德斯在其撰写章节中讨论了这一点。

7. 大卫·贝克在其撰写章节中引用了戴安娜·伍德对这些理论的论述，涉及"金属理论"（内在）和"符号理论"（外在）。

8. 更多参考，详见登（2011：94）。

9. 戈尔康达（Golconda）的库特卜沙苏丹们的政治考量和宗教考量中有一个交集。库克曾举出一个有趣的例子，他们在硬币上增加了用波斯语写的恐吓言论，即"上帝诅咒任何一个更改国王银币的人"。其他关于使用硬币的视觉特征为殖民掠夺和反抗国家权威等政治行为服务的例子，详见登（2011：3–9）。

10. 正如云茵-琼斯所言，在这一地区，伊斯兰是沿海精英们"身份的重要标识"，是与"内地异教徒"的主要区别。因此，铸币与伊斯兰贸易的联系也有助于提高人们对货币概念和使用的接受程度。

11. 作为一个经济因素，贸易平衡的重要性在芒所处年代并不新鲜，至少可以追溯到中世纪。另外，第一个使用"贸易平衡"这一术语的作者正是芒的同行爱德华·米塞尔顿。此外，芒的作品之所以具有影响力，正是因为他坚定地认为贸易平衡是唯一的关键因素。

12. 8世纪的阿拉伯人和10世纪的犹太人都提及了对它们的使用。

13. 关于哈特利布圈子，见由布莱恩·施尔因撰写的本书章节。这是参与炼金并看到信贷体系相关潜力的一群人。正如温纳林德所言，"金属的变化和信用货币的基本理念相同，都是通过货币存量的扩张来促进经济不断变革、改善和发展的过程"（2011：68）。

14. 最早直接与个人高利贷者竞争的银行机构之一是蒙特·迪·皮埃塔（Monte di Pietá），由教会成立，目的是以低于高利贷者的利息向穷人提供贷款。正如吉拉尔德斯所言，第一个蒙特·迪·皮埃塔于1462年在佩鲁贾成立。吉拉尔德斯还探讨了地中海和印度洋贸易航线沿线以及美洲的其他存款银行、借款和商品贸易金融形式。

15. 根据理查德·希尔德雷斯（Richard Hildreth）的发现，第一家银行机构出现在12世纪的威尼斯。当时，贷款商会成立，处理强制性贷款是以募集战争军饷的方式进行的，后来以其名义收售汇票。手上的多余资金再通过商业汇票贴现向外放贷，很多威尼斯商人会将钱存在该商会。后来，要求所有商人都在此开户，兑现汇票，这是发行流通纸币的初级形式。这三种元素构成了现代银行的三大基本原则（1840: 8–9）。其他城市，如热那亚和巴塞罗那，一直到15世纪才出现类似的银行（1840: 9）。
16. 施尔因还探讨了"强制票据"在商人中的流通，它们"可以转给第三方，直接预示着银行发行的纸币的诞生"。威廉·波特于1650年提议发行全国信用货币，施尔因也对此进行了讨论。
17. 17世纪，葡萄牙人在巴西发现了黄金，英国的黄金潮随之而来，伦敦市"因为规定可以将英镑变为金币而成为新的政治经济中心"，吉拉尔德斯对此进行了讨论。

第一章

1. "价格革命"这一术语首次出现在厄尔·J. 汉密尔顿1934年出版的书籍《西班牙的美洲财富和价格革命，1501—1650》（*American Treasure and the Price Revolution in Spain, 1501—1650*）中。
2. 这是笔者对于奇波拉观点的翻译。

第二章

1. "diorthotikon dikaion"在现代英语中通常被译为"rectificatory justice"（矫正正义）或"corrective justices"（更正正义）。笔者使用的是"commutative justice"（交换正义），因为受阿奎那影响的商业作家喜欢使用这种翻译。
2. 为了使文字清晰易懂，笔者使用了现代化的拼写和标点符号。

第三章

1. 在其他媒介中，例如出版和印刷，这个戳印被比喻为其他内容，见格拉奇亚（Grazia, 1996: 74–94）。
2. 所有关于莎士比亚的引述都源于《莎士比亚全集》（*The Riverside Shakespeare*，1997）。
3. 寓言中的引述（已标明章节段落）都出自赫尔特格伦（2000: 271–272）。
4. 当然，从我们自己的角度来看，这有些讽刺，信用违约在很大程度上是造成目前金融危机的原因。虽然当时货币借贷的价值不如我们目前房地产市场的货币价值波动大，或者说是因为目前市场规模导致风险承担水平较高。

5. 马丁·路德发现埃克有些仇视知识分子，他对于高利贷的观念也不例外。路德称所有收取利息的情况，除借款帮助孤儿、鳏寡人士、学生和牧师，都应被视为高利贷，因此都是罪恶的（Jones, 1989: 15）。
6. 加尔文并不是第一个对这两个术语进行区分的人。4世纪，巴比伦的塔木德学者拉瓦（Rava）并没有解释这两个术语之间的区别，其他人却做到了。最常见的解释是"neschech"，代表从借款人角度看借贷，而"taibit"表示从放款人角度看借贷〔见巴克利（Buckley），2000: 21〕。
7. 托马斯·贝尔（Thomas Bell）驳斥了从是否造成损害的角度区分利息的行为：如果借款人的所得没造成严重后果就不能称之为高利贷。原因很明显，就存在于啃噬性高利贷的形式中。因为已经证明，高利贷的范畴包含贷款及额外收益，这种说法是不公平的，这是敲诈。（1596: sig.D3r）
8. 见琼斯（Jones, 1989: 19–22）和纳尔逊（Nelson, 1949: 70–71）。
9. 罗杰·芬顿将支持利息合法化的行为描述成想为高利贷戴上"嘴套"：因为咬噬性的高利贷往往不易察觉，并不是致命的。因此有人想出了一些微妙的主意，做出新的区分，取悦世上的人。如果有一些咬噬性不强、危害性不大的高利贷，不在"咬噬性"这个词的含义之内，也不会触犯上帝的条令。正如上帝从未谴责高利贷者，而只是封锁其具有咬噬性的言论。因此，如果借款方和放款方都可以获利，谁会抱怨？基督徒为什么不能参与到这种危害不人的贸易中？对于那些不属于咬噬性的高利贷而言，如果人们有意掩饰，就会称其为"抵押贷"（Mmorsura），而不是高利贷（Vsura）（1611: sig.C4v）。

第四章

1. 编写本章时，笔者担任位于乌普萨拉的瑞典高等研究院（Swedish Collegium for Advanced Study）的未来科学研究员，以及乌普萨拉大学考古和古代历史学院助理研究员。

    松戈姆纳拉的户外考察由美国科学基金会（编号：BSC1123091）、英国艺术与人文研究委员会（编号：AH/J502716/1）及古文物学会提供支持。松戈姆纳拉城市景观项目合作伙伴，即坦桑尼亚自然资源及旅游部古物司。感谢约翰·帕金斯（John Perkins）博士对松戈姆纳拉硬币的分析。

第五章

1. 对明朝硬币的最新调查,见哈迪尔(Hartill, 2005)。
2. 清朝时期硬币,见哈迪尔(Hartill, 2003)和桑德罗克(Sandrock, 1995)。
3. 萨非王朝硬币评论,见拉比诺·迪·伯格玛尔(Rabino di Borgomale, 1945)和马特、弗洛尔、克劳森(Matthee, Fllor, Clawson, 2013: 33)。
4. 帖木儿铸币在文学中的名声并不好,见阿尔博姆(Album, 2000: xiii–xv)。
5. 拉沙里(Lashari, 2009)提供了一张带有精美插图的目录。
6. 阿克巴铸币上的大多数波斯语对句都与铸币本身有关(Liddle, 2005: 89)。
7. 概况详见班克·阿尔-马格里布(Bank al-Maghrib, 2006: 168–173、182–191)。
8. 调研详见威斯克(Weschke)和哈根-杨克(Hagen-Jahnke, 1983, R1–30)。
9. 唯一一次重要的讨论,详见法夸尔(Farquhar, 1910)。施沃雷尔(Schwoerer, 1989)根本没有提及铸币。
10. 唯一一次调研成果是由哈可佐斯卡(Haczewska, 2000)举办的克拉科夫的一次展览中的目录。

第七章

1. 为了阐述清楚其中的区别,笔者主要借鉴了瓦伦兹(Valenze, 2006: 51–52)的观点,也参考了哈特(Hart, 1986: 638)的观点。瓦伦兹侧重于18世纪英国社会背景之下的货币现象学,而哈特的兴趣点在于分辨货币价值是由"头像"还是"面值"确定的,两者之间的拉锯战似乎成为现代经济理论史(及其不足之处)的主要特征。
2. 见兰德雷斯(2012: 129)和登(2011: 110–111)。
3. 转引自查利斯(Challis, 1978: 205–206)。查利斯指出,当地使用的非官方代币绝不仅限于英格兰西部。
4. 16世纪70年代末,枢密院开始对布里斯托尔大量使用的代币感兴趣。布里斯托尔允许在其代币上使用一种通用的戳印,以此(理论上来说)来减少混淆的可能。见查利斯(1978: 208–209)。
5. 以下欧洲大陆货币理论家的概况,笔者主要参考了萨金特(Sargent)和威尔德(Velde, 2001: 104–107)的观点。
6. 例如,吉拉德·德·马林斯坚持认为国王强制使用通用金属之间的票面值或兑换率,旨在防止在兑换率不断变换的情况下出售金属。其他的重商主义者,如爱德华·米塞尔登仿效票面值,对货币价值进行了人工干预,而货币价值本应由"货币过多或稀缺"来决定。但两人都认为强劲的货币经济意味着要找到一种方法,避免贵金属流出该国(Misselden, 1623: sig. K3r)。

7. 在英格兰,君主征募炼金术士的做法可以追溯至爱德华四世,都铎王朝和斯图亚特王朝都严重依仗他们(Wennerlind, 2011, 47–48)。布鲁斯·莫兰(Bruce Moran)指出在推进货币贬值,推动新的金属组合方面,炼金术士功不可没(2005: 33)。

8. 例如,吉拉德·德·马林斯在其吹捧炼金术,倡导经济改革的专著中,开篇便是鸣谢詹姆斯一世,公然重复国王自己的权威论述:"国王们并非是在凡间代替上帝坐上王位,相反,他们也被上帝称为上帝,这正是因为他们的卓越和特权"(1622: sig.A3r)。

9. 21世纪,经济人类学家的贡献再次凸显。虽然20世纪早期的马塞尔·莫斯(Marcel Mauss)做好了主要的奠基工作。莫斯说,很多进贡文化中的礼品经济"必须包含信贷的概念。经济法则的演变并不是从以货易货到零售,从现金销售到信贷销售……以货易货的出现是因为在礼品赠送和互换体系之下,由于时间限制,以货易货逐渐增加……而且同样,买卖也不断增长"(1990: 36)。

10. 伊利主教威廉·费利特伍德明显怀疑"人们如何才能显得比实际有钱,依靠财富的所有外在标志……来获得可能让他们看起来确实很有钱的资本。这些手段有时有效。有钱的名声有时会成为有钱的手段,就像照着影子画画"(引述自Sherman, 1997: 335)。

11. 例如,自15世纪以来,英国君主公开反对商人们进行"试行交换",即以信贷形式而非货币形式进行贸易。政府对汇票持怀疑态度,不仅因为他们认为汇票可以减少贵金属流入该国,还因为这种票据避开了王室特权、操控汇率和现金流动。详见芒罗(Munro, 1979: 198–199)。

12. 西塞罗(Cicero)和昆体良(Quintilian)的古典修辞传统将说和写的情感方面(读者反应)摆在了优先地位,亚里士多德的《诗学》(*Poetics*)为其提供了理论支持。但最出名的是《贺拉斯诗学》(*Ars Poetica of Horace*)中宣称诗歌的真实目标是获得利润和喜悦。而与贺拉斯一样,西德尼反而从本体论的角度强调了"喜悦"。详见克朗克(Cronk, 1999: 199–204)。

13. 从某种意义上来说,"作者"一词就已经暗含着其可能与写作中的"权威"的冲突。确实，笔者在描述铸币的时候提到的一些平行冲突都出现在文本与作者关系的讨论中。例如，在多大程度上作者是可以保障文本价值（无论内在还是外在），文本价值在多大程度上是由文本使用者决定的？但从近代（后近代）角度来看，这条调查线索在哲学上来说是有趣的，但它并不是文艺复兴的文学理论。相反，近代早期作者很快将兴趣点转移到想象性文学如何在不受政府制裁的情况下获得社会价值（或丧失社会价值）。在托马斯·德克的戏剧《旧财富》（*Old Fortunatus*, 1599）的结尾，这种传统的优先级体现得淋漓尽致，主人公弗丘（Virtue）毁掉第四道墙壁，并觐见伊丽莎白女王，要求获得其合法性。"我是伪币，您是货真价实的货币，我是个影子，拜倒在您的脚下，祈求这样那样的东西，我的自我和其他。德雷德女神，我们仰仗您获得生命"（1953：5.2.358–366）。当然，这一时期，也有反对政府权威必要性的声音，这集中体现在约翰·弥尔顿（John Milton）的《论出版自由》（*Areopagitica*, 1644）中。

14. 很多清教徒，在推动君主制终结的同时，也抵制了想象性文学。而正是这种文学带来了意识形态上的颠覆性转变，这多少有些讽刺。

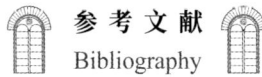

参考文献
Bibliography

Abbott, Edwin A. (2014), *The Fourfold Gospel*, Vol. 5: *The Founding of the New Kingdom or Life Reached Through Death*, Cambridge: Cambridge University Press.

Adams, Nicholas (1978), " New Information about the Screw Press as a Device for Minting Coins: Bramante, Cellini and Baldassare Peruzzi," *Museum Notes (American Numismatic Society)*, 23: 201–6.

Agnew, Jean-Christophe (1986), *Worlds Apart: The Market and the Theater in Anglo-American Thought, 1550–1750*, Cambridge: Cambridge University Press.

Agricola, Georgius (1950[1556]), *De Re Metallica*, New York: Dover Publications.

Album, Stephen (1999), *Sylloge of Islamic Coins in the Ashmolean: Arabia and East Africa*, Oxford: Ashmolean Museum.

Album, Stephen (2001), *Sylloge of Islamic Coins in the Ashmolean 9: Iran after the Mongol Invasion*, Oxford: Ashmolean Museum.

Allan, John (1912), " The Coinage of the Maldive Islands, with Some Notes on the Cowrie and Larin," *Numismatic Chronicle*, 4th Series, 12: 313–32.

Allen, J.D.V. (1979), " The Swahili House: Cultural and Ritual Concepts Underlying its Plan and Structure," in J.D.V. Allen and T.H. Wilson (eds.), *Swahili Houses and Tombs of the Coast of Kenya*, 1–32, London: Art and Archaeology Research Papers(AARP).

Alonso Barba, Alvaro (1817), *Arte de los Metales*, Lima: Real Tribunal de Minería.

Alves, André Azevedo and José Manuel Moreira (2010), *The Salamanca School*, London: Continuum Books.

Amussen, Susan D. (2012), " Political Economy and Imperial Practice," *William and Mary Quarterly*, 69 (1): 47–50.

Aquinas, St. Thomas (1947), *Summa Theologica*, 2 vols, trans. Fathers of the English Dominican Province, New York: Benziger Brothers.

Aristotle (1953), *Generation of Animals*, trans. A.L. Peck, Cambridge: Harvard

University Press.

Aristotle (2009), *The Nicomachean Ethics*, trans. David Rose, revd Lesley Brown, Oxford: Oxford University Press.

Attwood, Philip (2003), *Italian Medals c. 1530–1600 in British Public Collections*, London: British Museum.

Attwood, Philip (2004), "Cellini's Coins and Medals," in Margaret A. Gallucci and Paolo L. Rossi (eds*.), Benvenuto Cellini: Sculptor, Goldsmith, Writer*, 97–121, Cambridge University Press.

Azpilcueta, Martín de (2007 [1556]), *Commentary on the Resolution of Money*, trans. Jeannine Emery, in Stephen J. Grabill (ed.), *Sourcebook in Late-Scholastic Monetary Theory: The Contributions of Martín de Axpilcueta, Luis de Molina, S.J., and Jaun de Mariana, S.J.*, 21–108, New York: Lexington Books.

Bacon, Francis (1605), *The Twoo Bookes of Francis Bacon: Of the Proficience and Advancement of Learning, Divine and Humane*, London.

Bacon, Francis (1625), *The Essayes, or Counsels, Civill and Morall*, London.

Bacon, Francis (2002), "Of Usury," in *Francis Bacon: The Major Works*, ed. Brian Vickers, 421–3, Oxford: Oxford University Press.

Baker, David J. (2009), *On Demand: Writing for the Market in Early Modern England*, Stanford, CA: Stanford University Press.

Baker, Donald C. (1961), "Gold Coins in Medieval English Literature," Speculum, 36: 282–7.

Bakewell, Peter (1984), "Mining in Colonial Spanish America," in Leslie Bethel (ed.), *The Cambridge History of Latin America*, Vol. 2: *Colonial Latin America*, 105–52, Cambridge: Cambridge University Press.

Bank al-Magrib (2006), *Les Trésors du Musée de la Monnai*, Rabat: Bank al-Magrib.

Bargalló, Modesto (1955), *La minería y la metalurgia en la América española durante la época colonial,* Mexico City: Fondo de Cultura Económica.

Barr, James (2013), *Bible and Interpretation: The Collected Essays of James Barr*, Vol. 1, ed. John Barton, Oxford: Oxford University Press.

Barret, Ward (1990), "World Bullion Flows, 1450–1800," in James D. Tracy (ed.), *The Rise of Merchant Empires: Long-Distance Trade in the Early Modern World, 1350–1750*, 224–54, Cambridge: Cambridge University Press.

Barrett, William L.S. (1988), *Brunei and Nusantara: History in Coinage*, Bandar Seri Begawan: Brunei History Centre.

Barth, Jonathan (2016), " Reconstructing Mercantilism: Consensus and Conflict in British Imperial Economy in the Seventeenth and Eighteenth Centuries," *William and Mary Quarterly*, 73 (2): 257–90.

Bateson, J.D. (1997), *Coinage in Scotland*, London: Spink & Son.

Bell, Thomas (1596), *The Speculation of Vsurie*, London.

Bergwerk und Probierbüchlein (1949), New York: American Institute of Mining.

Bernal, Antonio M. (1999), " Remesas de Indias: de 'dinero político' al servicio del Imperio a indicador monetario," in Antonio M. Bernal (ed.), *Dinero moneda y crédito en la Monarquía Hispánica*, 353–84, Madrid: Marcial Pons Ediciones de Historia, Fundación ICO.

Biringuccio, Vanoccio (1540), *De la Pirotechnia*, Venice.

Blair, Ann (1997), *The Theater of Nature*: *Jean Bodin and Renaissance Science*, Princeton, NJ: Princeton University Press.

Bodin, Jean (1962 [1576]), *The Six Bookes of Commonweale*: *A Facsimile Reprint of the English Translation of 1606, Corrected and Supplemented in the Light of a New Comparison with the French and Latin Texts*, ed. Kenneth Douglas McRae, Cambridge: Harvard University Press.

Bodin, Jean (1992), *On Sovereignty: Four Chapters from* The Six Books of the Commonwealth, ed. and trans. Julian H. Franklin, Cambridge: Cambridge University Press.

Bodin, Jean (1997 [1568]), *Response to the Paradoxes of Malestroit*, trans. and ed. Henry Tudor and R. W. Dyson, Bristol: Thoemmes Press.

Boomgaard, Peter (2008), " Early Globalization: Cowries as Currency, 600 BCE — 1900," in Peter Boomgard, Dick Kooiman, and Henk Schulte Nordholt (eds.), *Linking Destinies*: *Trade, Towns and Kin in Asian History*, 13–28, Leiden: KITLV Press.

Boxer, Charles R. (1970), " Plata es Sangre: Sidelights on the Drain of Spanish American Silver in the Far East, 1550–1700," *Philippine Studies*, 18: 457–78.

Braudel, Fernand (1981), *Civilization & Capitalism 15th–18th Century*. Vol 1: *The Structures of Everyday Life*. New York: Harper & Row.

Braudel, Fernand (1982), *Civilization & Capitalism 15th–18th Century*, Vol. 2: *The Wheels of Commerce*, New York: Harper & Row.

Broome, Michael (1980), " Islam and the Near East," in Martin Jessop Price (ed.), *Coins*: *An Illustrated Survey 650 BC to the Present Day*, 259–85, New York: Methuen.

Broome, M. (1985), *A Handbook of Islamic Coins*, London: Seaby.

Brown, H.W. (1991), " Three Kilwa Gold Coins," *Azania*, 26: 1–4.

Brown, H.W. (1992), " Early Muslim Coinage in East Africa: The Evidence from Shanga," *Numismatic Chronicle*, 152: 83–7.

Brown, H.W. (1993), " Coins of East Africa: An Introductory Survey," *Yarmouk Numismatics*, 5: 9–16.

Brown, H.W. (1996), " The Coins," in M.C. Horton (ed.), *Shanga: The Archaeology of a Muslim Trading Community on the Coast of East Africa*, 368–75, London and Nairobi: British Institute in Eastern Africa.

Buckley, Susan (2000), *Teachings on Usury in Judaism, Christianity and Islam*, Lewiston, NY: Edwin Mellen Press.

Burzio, Humberto F. (1945), *La Ceca de la villa imperial de Potosí y la moneda colonial*, Buenos Aires: Peuser.

Caesar, Philipp (1578), *A General Discourse against the Damnable Sect of Vsurers*, London.

Calvin, Jean (1583), *The Sermons of M. Iohn Caluin vpon the Fifth Booke of Moses Called Deuteronomie*, London.

Calvin, Jean (1616), " An Epistle of that Reverend and Judicious Diuine, Master Iohn Calvine, Touching Vsurie: Faithfullie Translated out of Latine," in James Spottiswood, *The Execution of Neschech and the Confyning of His Kinsman Tarbith. Or A Short Discourse, Shewing the Difference Betwixt Damned Usurie, and That Which is Lawfull*, Sig. F3r–G3r, Edinburgh.

Carande, Ramón (1990), *Carlos V y sus banqueros. 1. La vida económica en Castilla*, Barcelona: Editorial Crítica.

Céspedes del Castillo, G. (1972), " Las Indias Durante los Siglos XVI y XVII," in J. Vicens Vives (ed.), *Historia de España y América Social y Económica*, Vol. 3: *Los Austrias. El Imperio Español en América*, 321–536, Barcelona: Vicens-Vives.

Challis, C.E. (1978), *The Tudor Coinage*, Manchester: Manchester University Press.

Chaudhuri, K.N. (1978) *The Trading World of Asia and the English East India Company, 1660–1760*, Cambridge: Cambridge University Press.

Chaudhuri, K.N. (1986), " World Silver Flows and Monetary Factors as a Force of International Economic Integration 1658–1758," in W. Fischer, R. W. McInnis, and J. Schneider (eds.), *The Emergence of a World Economy 1500–1914*, vol. 1, 61–82, Stuttgart: Franz Steiner.

Chittick, H.N. (1961), *Kisimani Mafia: Excavations at an Islamic Settlement on the*

East African Coast, Dar es Salaam: Antiquities Division.

Chittick, H.N. (1965), " The 'Shirazi' Colonization of East Africa," *Journal of African History*, 6 (3): 275–94.

Chittick, H.N. (1973), " On the Chronology and Coinage of the Sultans of Kilwa," *Numismatic Chronicle*, 13: 193–200.

Chittick, H.N. (1974) *Kilwa: An Islamic Trading City on the East African Coast*, Nairobi and London: British Institute in Eastern Africa.

Chown, John (1994) *A History of Money: From AD 800*. London: Routledge.

Chuan, Hang-sheng (1969), " The Inflow of American Silver into China from the Late Ming to the Mid-Ching Period," *Journal of the Institute of Chinese Studies of the Chinese University of Hong-Kong*, 2: 61–75.

Cipolla, Carlo M. (1993), *Before the Industrial Revolution: European Society and Economy 1000–1700*, 3rd edn, New York: W.W. Norton.

Cipolla, Carlo M. (1996), *Conquistadores, pirati, mercantati: La saga dell'argento spagnuolo*, Bologna: il Mulino.

Cook, Barrie (1995), " Showpieces: Medallic Coins in Early Modern Europe," *The Medal*, 26: 3–25.

Cook, Barrie (1998), " The Early European Coinages for Sri Lanka," in O. Bopearachchi and D.P.M. Weerakkody (eds.), *Origin, Evolution and Circulation of Foreign Coins in the Indian Ocean*, 241–54, New Delhi: Manohar Publishers.

Cook, Barrie (2017), " *Like Philip and Mary on a Shilling*: The Literary Legacy of a Tudor Coin," *Numismatic Chronicle*, 177: 399–411.

Cook, Barrie (2019), " *Stampt with your own Image*: The Numismatic Dimension of Two Stuart Successions," in Paulina Kewes and Andrew McRae (eds.), *Stuart Succession Literature: Moments and Transformations*, 309–18, Oxford: Oxford University Press.

Cotton, Robert (1651 [1626]), 1856. *A Speech... Touching the Alteration of Coin*, London. Reprinted in *A Select Collection of Scarce and Valuable Tracts on Money*, ed. John Ramsay McCulloch. London.

Craig, John (1953), *The Mint: A History of the London Mint from A.D. 287 to 1948*, Cambridge: Cambridge University Press.

Cribb, Joe (1980), " The Far East," in Martin Jessop Price (ed.), *Coins: An Illustrated Survey 650 BC to the Present Day*, 294–311, New York: Methuen.

Cribb, Joe (2009), " Money as Metaphor 4: Power," *Numismatic Chronicle*, 169: 461–529.

Crippa, Carlo (1990), *Le monete di Milano durante la dominazione spagnola dal 1535 al 1706*, Milan: Carlo Crippa.

Cronk, Nicholas (1999), " Aristotle, Horace, and Longinus: The Conception of Reader Response," in Glyn P. Norton (ed.), *The Cambridge History of Literary Criticism*, Vol. 3: *The Renaissance*, 199–204, Cambridge: Cambridge University Press.

Cross, Harry E. (1983), " South American Bullion Production and Export, 1550–1750," in John F. Richards (ed.), *Precious Metals in the Later Medieval and Early Modern Worlds*, 397–424, Durham: Carolina Academic Press.

Crusafont, Miguel, Anna Balaguer, and Philip Grierson (2013), *Medieval European Coinage 6: The Iberian Peninsula*, Cambridge: Cambridge University Press.

Cuelbis, Diego (2002), *Andalucía en 1599 vista por Diego Cuelbis*, ed Salvador Raya Retamero, Benalmádena (Málaga): Caligrama.

D'Ewes, Sir Simonds (1682), *The Journals of All the Parliaments During the Reign of Queen Elizabeth*, London.

Dasí, Tomás (1950), *Estudio de los reales de a ocho. También llamados pesos, dólares, piastras, patacones o duros españoles*, 5 vols, Valencia: Sucesores de Vives Mora.

Davies, Glyn (2002), *History of Money: From Ancient Times to the Present Day*, Cardiff: University of Wales Press.

de Grazia, Margreta (1996), " Imprints: Shakespeare, Gutenberg and Descartes," in Terence Hawkes (ed.), *Alternative Shakespeares*, vol. 2, 63–94, London: Routledge.

de Morga, Antonio (1971), *Sucesos de las Islas Filipinas*, Cambridge: Cambridge University Press.

De Roover, Raymond (1974), *Business, Banking, and Economic Thought in Late Medieval and Early Modern Europe*, ed. Julius Kirshner, Chicago, IL: University of Chicago Press.

Dekker, Thomas (1953), *The Dramatic Works of Thomas Dekker*, vol 2, ed. Fredson Bowers. Cambridge: Cambridge University Press.

Dekker, Thomas (1990), *The Shoemaker's Holiday*, ed. Anthony Parr, London: A & C Black.

Deloney, Thomas (1961), *The Novels of Thomas Deloney*, ed. Merritt E. Lawless, Bloomington, IN: Indiana University Press.

Deng, Stephen (2009), " 'So Pale, So Lame, So Lean, So Ruinous': The Circulation of Foreign Coins in Early Modern England," in Jyotsna G. Singh (ed.), *A*

Companion to the Global Renaissance: English Literature and Culture in the Era of Expansion, 262–78, Chichester: Wiley-Blackwell.

Deng, Stephen (2011), *Coinage and State Formation in Early Modern English Literature*, New York: Palgrave Macmillan.

Dhopate, Sashikant G. (2002), " Some Coins Assignable to Vijayanagara Rulers," *Studies in South Indian Coins*, 12: 55–8.

Disney, A.R. (2009), *A History of Portugal and the Portuguese Empire: From Beginnings to 1807*, vol. 1, Cambridge: Cambridge University Press.

Domínguez Ortíz, Antonio (1971), *The Golden Age of Spain: 1516–1659*, New York: Basic Books.

Donne, John (1953–62), *The Sermons of John Donne*, ed. Evelyn M. Simpson and George R. Potter, Berkeley, CA: University of California Press.

Drappier, Jean (1978), " Iconographie des rois de France: le porte de la barbe aux XVIe et XVIIe siècles," in *La monnaie: miroir des rois*, 295–306, Paris: L'Hôtel.

Eggert, Katherine (2015), *Disknowledge: Literature, Alchemy, and the End of Humanism in Renaissance England*, Philadelphia, PA: University of Pennsylvania Press.

Ehrenberg, Richard (1963), *Capital & Finance in the Age of the Renaissance*, New York: Reprints of Economic Classics.

Eiji, Izawa (2013), " Developments in Japanese Copper Metallurgy for Coinage and Foreign Trade in the Early Edo Period," in Nanny Kim and Keiko Nagase-Reimer (eds.), *Mining, Monies and Culture in Early Modern Society*, 13–24, Leiden and Boston, MA: Brill.

Fairbank, John King and Merle Goldman (1998), *China: A New History*, Cambridge, MA: Harvard University Press.

Farquhar, Helen (1907), " Portraits of our Tudor Monarchs on their Coins and Medals," *British Numismatic Journal*, 4: 49–143.

Farquhar, Helen (1910), " Portraits of our Stuart Monarchs on their Coins and Medals Part 3: William and Mary," *British Numismatic Journal*, 10: 199–267.

Fenton, Roger (1611), *A Treatise of Vsurie*, London.

Fernández de Oviedo, G. (1944), *Historia General y natural de las Indias*, vol. 2, Asunción: Editorial Guaraní.

Finkelstein, Andrea (2000), *Harmony and the Balance: An Intellectual History of Seventeenth-Century English Economic Thought*, Ann Arbor, MI: University of Michigan Press.

Fitton, T. and S. Wynne-Jones (2017), " Understanding the Layout of Early Coastal Settlement at Unguja Ukuu, Zanzibar," *Antiquity*, 91 (359): 1268–84.

Fleisher, J.B. and S. Wynne-Jones (2010), " Kilwa- type Coins from Songo Mnara, Tanzania: New Finds and Chronological Implications," *Numismatic Chronicle*, 170: 494–506.

Fleisher, J.B. and S. Wynne-Jones (2013), " Archaeological Investigations at Songo Mnara, Tanzania," June–July 2011, Report submitted to Antiquities Division, Tanzania.

Flood, F. (2009), *Objects of Translation: Material Culture and Medieval "Hindu-Muslim" Encounters*, Princeton, NJ: Princeton University Press.

Foxe, John (1583), *Actes and Monuments of Matters Most Speciall and Memorable, Happenyng in the Church with an Vniuersall History of the Same*, London.

Franklin, Julian H. (1963), *Jean Bodin and the Sixteenth-Century Revolution in the Methodology of Law and History*, New York: Columbia University Press.

Franklin, Julian H. (1973), *Jean Bodin and the Rise of Absolutist Theory*, Cambridge: Cambridge University Press.

Freeman-Grenville, G.S.P. (1957), " Coinage in East Africa before Portuguese Times," *Numismatic Chronicle*, 17: 151–79.

Freeman-Grenville, G.S.P. (1958), " The Chronology of the Sultans of Kilwa," *Tanganyika Notes and Records*, 50: 85–93.

Freeman-Grenville, G.S.P. (1962) *The East African Coast: Select Documents from the First to the Earlier Nineteenth Centuries*, London: Clarendon Press.

Freeman-Grenville, G.S.P. (1971), " Coin Finds and Their Significance for Eastern African Chronology," *Numismatic Chronicle*, 11: 284–301.

García Guerra, E. (2000), " Las decisiones monetarias de la Monarquía castellana del siglo XVII y su incidencia en el funcionamiento del crédito privado," in Antonio M. Bernal (ed.), *Dinero moneda y crédito en la Monarquía Hispánica*, 575–92, Madrid: Marcial Pons Ediciones Historia, Fundación ICO.

Garlake, P.S. (1966), *The Early Islamic Architecture of the East African Coast*, London: Oxford University Press.

Geiss, J.P. (1979), " Peking under the Ming, 1368–1644," PhD thesis, Princeton University, NJ.

Gil Farrés, Octavio (1959), *Historia de la moneda española*, Madrid: Diana.

Glamann, Kristof (1977), " European Trade 1500–1750," in Carlo M. Cipolla (ed.), *The Fontana Economic History of Europe*, Vol. 2: *The Sixteenth and*

Seventeenth Centuries, 427–526, New York: Harvester Press/Barnes & Noble.

Gosson, Stephen (1579), *The Schoole of Abuse*, London.

Gosson, Stephen (1582), *Playes Confuted in Five Actions*, London.

Grice-Hutchinson, Marjorie (1952), *The School of Salamanca*: *Readings in Spanish Monetary Theory*, Oxford: Clarendon Press.

Grice-Hutchinson, Marjorie (1978), *Early Economic Thought in Spain 1177–1740*, London: George Allen & Unwin.

Grierson, P. (1960), " The Monetary Reforms of 'Abd al-Malik: Their Metrological Basis and their Financial Repercussions," *Journal of Economic and Social History of the Orient*, 3 (3): 241–64.

Grierson, Philip (1964), " The Origin of the English Sovereign and the Symbolism of the Closed Crown," *British Numismatic Journal*, 33: 118–34.

Grierson, Philip (1971), " The Monetary Pattern of Sixteenth-Century Coinage," *Transactions of the Royal Historical Society*, 5th Series, 21: 45–60 ; reprinted in Philip Grierson (1979), *Later Medieval Numismatics*, London: Variorum.

Grierson, Philip (1972), " Notes on Early Tudor Coinage," *British Numismatic Journal*, 41: 80–94.

Grierson, Philip (1975), *Numismatics*, London: Oxford University Press.

Grierson, Philip (1991), *Coins of Medieval Europe*, London: B.A. Seaby Ltd.

Haczewska, Bogumila (2000), *Portrety Miast* [City Portraits], Cracow: Muzeum Narodowe w Krakowie.

Haider, Najaf (1996), " Precious Metal Flows and Currency Circulation in the Mughal Empire," *Journal of the Economic and Social History of the Orient*, 39 (3): 299–364.

Hamashita, Takeshi (1994), " The Tribute System of Modern Asia," in A.J.H. Latham and Heita Kawakatsu (eds.), *Japanese Industrialization and the Asian Economy*, 91–107, London: Routledge.

Hamilton, Earl J. (1934), *American Treasure and the Price Revolution in Spain, 1501–1650*, Cambridge, MA: Harvard University Press.

Haring, Clarence H. (1964), *Trade and Navigation between Spain and the Indies in Times of the Hapsburgs*, Gloucester: Peter Smith.

Harris, Jonathan Gil (2003), *Sick Economies*: *Drama, Mercantilism, and Disease in Shakespeare's England*, Philadelphia, PA: University of Pennsylvania Press.

Hart, Keith (1986), " Heads or Tails? Two Sides of the Coin," *Man*, New Series, 21: 637–56.

Hartill, David (2003), *Qing Cash*, Special Publication, 37, London: Royal

Nunismatic Society.

Hartill, David (2005), *Cast Chinese Coins: A Historical Catalogue*, Victoria: Trafford Publishing.

Hawkes, David (2001), *Idols of the Marketplace: Idolatry and Commodity Fetishism in English Literature, 1580–1680*, New York: Palgrave.

Hawkes, David (2010), *The Culture of Usury in Renaissance England*, New York: Palgrave Macmillan.

Hawkes, J. and S. Wynne-Jones (2015), " India in Africa: Trade Goods and Connections of the Late First Millennium," *Afriques: Débats, Méthodes et Terrains d'Histoire*, 6. Available at: https://afriques.revues.org/1752 (accessed September 17, 2016).

Herbert, E.W. (1984), *Red Gold of Africa: Copper in Precolonial History and Culture*, Madison, WI: University of Wisconsin Press.

Hildreth, Richard (1840), *Banks, Banking, and Paper Currencies*, Boston, MA: Whipple & Damrell.

Hill, George (1930), *A Corpus of Italian Medals of the Renaissance*, London: British Museum.

Hipkiss, Edwin J. (1937), " A Florentine Coin of the Sixteenth Century," *Bulletin of the Museum of Fine Arts*, 33: 11.

Horton, M.C. (1987), " The Swahili Corridor," *Scientific American*, 257 (3): 86–93.

Horton, M.C. (1991), " Primitive Islam and Architecture in East Africa," *Muqarnas*, 8: 103–16.

Horton, M.C. (1996), *Shanga: The Archaeology of a Muslim Trading Community on the Coast of East Africa*, Nairobi: British Institute in Eastern Africa.

Horton, M.C. and J. Middleton (2000), *The Swahili: The Social Landscape of a Mercantile Society*, Oxford: Blackwell.

Horton, M.C., W.A. Oddy, and H.W. Brown (1986), " The Mtambwe Hoard," *Azania*, 21: 115–23.

Huffman, T.N. (1972), " An Arab Coin from Zimbabwe," *Arnoldia*, 5: 1–7.

Hultgren, Arland J. (2000), *The Parables of Jesus: A Commentary*, Grand Rapids, MI: William B. Eerdmans Publishing Company.

Hunt, Edwin S. and James M. Murray (1999), *A History of Business in Medieval Europe, 1200–1550*, Cambridge: Cambridge University Press.

Inalcik, Halil (1995), *The Ottoman Empire: The Classical Age 1300–1600*, London: Phoenix, Orion Books.

Innes, Robert LeRoy (1980), " The Door Ajar: Japan's Foreign Trade in the

Seventeenth Century," vol 1, PhD dissertation, University of Michigan, Ann Arbor, MI.

James I (1613), " A Proclamation for Farthing Tokens," London.

Jessop Price, Martin (ed.) (1980), *Coins: An Illustrated Survey 650 BC to the Present Day*, New York: Methuen.

Johnson, Marion (1997), " The Cowrie Currencies of West Africa," in Dennis O. Flynn and Arturo Giráldez (eds.), *Metals and Monies in an Emerging Global Economy*, 193–248, Aldershot: Variorum.

Jones, Norman (1989), *God and the Moneylenders: Usury and the Law in Early Modern England*, Oxford: Blackwell.

Jonson, Ben, George Chapman, and John Marston (1973 [1605]), *Eastward Ho!*, ed. C.G. Petter, New York: W.W. Norton.

Keynes, John Maynard (1950), *A Treatise on Money*, 2 vols, London: Macmillan.

Killick, D.J. (2009), " Agency, Dependency, and Long-Distance Trade: East Africa and the Islamic World, ca. 700–1500 CE," in S.E. Falconer and C.L. Redman (eds.), *Polities and Power: Archaeological Perspectives on the Landscapes of Early States*, 179–207, Tucson, AZ: University of Arizona Press.

Kimbro, Devori (2015), " 'A Cardinalles Red-Hat, and a Kings Golden Crown': Pamphlet Anti-Catholicism and Fabricated Authority in Thomas Milles's *The Misterie of Iniquite* (1611)," *Prose Studies*, 37 (3): 181–99.

Kitch, Aaron (2009), *Political Economy and the States of Literature in Early Modern England*, Burlington: Ashgate.

Krisadaolarn, Ronachai and Vasilijs Mihailovs (2012), *Siamese Coins: From Funan to the Fifth Reign*, Bangkok: River Books.

Krmnicek, S. (2012), " Coins in Walls, Floor and Foundations: A Contextual Approach. The Case of the Magdalensberg, Austria," in G. Pardini (ed.), *Preatti del I Workshop Internazionale di Numismatica. Numismatica e Archeologia. Monete, Stratigrafie e Contesti*, 249–50, Roma: Dipart. di Scienze dell'Ant.

Kus, S.M. and V. Raharijaona (2008), " 'Desires of the Heart' and Laws of the Marketplace: Money and Poetics, Past and Present, in Highland Madagascar," in E.C. Wells and P.A. McAnany (eds.), *Dimensions of Ritual Economy*, Research in Economic Anthropology 27, 149–87. Bingley: Emerald Group Publishing.

Kusimba, C.M. (1999), *The Rise and Fall of Swahili States*, Walnut Creek, CA: AltaMira Press.

Lambek, M. (2001), " The Value of Coins in a Sakalava Polity: Money, Death, and Historicity in Mahajanga, Madagascar," *Comparative Studies in Society and History*, 43 (4): 735–62.

Lampe, G.W.H. (1951), *The Seal of the Spirit: A Study in the Doctrine of Baptism and Confirmation in the New Testament and the Fathers*, London: Longman.

Landreth, David (2012), *The Face of Mammon: The Matter of Money in English Renaissance Literature*, Oxford: Oxford University Press.

Langholm, Odd (1983), *Wealth and Money in the Aristotelian Tradition: A Study in Scholastic Economic Sources*, Bergen: Universitetsforlaget.

Langholm, Odd (1992), *Economics in the Medieval Schools: Wealth, Value, Money and Usury according to the Paris Theological Tradition 1200–1350*, Leiden: Brill.

Langholm, Odd (1998), *The Legacy of Scholasticism in Economic Thought: Antecedents of Choice and Power*, Cambridge: Cambridge University Press.

Lashari, Ali (2009), *Coins of the Mughal Emperors in the State Bank Museum*, Sindh: State Bank of Pakistan.

Leinwand, Theodor B. (1999), *Theatre, Finance and Society in Early Modern England*, Cambridge: Cambridge University Press.

Leydi, Silvio (2012), " Leone Leoni *scultore delle stampe della Cecca di Milano* (1542–90)," in Stephan F. Schröder (ed.), *Leone & Pompeo Leoni: actas del congreso internacional, Museo Nacional del Prado, Madrid octubre de 2011*, 19–32, Madrid: Museo del Prado.

Liddle, Andrew (2005), *The Coinage of Akbar: The Connoisseur's Choice*, New Delhi: Kapoori Devi Charitable Trust.

Liddle, Andrew (2013), *Coins of Jahangir: Creations of a Numismatist*, New Delhi: Manohar.

Lowick, N.M. (1985), *Siraf XV: The Coins and Monumental Inscriptions*, London: British Institute of Persian Studies.

Lowick, N.M. (1990), *Coinage and History of the Islamic World*, Aldershot: Variorum.

Macarius (1921), *Fifty Spiritual Homilies of St. Macarius the Egyptian*, ed. A.J. Mason, D.D., New York: Macmillan.

Magalhães Godinho, Vitorino (1984), *Os Descobrimentos e a Economia Mundial*, 2nd edn, 4 vols, Lisboa: Editorial Presença.

Magnusson, Lars (1994), *Mercantilism: The Shaping of an Economic Language*, London: Routledge.

Magnusson, Lars (2015), *The Political Economy of Mercantilism*, New York: Routledge.

Malynes, Gerard de (1601a), *Saint George for England, Allegorically Described*, London.

Malynes, Gerard de (1601b), *A Treatise of the Canker of Englands Common Wealth*, London.

Malynes, Gerard de (1603), *England's View in the Unmasking of Two Paradoxes*, London.

Malynes, Gerard de (1622) *Consuetudo, vel lex mercatoria, or The Ancient Law-Merchant*, London.

Manca, Joseph (1989), " The Presentation of a Renaissance Lord: Portraiture of Ercole I d'Este, Duke of Ferrara (1471–1505)," *Zeitschrift für Kunstgeschichte*, 52: 522–38.

Marx, Karl (1906), *Capital: A Critique of Political Economy*, trans. Samuel Moore and Edward Aveling, New York: Modern Library.

Mason, Robert (1609), *Mirrour for Merchants*, London.

Matson, Cathy (2012), " Imperial Political Economy: An Ideological Debate and Shifting Practices," *William and Mary Quarterly*, 69 (1): 35–40.

Matthee, Rudi, Willem Floor, and Patrick Clawson (2013), *The Monetary History of Iran from the Safavids to the Qajars*, London: I B Tauris.

Maurer, B. (2005), " Does Money Matter? Abstraction and Substitution in Alternative Financial Forms," in D. Miller (ed.), *Materiality*, 140–64, Durham, NC: Duke University Press.

Mauss, Marcel (1990), *The Gift: The Form and Reason for Exchange in Archaic Societies*, trans. W.D. Halls, New York: Norton.

Mayhew, Nicholas (1999), *Sterling: The Rise and Fall of a Currency*, London: Allen Lane.

Mayhew, N.J. (2013), " Prices in England, 1170–1750," *Past and Present*, 219 (1): 3–39.

Melanchthon, Philipp (1548), *The Iustification of Man by Faith Only*, London.

Middleton, Henry (1603), *The Last East-Indian Voyage*, London.

Middleton, J. (2003), " Merchants: An Essay in Historiographical Ethnography," *Journal of the Royal Anthropological Institute*, 9: 509–26.

Milles, Thomas (1608), *The Custumers Alphabet and Primer*, London: William Jaggard.

Milton, John (1644), *Areopagitica*, London.

Misselden, Edward (1622), *Free Trade, or, The Meanes to Make Trade Florish*, London.

Misselden, Edward (1623), *The Circle of Commerce, or The Balance of Trade*, London.

Mitchiner, M. (1977), *Oriental Coins and their Values: The World of Islam*, vol. 1, London: Hawkins Publications.

Montaigne, Michel de (1603), *The Essayes or Morall, Politike and Millitarie Discourses*, trans. John Florio, London.

Montchrétien, Antoyne de (1970 [1615]), *Traicté de l'oeconomie politique*, Geneva: Slatkine Reprints.

Monter, William (2013), " Gendered Sovereignty: Numismatics and Female Monarchs in Europe, 1300–1800," *Journal of Interdisciplinary History*, 41: 533–64.

Moran, Bruce T. (2005), *Distilling Knowledge: Alchemy, Chemistry, and the Scientific Revolution*, Cambridge, MA: Harvard University Press.

Moser, H. and H. Tursky (1977), *Die Münzstätte Hall in Tirol*, i. 1477–1665, Innsbruck: Dr. Rudolf Erhard.

Mossman, Philip L. (1993), *Money of the American Colonies and Confederation*, Numismatic Studies 29. New York: American Numismatic Society.

Mote, F.W. (1999), *Imperial China 900–1800*, Cambridge, MA: Harvard University Press.

Muldrew, Craig (1998), *The Economy of Obligation: The Culture of Credit and Social Relations in Early Modern England*, Basingstoke: Palgrave.

Mun, Thomas (1621), *A Discourse of Trade from England unto the East-Indies*, London.

Mun, Thomas (1664), *England's Treasure by Forraign Trade*, London.

Munro, John H. (1979), " Bullionism and the Bill of Exchange in England, 1272–1663: A Study in Monetary Management and Popular Prejudice," in *The Dawn of Modern Banking*, 169–239, New Haven, CT: Yale University Press.

Munro, John H. (2012), " The Technology and Economics of Coinage Debasements in Medieval and Early Modern Europe: With Special Reference to the Low Countries and England," in John H. Munro (ed.), *Money in the Pre-Industrial World*, 15–32, London: Pickering & Chatto.

Muntoni, Francesco (1972–3), *Le monete dei papi degli Stati Pontifici*, Rome: P. & P. Santamaria.

Murthy, A.V. Narasimha (2002), " Four Sarasvati Type Copper Coins of

Vijayanagrara," *Studies in South Indian Coins*, 12: 59–64.

Nef, John U. (1997), " Silver Production in Central Europe," in Dennis O. Flynn and Arturo Giráldez (eds.), *Metals and Monies in an Emerging Global Economy*, 1–17, Aldershot: Variorum.

Nelson, Benjamin N. (1949), *The Idea of Usury: From Tribal Brotherhood to Universal Otherhood*, Princeton, NJ: Princeton University Press.

Newell, Margaret Ellen (2012), " Putting the 'Political' Back in Political Economy (This Is Not Your Parents' Mercantilism)," *William and Mary Quarterly*, 69 (1): 57–62

Nicholl, Charles (1992), *The Reckoning: The Murder of Christopher Marlowe*, New York: Harcourt Brace.

Oresme, Nicholas (1956), *The De Moneta of Nicholas Oresme and English Mint Documents*, trans. Charles Johnson, London: Thomas Nelson.

Pallaver, K. (2009), " 'A Recognized Currency in Beads': Glass Beads as Money in 19th- century East Africa: The Central Caravan Road," in C. Eagleton, H. Fuller, and M.J. Perkins (eds.), *Money in Africa*, 20–9, London: British Museum Press.

Parker, Geoffrey (1997) " The Emergence of Modern Finance in Europe, 1500–1730," in Carlo M. Cipolla (ed.), *The Fontana Economic History of Europe*, Vol. 2: *The Sixteenth and Seventeenth Centuries*, 527–89, New York: Harvester Press/Barnes & Noble.

Pepys, Samuel (1971), *The Diary of Samuel Pepys*, vol. 4, ed. Robert Latham and William Matthews, London: Bell and Hyman Ltd.

Pérez Sindreu, Francisco de Paula (1991), *La Casa de la Moneda de Sevilla*: *su historia*, Sevilla: Publicaciones de la Universidad de Sevilla/Fundación Fondo de Cultura de Sevilla.

Perkins, M.J. (2013), " The Coins of the Swahili Coast c. 800–1500," PhD thesis, University of Bristol.

Perkins, M.J., J.B. Fleisher, and S. Wynne-Jones (2014), " A Deposit of Kilwa-type Coins from Songo Mnara, Tanzania," *Azania: Archaeological Research in Africa*, 49 (1): 102–16.

Pieper, Renate (1999), " Consideraciones acerca del uso de los metales preciosos Americanos en la Europa de los Austrias," in Antonio M. Bernal (ed.), *Dinero moneda y crédito en la Monarquía Hispánica*, 425–38, Madrid: Marcial Pons Ediciones Historia, Fundación ICO.

Pincus, Steve (2012), " Rethinking Mercantilism: Political Economy, the British

Empire, and the Atlantic World in the Seventeenth and Eighteenth Centuries," *William and Mary Quarterly*, 69 (1): 3–34.

Porteous, John (1969), *Coins in History*, New York: G.P. Putnam's Sons.

Potter, William (1650), *The Key of Wealth or, A New Way, for Improving of Trade*, London.

Prestholdt, J. (1998), *As Artistry Permits and Custom May Ordain*: *The Social Fabric of Material Consumption in the Swahili World*, circa 1450 to 1600, Evanston, IL: Northwestern University Press.

Probert, Alan (1969), " Bartolomé de Medina: The Patio Process and the Sixteenth Century Silver Crisis," *Journal of the West*, 8 (1): 90–124.

Prynne, William (1633), *Histrio-mastix*: *The Players Scourge, or, Actors Tragœdie*, London.

Puttenham, George (1589), *The Arte of English Poesie*, London.

Qin, D. and D. Yu (2018), " Mambrui and Malindi," in S. Wynne-Jones and A. LaViolette (eds.), *The Swahili World*, London: Routledge.

Rabino di Borgomale, H.L. (1945), *Coins, Medals and Seals of the Shahs of Iran, 1500–1941*, Caxton Hill: Stephen Austin and Sons.

Rhodes, N.G., K. Gabrisch, and C. Valdettaro Pontecorvo della Rocchetta (1989), *The Coinage of Nepal from the Earliest Times until 1911*, London: Royal Numismatic Society Special Publication 21.

Ryner, Bradley D. (2014), *Performing Economic Thought*: *English Drama and Mercantile Writing, 1600–1642*, Edinburgh: University of Edinburgh Press.

Salmon, Christopher J. (2010), *The Silver Coins of Massachusetts*, New York: American Numismatic Society.

Sandrock, John E. (1995), *Copper Cash and Silver Taels*: *The Story of Manchu China*, Baltimore, MD: Gateway Press Inc.

Sanz, Eufemio Lorenzo (1979), *Comercio de España con América en la época de Felipe II*, 2 vols, Valladolid: Servicio de publicaciones de la Diputación Provincial de Valladolid.

Sargent, Thomas J. and François R. Velde (2001), *The Big Problem of Small Change*, Princeton, NJ: Princeton University Press.

Schindel, N. (2010) " The Balkh 93AH Fulus Revisited," in B. Calleghre and A. DOttone (eds.), *The 2nd Simone Assemani Symposium on Islamic Coins*, 70–89, Trieste: University of Trieste.

Schleiner, Winfried (1970), *The Imagery of John Donne's Sermons*, Providence, RI: Brown University Press.

Schwoerer, Lois G. (1989), " Images of Queen Mary II, 1689–1695," *Renaissance Quarterly*, 42: 717–48.

Sellwood, David (1986), " The Trial of Nicholas Briot," *British Numismatic Journal*, 56: 108–23.

Shakespeare, William (1997), *The Riverside Shakespeare*, 2nd edn, ed. G. Blakemore Evans and J.J.M. Tobin, Boston, MA: Houghton Mifflin.

Sherman, Sandra (1997), " Promises Promises: Credit as Contested Metaphor in Early Capitalist Discourse," *Modern Philology*, 94 (3): 327–49.

Sidney, Philip (1595) *An Apologie for Poetrie*, London.

Silver, Harry (2008), *Marketing Maximilian: The Visual Ideology of a Holy Roman Emperor*, Princeton, NJ: Princeton University Press.

Sinclair, Paul and N. Thomas Håkansson (2000), " The Swahili City-State Culture," in M.H. Hansen (ed.), *A Comparative Study of Thirty City-State Cultures*, 463–82, Copenhagen: Royal Danish Academy of Sciences and Letters.

Sinclair, Paul, Anneli Ekblom, and Marilee Wood (2012), " Trade and Society on the South-East African Coast in the Later First Millennium AD: The Case of Chibuene," *Antiquity*, 86 (333): 723–37.

Smith, Adam (1937), *The Wealth of Nations*, New York: Modern Library.

Smith, Henry (1591), *The Examination of Vsury*, London.

Smith, Thomas (attr.) (1969 [1581]), A *Discourse of the Commonweal of this Realm of England*, ed. Mary Dewar, Charlottesville, VA: University Press of Virginia.

Spooner, Frank C. (1972), *The International Economy and Monetary Movements in France*, 1493–1725, Cambridge, MA: Harvard University Press.

Stahl, Alan M. (1990), " Coinage in the Name of Medieval Women," in Joel T. Rosenthal (ed.), *Medieval Women and the Sources of Medieval History*, 321–41, Athens, GA: University of Georgia Press.

Stahl, Alan M. (2001), " Numismatic Portraiture in Renaissance Venice," *Numismatica e Antichità Classiche*, 30: 305–12.

Stahl, Alan (2012), " The Making of a Gold Standard: The Ducat and its Offspring, 1284–2001," in John H. Munro (ed.), *Money in the Pre-Industrial World,* 45–62, London: Pickering & Chatto.

Stern, Philip J. and Carl Wennerlind (ed.) (2013), *Mercantilism Reimagined Political Economy in Early Modern Britain and Its Empire*, Oxford: Oxford University Press.

Sultan, Jem (1977), *Coins of the Ottoman Empire and the Turkish Republic,*

Thousand Oaks, CA: B & R Publishers.
Sutton, J.E.G. (1993), " The Southern Swahili Harbour and Town on Kilwa Island, 800–1800 AD: A Chronology of Booms and Slumps," in P.J.J. Sinclair (ed.), *The Development of Urbanism from a Global Perpective*, Uppsala: Department of Archaeology and Ancient History, Uppsala Universitet.
Sutton, J.E.G. (1997), " The African Lords of the Intercontinental Gold Trade before the Black Death: Al-Hasan bin Sulaiman of Kilwa and Mansa Musa of Mali," *Antiquaries Journal*, 77: 221–42.
Symonds, Henry (1910), " The Mint of Queen Elizabeth and those Who Worked There," *Numismatic Chronicle*, 7: 61–105.
Tawney, R.H. and Eileen Power (eds.) (1924), *Tudor Economic Documents*, vol. 2, London: Longmans, Green.
Usher, Abbot Payson (1959), *A History of Mechanical Inventions*, Boston, MA: Beacon Press.
Valenze, Deborah (2006), *The Social Life of Money in the English Past*, Cambridge: Cambridge University Press.
Van der Wee, Herman (1977), " Monetary Credit and Banking Systems," in E.E. Rich and C. H. Wilson (eds.), *The Cambridge Economic History of Europe*, Vol. 5: *The Economic Organization of Early Modern Europe*, 290–329, Cambridge: Cambridge University Press.
Van der Wee, Herman (2012), " The Amsterdam Wisselbank's Innovations in the Monetary Sphere: the Role of 'Bank Money, ' " in John H. Munro (ed.), *Money in the Pre-Industrial World*, 87–96, London: Pickering & Chatto.
van Gelder, H. Enno, and Marcel Hoc (1960), *Les monnaies pay- bas bourguignons et espagnols, 1434–1713*, Amsterdam: J Schulman.
Vaughan, Rice (1675), *A Discourse of Coin and Coinage*, London.
Vilar, Pierre (1974), *Oro y moneda en la historia. 1450–1920*, 3rd edn, Barcelona: Editorial Ariel.
Vilches, Elvira (2010), *New World Gold*: *Cultural Anxiety and Monetary Disorder in Early Modern Spain*, Chicago, IL: Chicago University Press.
von Glahn, Richard (1996), *Fountain of Fortune*: *Money and Monetary Policy in China 1000–1700*, Berkeley, CA: University of California Press.
Walker, J. (1936), " The History and Coinage of the Sultans of Kilwa," *Numismatic Chronicle*, 16: 43–81.
Walker, J. (1939), " Some New Coins from Kilwa," *Numismatic Chronicle*, 19: 223–7.

Walker, J. and G.S.P. Freeman-Grenville (1956), " The History and Coinage of the Sultans of Kilwa," *Tanganyika Notes and Records*, 45: 33–65.

Ward, Richard (1640), *Theologicall Questions, Dogmaticall Observations, and Evangelicall Essays, vpon the Gospel of Jesus Christ, according to St. Matthew*, London.

Wasserstein, David J. (1993), " Coins as Agents of Cultural Defi nition in Islam," *Poetics Today*, 14: 303–22.

Wennerlind, Carl (2011), *Casualties of Credit: The English Financial Revolution, 1620–1720*, Cambridge: Cambridge University Press.

Wernham, R.B. (1968), " Introduction," in R.B. Wernham (ed.), *The New Cambridge Modern History*, Vol. 3: *The Counter-Reformation and Price Revolution 1559–1610*, 1–13, Cambridge: Cambridge University Press.

Weschke, Joachim and Uesula Hagen-Jahnke (1983), *Gold Coins of the Middle Ages*, Frankfurt am Main: Deutsche Bundesbank.

Willet, Andrew (1633), *Hexapla in Genesin & Exodum*, London.

Wilson, Thomas (1572), *A Discourse Vppon Vsurye*, London.

Wodak, E. and F. Pridmore (1957), " The Trade Coinage of Queen Elizabeth I," *Spink's Numismatic Circular*, 65: 302–5.

Wood, Diana (2002), *Medieval Economic Thought*, Cambridge: Cambridge University Press.

Wood, M. (2000), " Making Connections: Relationships between International Trade and Glass Beads from the Shashe-Limpopo Area," *Goodwin Series*, 8: 78–90.

Wood, M. (2011), *Interconnections: Glass Beads and Trade in Southern and Eastern Africa and the Indian Ocean—7th to 16th Centuries AD*, Uppsala: Uppsala Universitet.

Wright, H.T. (1993), " Trade and Politics on the Eastern Littoral of Africa, AD 800–1300," in T. Shaw, P.J.J. Sinclair, B. Andah, and A. Okpoko (eds.), *The Archaeology of Africa: Food, Metals and Towns*, 658–72, London: Routledge.

Wrightson, Keith (2000), *Earthly Necessities: Economic Lives in Early Modern Britain*, New Haven, CT: Yale University Press.

Wynne-Jones, S. (2013), " The Public Life of the Swahili Stonehouse," *Journal of Anthropological Archaeology*, 32: 759–73.

Wynne-Jones, S. (2016), *A Material Culture: Consumption and Materiality on the Coast of Precolonial East Africa*, Oxford: Oxford University Press.

Wynne-Jones, S. and J.B. Fleisher (2010), " Archaeological Investigations at Songo

Mnara, Tanzania, 2009," *Nyame Akuma*, 73: 2–8.

Wynne-Jones, S. and J.B. Fleisher (2011), " Archaeological Investigations at Songo Mnara, Tanzania, 2011," *Nyame Akuma*, 76: 3–8.

Wynne-Jones, S. and J.B. Fleisher (2012), " Coins in Context: Local Economy, Value and Practice on the East African Swahili Coast," *Cambridge Archaeological Journal*, 22 (1): 19–36.

Wynne-Jones, S. and J.B. Fleisher (2015), " Coins and Other Currencies on the Swahili Coast," in C. Haselgrove and S. Krmnicek (eds.), *Archaeology of Money*, 115–36, Leicester: Leicester University Press.

Wynne-Jones, S. and J.B. Fleisher (2016), " The Multiple Territories of Swahili Urban Landscapes," *World Archaeology*, 48 (3): 349–62.

Yang, Bing (2004), " Horses, Silver and Cowries, Yunnan in a Global Perspective," *Journal of World History*, 15 (3): 281–322.

Yang, Lien- sheng (1952), *Money and Credit in China*, Cambridge, MA: Harvard University Press.

译名对照表 Index

abassi (Iran) 阿巴斯（伊朗）
adulteration of coinage. *See* debasement of coinage 铸币掺假。请参阅铸币贬值
adultery, likened to counterfeit coins 通奸，比喻伪币
Agnew, Jean-Christophe 让-克里斯托夫·阿格纽
Agricola, Georgius, *De Re Metallica* 格奥尔吉乌斯·阿格里科拉，《矿冶全书》
Ahmad al-Mansur, Sa'adi Sharif 萨阿迪·谢里夫·艾哈迈德·曼苏尔
Akbar, Mughal Emperor 莫卧儿王朝皇帝阿克巴
alchemy 炼金术
Algeria 阿尔及利亚
Ali ibn al-Hasan, Sultan of Kilwa 基尔瓦苏丹阿里·伊本·哈桑
almonds 杏仁
Alonso Barba, Alvaro, *Arte de los Metales* 阿尔瓦罗·阿朗索·巴尔巴，《金属的艺术》
angel (England) 天使硬币（英格兰）
Ankor, Kampuchea 吴哥，柬埔寨
aqche (Ottoman) 艾克（奥斯曼帝国）
Aquinas, Thomas 托马斯·阿奎那
Summa Theologica 《神学大全》
Arguin 阿尔金岛
Aristotle 亚里士多德
Nicomachean Ethics 《尼各马可伦理学》
Islamic world 伊斯兰世界
Renaissance legacy 文艺复兴时期遗产
Augustine of Hippo 希波的奥古斯丁
Azpilcueta, Martín de, *Commentary on the Resolution of Money* 马丁·德·阿兹皮库埃塔，《货币分析评论》

Bacon, Francis 弗朗西斯·培根
Bakewell, Peter 彼得·贝克韦尔
balance of trade 贸易平衡
Bank of Amsterdam 阿姆斯特丹银行
banking systems 银行系统
banknotes 纸币
Barr, James 詹姆斯·巴尔
Barret, Ward 沃德·巴雷特
Barros, João de 乔·德·巴洛斯
beneficio de cajones 抽屉效应
beneficio de patio 天井效应
Bermuda 百慕大
Bernal, Antonio-Miguel 安东尼奥·米格尔·伯纳尔

Besley, Edward 爱德华·贝斯利
bills obligatory 票据
bills of exchange 汇票
bimetallic ratios 双金属比率
Biringuccio, Vanoccio, *De la Pirotechnia* 万努奇·比林古乔,《火法技艺》
black money "黑"钱
blanks 币坯
Bodin, Jean 让·博丹
 Response to the Paradoxes of Malestroit《反驳马莱斯特鲁瓦悖论》
 Six Books of the Republic《国家六论》
Bohemia 波西米亚
 Bolivia 玻利维亚
 Bramante, Donato 多纳托·布拉曼特
Brassage 铸币费
Braudel, Fernand 费尔南·布罗代尔
Brown, H.W. H.W. 布朗
Brunei 文莱
Bucer, Martin 马丁·布塞尔
bullet coins 子弹硬币
bullion 金银条
bullion purity 金银条纯度
bullionists 重金主义者
Butigella, Girolamo 吉罗拉莫·布蒂格拉

Caesar, Philipp 菲利普·凯撒
Cairo mint 开罗造币厂
Calvin, Jean 约翰·加尔文
capitalism 资本主义
cavallo (Naples) 卡瓦洛（那不勒斯）

Cellini, Benvenuto 本韦努托·切利尼
Challis, C.E. C. E.查利斯
Charles I, King of Spain 西班牙国王查理一世
Charles V, Holy Roman Emperor 神圣罗马帝国皇帝查理五世
Chaudhuri, Kirti 基尔提·乔杜里
checks 支票
 coin designs 硬币设计
 copper coinage 铜币
cho-gin (Japan) 丁银（日本）
Cipolla, Carlo 卡洛·奇波拉
cities, coinage of 城市铸币
Clement VII, Pope 教皇克莱芒七世
clipping of coins 硬币剪裁
coinage 铸币
colonial coins 殖民地硬币
 See also pieces of eight 另请参阅八雷亚尔硬币
commodity fetishism 商品崇拜
common stock 普通股
commutative justice 交换正义
cooperative loan societies 合作信贷社
corn banks 谷物银行
Cotton, Robert 罗伯特·科顿
counterfeit coins 伪币
 religious imagery 宗教形象
counterfeiting 伪造
cowrie shells 玛瑙贝贝壳
Credit 信用
credit default swaps 信用违约掉期
credit fetishism 信用崇拜
cruzado (Lisbon) 克鲁扎多（里斯本）
Cuelbis, Diego 迭戈·库比斯

dam (India) 戴姆（印度）
Dasí, Tomás 托马斯·达西
Davies, Glyn 格莱恩·戴维斯
de Morga, Antonio 安东尼奥·德·莫尔加
De Roover, Raymond 雷蒙·德鲁弗
debasement of coinage 铸币贬值
Dekker, Thomas, *The Shoemaker's Holiday* 托马斯·德克，《制鞋匠的假期》
Deloney, Thomas 托马斯·德洛尼
  The Gentle Craft, Part I 《文雅的手艺》（第一卷）
  Thomas of Reading 《阅读的托马斯》
Deng, Stephen 斯蒂芬·登
devaluation of coinage 铸币贬值
dinar (Islamic) 第纳尔（伊斯兰）
dirham (Islamic) 迪拉姆（伊斯兰）
disknowledge 无知
Disney, A.R. A.R. 迪士尼
distributive justice 分配正义
Domínguez Ortíz, Antonio 安东尼奥·多明戈斯·奥尔蒂斯
Donne, John 约翰·邓恩
Du Moulin, Charles 查尔斯·杜·穆兰
  Tractatus commerciorum et usurarum 《合同与契约》
ducats 达克特
Dutch East India Company 荷兰东印度公司

East India Company 东印度公司
Eastern African Coast, everyday money on the 东非海岸的日常货币
  background 背景
  context and archaeology 背景及考古学
  international standards and the trimetallic system 国际标准和三元金属体系
  mints and rulers 造币厂和统治者
  routes to value 实现价值的多种路径
  Swahili coins 斯瓦希里硬币
Eck, Johann, *Tractatus contractu quinque* 约翰·埃克，《特克塔斯合约》
Edward VI, King of England 英格兰国王爱德华六世
Eggert, Katherine 凯瑟琳·艾格特
electronic money 电子货币
Elizabeth I, Queen of England 英国女王伊丽莎白一世
  economic awareness 经济意识
  foreign coins in circulation 流通中的外国硬币
  interpretation of money, examples from literature 货币的阐释，文学例子
  milling machines 铣机
  paper money 纸币
  shortage of money 货币短缺
  token money 代币
  usury 高利贷
  value of money 货币价值
English Civil War 英国内战
English mercantile writers 英国商业作家
European coinage 欧洲铸币

excelente (Spain) 埃克赛伦提（西班牙）

exchange rates 汇率

extrinsic theory of monetary value 货币的外在价值理论

fals (Islamic) 法勒斯（伊斯兰）

fanam (India) 法南（印度）

farthing (England) 法寻（英国）

farthing token (England) 法寻代币（英国）

Ferdinand II, King of Aragon 阿拉贡国王斐迪南二世

Fernández de Oviedo, Gonzalo 贡萨洛·费尔南德斯·德·奥维耶多

Fernández de Velasco, Pedro 佩德罗·费尔南德斯·德·贝拉斯科

fiat currency 法定货币

fineness 纯度

Fiorentino, Adriano 阿德里亚诺·菲奥伦蒂诺

foreign exchange 外汇

Foxe, John, *Acts and Monuments* 约翰·福克斯，《行为与典范》

France 法国
 coin technology 硬币技术

Francis I, King of France 法国国王弗朗西斯一世

fraud, financial and literary 金融和文学诈骗

Freeman-Grenville, G.S.P G.S.P弗里曼-格伦维尔

Fuggers, bankers 富格尔家族银行家

Gede, Kenya 肯尼亚盖德

Geiss, J.P. J.P. 盖斯

global market for coins 全球硬币市场

Goa 果阿

God's stamp 上帝的印记

gold standard 金本位

goldsmith bankers 金匠银行家

Gosson, Stephen, *The Schoole of Abuse* 斯蒂芬·戈森，《骗人学校》

Great Debasement 大贬值

Gresham, Sir Thomas 托马斯·格雷沙姆爵士

Grierson, Philip 菲利普·格里尔森

Guldiner (Tyrol) 古尔蒂纳（蒂罗尔）

Habsburg coinage 哈布斯堡铸币

haifuki cupellation process 灰吹工艺

Halbguldiner (Tyrol, 1477) 半古尔蒂纳（蒂罗尔，1477）

half-pound of Castile 卡斯蒂利亚半磅

halfpenny (England) 半便士（英国）

Hall, Tyrol, mint 蒂罗尔霍尔造币厂

Hamashita, Takeshi 滨下武志

hammered coinage 锤币

Haring, Clarence H. 克拉伦斯·H·哈林

harmonic justice 和谐正义

Hartlib Circle 哈特利布圈子

al-Hasan ibn Sulaiman, Sultan of Kilwa 基尔瓦苏丹哈桑·伊本·苏莱曼

hedging of exchange rates 汇率对冲

Henry V, King of England 英国国王亨利五世

Henry VII, King of England 英国国王亨利七世

Henry VIII, King of England 英国国

王亨利八世
heraldic devices 纹章盾牌
Holy Roman Empire 神圣罗马帝国
Horace 贺拉斯
horseshoes 马蹄铁
Horton, M.C. 马克·霍尔顿
Hultgren, Arland 阿兰德·赫尔特格伦

iconography of coinage 铸币肖像学
ideas of money 货币理念
    economic justice 经济正义
    harmonic justice 和谐正义
illegitimate production 非法生产
image and text tradition of coin design 硬币设计的图文传统
imaginative writing 想象写作
improvement funds 改善基金
inflation 通货膨胀
inland bills 境内票据
Innes 英尼斯
Interest 利息
international exchange 国际交换
    examples from literature 文学例子
    shortage of money 货币短缺
intrinsic theory of monetary value 货币的内在价值理论
Isabella I, Queen of Castile 卡斯蒂利亚女王伊莎贝拉一世
Islam in Eastern Africa 东非的伊斯兰教
Islamic coinage 伊斯兰铸币
issues of the age 时代问题
    coinage and credence 铸币及信任
    profits of fiction 虚构的利润
    sovereign authority 君主权力

Jahangir, Mughal Emperor 莫卧儿王朝皇帝贾汉吉尔
James I, King of England 英国国王詹姆斯一世
Java 爪哇
Joachimsthaler (Bohemia) 约阿欣泰勒（波西米亚）
Johnson, Ben, *Eastward Ho!* 本·琼森，《向东！》
Johore 柔佛
Jones, Norman 诺曼·琼斯
jugate portraits 并排肖像
Julius II, Pope 教皇尤里乌斯二世

kalima 卡利玛
Kan'ei ts h (Japan) 宽永坪（日本）
kashu (Goa) 宝塔硬币（果阿）
Keynes, John Maynard 约翰·梅纳德·凯恩斯
Kilwa Kisiwani, Tanzania 坦桑尼亚基尔瓦
Kilwa-type coins 基尔瓦型硬币
koban (Japan) 小判金（日本）

Lampe, G.W.H. G.W.H. 兰普
land banks 土地银行
Landreth, David 大卫·兰德雷斯
larins 拉林
late medieval European coinage 中世纪晚期的欧洲铸币
Latimer, Hugh, Bishop 主教休·拉蒂默
lead coinage 铅币
lead and silver refining 铅银提炼
Leo X, Pope 教皇利奥十世

Leonardo da Vinci 莱昂纳多·达·芬奇
Leoni, Leone 利昂·莱奥尼
lira Tron (Venice) 特龙里拉（威尼斯）
literary theory 文学理论
loan contracts 贷款合同
loan societies 信贷社会
loans 贷款
Louis XIV, King of France 法国国王路易十四
Low Countries 低地国家

Macarius of Egypt 埃及的马卡里乌
Magalhães Godinho, Vitorino 维托里诺·马加良斯·戈迪尼奥
Malestroit, Jean Cherruies, Lord, *Paradoxes* 马莱斯特鲁瓦勋爵让·谢里，《悖论》
Mali 马里
Malynes, Gerard de 杰拉德·德·马林斯
  Lex Mercatoria《商人习惯法》
  Treatise of Saint George for England《英格兰的圣乔治》
  Treatise of the Canker of Englands Common Wealth《论英格兰共同财富的弊病》
marc (marco) 马克
Marlowe, Christopher 克里斯托弗·马洛
Marx, Karl 卡尔·马克思
Mason, Robert, *A Mirrour for Merchants* 罗伯特·梅森《商人的镜子》
Massachusetts 马萨诸塞州
mate tea 马黛茶

Matthew《马太福音》
Maximilian I, Holy Roman Emperor 神圣罗马帝国皇帝马克西米利安一世
Medici, Alessandro de 亚历山德罗·德·美第奇
Medici, Giovanni de 乔万尼·德·美第奇
Medina, Bartolomé de, *Medina Codex* 巴特罗姆·德·梅迪纳《梅迪纳法典》
Mehmed I, Ottoman Sultan 奥斯曼帝国苏丹穆罕默德一世
Melanchthon, Philipp 菲利普·梅兰希顿
mercantile writers 商业作家
mercantilism 重商主义
merchandizing exchange 商品化交换
mercury and silver refining 汞和银提炼
Mestrel, Eloi 埃卢瓦·梅斯特雷尔
Middleton, Sir Henry 亨利·米德尔顿爵士
Middleton, John 约翰·米德尔顿
Milles, Thomas 托马斯·米勒斯
  Custumers Alphabet and Primer《客户——初级入门》
milling machines 铣床
Mines 矿山
  refining technologies 提炼技术
Misselden, Edward 爱德华·米塞尔登
  Circle of Commerce《商业圈》
monetary sovereignty 货币主权
money as a measure 货币作为度量
moneys of account 计价货币
Monomotapa Kingdom 莫诺莫塔帕王

国
Montaigne, Michel de 米歇尔·德·蒙田
monti di pietá 蒙特·迪·皮埃塔
Morocco 摩洛哥
Mote, F.W. 牟复礼
Muldrew, Craig 克雷格·穆德鲁
Mun, Thomas 托马斯·芒
    Discourse of Trade《贸易论》
    England's Treasure by Forraign Trade《英格兰的外贸财富》
Muzaffar Shah, Sultan of Malacca 马六甲苏丹穆扎法尔沙

Nelson, Benjamin 本杰明·纳尔逊
Nepal 尼泊尔
neschech (biting usary) 咬噬（咬噬性高利贷）
Newton, Isaac 艾萨克·牛顿
nominalist theory of monetary value 货币价值的唯名论
non-exchange uses of coinage 铸币的非交换用途

oban (Japan) 大判金（日本）
Olivier, Aubin 奥宾·奥利维尔
ontological status of money 货币的本体论地位
opportunity cost 机会成本
Oresme, Nicholas, *De moneta* 尼古拉斯·欧雷斯米《货币论》
Orfini, Emiliano 埃米利亚诺·奥尔菲尼
Ottoman Empire 奥斯曼帝国

pan amalgamation extraction method 盘内汞齐法
paper money 纸币
    extrinsic value 外在价值
Parable of the Talents 按才受托的比喻
Pawnbrokers 典当商
Pepys, Samuel 塞缪尔·佩皮斯
Persia 波斯
piece of eight (Spain) 八雷亚尔硬币（西班牙）
Pieper, Renate 雷纳特·彼佩尔
plate money 板币
plåtmynt (Sweden) 普特明特（瑞典）
Plato 柏拉图
Poesy 诗歌
political economics 政治经济学
Porteous, John 约翰·波蒂厄斯
    coinage 铸币
    gold trade 黄金贸易
Potter, William 威廉·波特
Price Revolution 价格革命
profits from trade 贸易利润
propaganda coins 宣传硬币
Prynne, William 威廉·普林
purity of coins 硬币纯度
Puttenham, George, *The Arte of English Poesie* 乔治·普滕纳姆《英国诗歌的艺术》

qian (China) 钱（中国）
quantity theory of money 货币的数量理论

Raizer, Cristobal 克里斯托瓦尔·赖泽尔

refining technologies 提炼技术
render unto Caesar 恺撒的归恺撒
Rennaissance 文艺复兴
rings of silver 银圈
ritual and religion 惯例及宗教
    God's stamp 神的印记
    usury 高利贷
Robinson, Henry 亨利·罗宾逊
rupee (India) 卢比（印度）

Safavid coinage 萨非王朝的铸币
saotomés (Goa) 圣托马斯（果阿）
scrofula 淋巴结核
seigniorage 硬币铸造税
Sforza, Francesco, Duke of Milan 米兰公爵弗朗切斯科·斯福尔扎
Shakespeare, William 威廉·莎士比亚
    Cymbeline《辛白林》
    Merchant of Venice《威尼斯商人》
Shanga, Kenya 肯尼亚桑加
shilling (England, 1503–4) 先令（英国，1503–1504）
shortage of money 货币短缺
Sidney, Philip 菲利普·西德尼
Sidney, Robert 罗伯特·西德尼
Sigismund of Tyrol 蒂罗尔的西吉斯蒙德
silver 白银
    refining technologies 提炼技术
silver coinage 银币
Sixtus IV, Pope 教皇西克斯图斯四世
Smith, Adam 亚当·斯密
Smith, Henry 亨利·史密斯
Smith, Sir Thomas, *A Discourse of the Commonweal of This Realm of England* 托马斯·史密斯爵士,《论英格兰的公共福利》
Songo Mnara, Tanzania 坦桑尼亚松戈姆纳拉
    milling machines 铣床
Stahl, Alan 艾伦·斯塔尔
stock markets 股票市场
Suleiman I, Ottoman Sultan 奥斯曼帝国苏丹苏莱曼一世
Sumatra 苏门答腊岛
Summenhart, Conrad 康拉德·苏门哈特

tael ingots (China) 银锭（中国）
tarbit (increasing usary) 增加（生产性的高利贷）
technologies 技术
    copper coinage 铜币
    credit and banking 信用和银行业
    Eastern empires 东罗马帝国
    global market for coins 硬币的全球市场
    gold, cycle of 黄金循环（1443—1560）
    golden years, end of 黄金时代的结束
    small change and moneys of account 小额零钱和计账货币
testoni (Milan) 泰斯托尼（米兰）
text tradition of coin design 硬币设计的文字传统
Thaler (Bohemia) 泰勒（波西米亚）
theories of money. See extrinsic theory; intrinsic theory; nominalist theory; quantity theory 货币理论。请参阅外在价值理论、内在价

理论、唯名论、数量理论
Timbuktu 廷巴克图
Timurid coinage 帖木儿王朝铸币
tin coins 锡币
tobacco leaves 烟叶
token money 代币
Tokugawa Ieyasu 德川家康
tongqian (China) 铜钱（中国）
tri-metallic system of the East African Coast 东非海岸的三元金属体系
triple contracts 三方合同
Tron, Nicolò 尼科洛·特龙
Tunisia 突尼斯
Turkestan 土耳其斯坦
Tyrol 蒂罗尔
Ursentaler, Ulrich, the Elder 老乌尔里希·乌森塔勒
Usher, Payson, Abbot 艾伯特·佩森·厄舍

value of goods 商品价值
value of money 货币价值
Van der Wee, Herman 赫尔曼·范德维
Vaughan, Rice 赖斯·沃恩
Vellerino de Villalobos, Baltasar 巴尔塔萨·维拉利诺·德·比利亚洛沃斯

vellón (Spain) 维隆铜币（西班牙）
visual properties of coinage 铸币的视觉特性
Vivero y Velasco, Rodrigo de 罗德里戈·德·维韦罗·贝拉斯科
von Glahn, Richard 万志英

Ward, Richard 理查德·沃德
Welsers, bankers 韦尔瑟家族银行家
wen (China) 文（中国）
Wennerlind, Carl 卡尔·温纳林德
Willet, Andrew 安德鲁·威利特
Wilson, Thomas 托马斯·威尔逊
wire coins 银丝硬币
Wisselbank (Amsterdam) 卫斯尔银行（阿姆斯特丹）
Wolley, Sir John 约翰·沃尔利爵士
world markets 世界市场
Wrightson, Keith 基思·赖特森

Yang, Bing 杨兵
Yang, Lien-sheng 杨联陞
Young, John 约翰·杨

关于各章作者
Notes on Contributors

大卫·J. 贝克是北卡罗来纳大学教堂山分校英语和比较文学系专门研究彼得·G. 菲艾拉斯（Peter G. Phialas）的教授。他的著作包括《国与国之间：莎士比亚、斯宾塞、马维尔和英国问题》（*Between Nations*: *Shakespeare, Spenser, Marvell and the Question of Britain*, 1997）和《论需求：近代早期的英国市场》（*On Demand: Writing for the Market in Early Modern England*, 2010），并与威利·梅烈（Willy Maley）合编了《英国身份与英国文艺复兴文学》（*British Identity and English Renaissance Literature*, 2002）。

巴里·库克自1985年以来一直担任大英博物馆硬币与奖章部中世纪和近代早期铸币展厅的策展人，目前还任该部门的高级策展人。他发表了大量关于钱币学的和货币史专业领域的学术论文和大众读物。库克的出版作品主要有《英国中世纪硬币藏品》（*English Medieval Coin Hoards*）第一册，即《十字架形与小十字架形、短十字架形与长十字架形硬币藏品》〔*Cross and Crosslets, Short Cross and Long Cross Hoards*, 2001，与M.M.阿奇博尔德（M.M.Archibald）合著〕；《500—1250年北海世界的货币制度和历史：纪念马里恩·阿奇博尔德的随笔》〔*Coinage and History in the North Sea World c. 500—1250: Essays in Honour of Marion Archibald*, 2006，与加雷斯·威廉姆斯（Gareth Williams）合编］；以及《天使硬币与达克特：莎士比亚的货币与奖章》（*Angels and Ducats: Shakespeare's Money and Medals*, 2012）。

斯蒂芬·登是密歇根州立大学的英语系副教授。他著有《近代早期英国文学中的货币制度与国家形态》，并参与合著了《全球交通：1550—1700年英国文学与文化中的贸易论述与实践》（*Global Traffic: Discourses and Practices of Trade in English Literature and Culture from 1550—1700*, 2008）。他目前正在撰写第二部关于《哈姆雷特》的专题著作和有关责任的专题著作。

阿图罗·吉拉尔德斯目前是太平洋大学（位于加利福尼亚州斯托克顿市）的教授。他与丹尼斯·O.弗林（Dennis O. Flynn）共同发表了几篇关于近代全球经济和贵金属的文章。另外，他还编撰和出版了几部有关太平洋历史的著作，包括《贸易：马尼拉大帆船与全球化经济的黎明》（*The Age of Trade: The Manila Galleons and the Dawn of the Global Economy*, 2015），以及与丹尼斯·O.弗林合著的《16世纪的中国与全球化的诞生》（*China and the Birth of Globalization in the 16th Century*, 2010）。

布拉德利·D.莱纳是亚利桑那州立大学的英语系副教授。他著有《表演经济思想：1600—1642年的英语戏剧和商业写作》（*Performing Economic Thought: English Drama and Mercantile Writing 1600—1642*, 2014），并合编了《近代早期戏剧表演：纪念路易斯·波特的随笔》（*Early Modern Drama in Performance: Essays in Honor of Lois Potter*, 2015）。

布莱恩·施尔因是得克萨斯州奥斯汀市圣爱德华大学文艺复兴文学系的副教授。他发表过关于近代早期英格兰信用经济和资助文化业的文章，目前研究文艺复兴时期的数学与伊丽莎白文学理论的联系。他著有《近代早期理论和戏剧中的对信用的渴望：商业、诗歌和唯利是图的想象》（*Desires of Credit in Early Modern Theory and Drama: Commerce, Poesy, and the Profitable Imagination*, 2016）。

斯蒂芬妮·云茵-琼斯是约克大学考古系的高级讲师，也是奥胡斯大学城市网络演进中心的核心成员，还是比勒陀利亚市南非大学的荣誉研究员。她的工作重点是研究东非考古学中的物体和空间，专门研究斯瓦希里沿海文化。她的最新著作《物质文化：前殖民地时期东非海岸的消费与物质》（*A Material Culture: Consumption and Materiality on the Coast of Precolonial East Africa*, 2016）探讨了我们如何通过与物质世界的互动来了解沿海城镇。

图书在版编目（CIP）数据

货币文化史. Ⅲ，文艺复兴时期假币盛行与信任危机 /（美）比尔·莫勒（Bill Maurer）主编；（美）斯蒂芬·登（Stephen Deng）编；于萍译. — 上海：文汇出版社，2022.8

ISBN 978-7-5496-3800-0

Ⅰ.①货… Ⅱ.①比… ②斯… ③于… Ⅲ.①货币史-世界-中世纪 Ⅳ.①F821.9

中国版本图书馆 CIP 数据核字（2022）第 123108 号

A Cultural History of Money in the Renaissance by Stephen Deng (Editor), Bill Maurer (Series Editor), ISBN: 978-1474237093

Copyright © Bloomsbury 2019

All rights reserved. This translation of *A Cultural History of Money in the Renaissance* is Published by arrangement with Bloomsbury Publishing Plc.

本书简体中文版专有翻译出版权由 Bloomsbury Publishing Plc. 授予上海阅薇图书有限公司。未经许可，不得以任何手段或形式复制或抄袭本书内容。

上海市版权局著作权合同登记号：图字 09-2022-0373 号

货币文化史 Ⅲ：文艺复兴时期假币盛行与信任危机

作　　者 /［美］比尔·莫勒 主编　［美］斯蒂芬·登 编
译　　者 / 于　萍
责任编辑 / 戴　铮
封面设计 / 拾野文化
版式设计 / 汤惟惟
出版发行 / 文匯出版社
　　　　　 上海市威海路 755 号
　　　　　（邮政编码：200041）
印刷装订 / 上海颛辉印刷厂有限公司
版　　次 / 2022 年 8 月第 1 版
印　　次 / 2022 年 8 月第 1 次印刷
开　　本 / 889 毫米×1194 毫米　1/32
字　　数 / 215 千字
印　　张 / 9.25
书　　号 / ISBN 978-7-5496-3800-0
定　　价 / 88.00 元